GUMRA
广州城市管理研究联盟
GUANGZHOU URBAN MANAGEMENT RESEARCH ALLIANCE

广州城市管理研究联盟2021年研究成果

城市治理创新的理论与实践

——广州 经 验

主　编◎陶镇广　谭礼和

副主编◎蔡立辉　张光鸿

暨南大学出版社
JINAN UNIVERSITY PRESS

中国·广州

图书在版编目（CIP）数据

城市治理创新的理论与实践：广州经验 / 陶镇广，谭礼和主编；蔡立辉，张光鸿副主编. —广州：暨南大学出版社，2022.12
ISBN 978-7-5668-3553-6

Ⅰ. ①城… Ⅱ. ①陶…②谭…③蔡…④张… Ⅲ. ①城市管理—研究—广州 Ⅳ. ① F299.265.1

中国版本图书馆 CIP 数据核字（2022）第 237463 号

城市治理创新的理论与实践：广州经验
CHENGSHI ZHILI CHUANGXIN DE LILUN YU SHIJIAN: GUANGZHOU JINGYAN
主 编：陶镇广 谭礼和 副主编：蔡立辉 张光鸿

出 版 人：张晋升
责任编辑：冯 琳
责任校对：刘舜怡 黄亦秋
责任印制：周一丹 郑玉婷

出版发行：暨南大学出版社（511443）
电　　话：总编室（8620）37332601
　　　　　营销部（8620）37332680 37332681 37332682 37332683
传　　真：（8620）37332660（办公室） 37332684（营销部）
网　　址：http://www.jnupress.com
排　　版：广州市广知园教育科技有限公司
印　　刷：广州市友盛彩印有限公司
开　　本：787mm×1092mm 1/16
印　　张：13.5
字　　数：241 千
版　　次：2022 年 12 月第 1 版
印　　次：2022 年 12 月第 1 次
定　　价：58.00 元

（暨大版图书如有印装质量问题，请与出版社总编室联系调换）

目　录

序　言

深入学习贯彻习近平总书记重要讲话精神
以"绣花"功夫推进城市管理
各项工作高质量发展

　　党的十八大以来，习近平总书记围绕做好城市工作发表了系列重要讲话，作出了系列重要论述，涵盖城市规划、建设、管理、服务等方方面面，尤其是反复强调："城市管理应该像绣花一样精细。""一流城市要有一流治理，要注重在科学化、精细化、智能化上下功夫。既要善于运用现代科技手段实现智能化，又要通过绣花般的细心、耐心、巧心提高精细化水平，绣出城市的品质品牌。""城市规划和建设要高度重视历史文化保护，不急功近利，不大拆大建。要突出地方特色，注重人居环境改善，更多采用微改造这种'绣花'功夫，注重文明传承、文化延续，让城市留下记忆，让人们记住乡愁。"习近平总书记系列重要论述，既是系统的思想体系，又是具体的行动指南，不仅告诉我们怎么看，而且还教我们怎么想，为推进城市管理工作提供了基本遵循和方向指引。我们要持续深入系统学习，坚持学思悟统一，做到知信行合一，坚决把习近平总书记重要讲话和重要指示精神贯彻城市管理工作全程，以"绣花"般的精细、精准、精密、精巧推进城市管理各项工作高质量发展，让城市管理工作更有力度、更有温度，让市民生活得更方便、更舒心、更美好。

一、以"绣花"般的"精细"打造高品质城市环境

　　习近平总书记所言的"绣花"，其实就是一个精细化管理的过程。城市管理成于细，精于细。提升城市管理服务质量和环境容貌品质，需下细功夫。一是环卫保洁作业要更精细。要持续优化城市环境，发扬工匠精神，打造一批高标准示范区域（"席地可坐""十路十场"）和环卫保洁精细化重点道路，建立河涌全覆盖的保洁制度。要进一步提升环卫保洁精细化作业覆盖面，尤其是城中村、城乡接合部、内街巷、农村，需要加大投入，彻底消除"脏乱差"顽疾问题。二是环卫设施设置要更精细。按照"小设施，大师做"要求，优化提升改造"两网融合"网点建设，

加强垃圾压缩站除臭和日常保洁工作，力求外形设计美观、建设标准统一、功能布局合理、设施配置完善、管理规范有序，让这些设施成为靓丽的城市景观；持续推进"一村一点""一镇一站"农村生活垃圾设施品质提升，打造各具特色乡村收集点。三是公厕管养维护要更精细。要实施好"厕所革命三年提升计划"，确保完成年度新改建公厕目标，补齐短板，尤其是农村。要努力提高公厕建设与管理质量，积极探索和创新公厕市场化管理养护新模式，精细管养，提升市民如厕的舒适感。在实现与高德地图、腾讯、粤省事等公厕数据共享的同时，要对接穗智管、穗好办等 App 数据共享惠民。四是社区容貌提升要更精细。引入社区设计师，深挖老社区历史文化禀赋，精心设计，实行"一社区一方案""一楼一策"，把原有的历史文化风貌和自然生态环境保留好，打造具有岭南风貌和广州特色的容貌社区，避免"千城一面、万楼一貌"，让老社区留住城市记忆、让老街坊记住历史乡愁。五是户外广告管理要更精细。大力推进规范户外广告设置规划落地，有序推进重要道路及周边区域户外广告和招牌整治提升，在显示度高、市民较集中的区域打造精品亮点，推动建立建筑外立面保洁管理机制，优化人居环境，提升城市品质活力。六是管道燃气管理服务要更精细。持续优化用气营商环境，用好优惠政策，加快管道天然气普及，结合城市更新项目，推进老旧小区燃气管网的升级改造。大力推进送气下乡，补足农村天然气的短板。完善用气立项全程网办，提升市民和企业用气的便利度。

二、以"绣花"般的"精准"攻克城市管理难题

"绣花"功夫，讲究落针精准。城管工作涉及千家万户、管理对象千差万别、业务线条千头万绪，需要抓住重点、盯住难点，精准发力，以点带面，全面开花。一是更加精准推进垃圾综合治理。巩固深化垃圾综合治理成果，持续抓好分类习惯养成、优化提升生活垃圾分类投放点位、升级完善收运系统、强化存量垃圾处理，确保继续走在全国前列。妥善解决设施建设邻避问题，加快处理设施建设，推进七大循环产业园区环境提升，巩固"焚烧为主、生化为辅、循环利用"的垃圾处理新格局。完善固废协同处理机制，推进废料新能源车应用，加快建筑垃圾消纳设施建设，提升资源化利用水平。发挥好城管在疫情防控中垃圾处理的兜底作用，协同收运处理医疗垃圾、航空垃圾和定点隔离酒店等涉疫垃圾，助力疫情防控。二是更加精准治理违法建设。适应城市更新工作新要求，坚持拆除、管理、建设、利用一盘棋，加强拆后管理，为优化人居环境、提升城市品质助力。指导好各区依据《广州市历史文化遗存风貌违法行为监测指引图》，建立历史文化遗存、风貌专项巡检机

制，依法查处违法行为。三是更加精准实施执法指导监督。要适应镇街综合行政执法改革新要求，认真研究执法指导、监督、考核办法，理顺市、区、街（镇）执法联动机制。要编制好新一轮行政处罚自由裁量权基准表，使城市管理法律法规和标准体系更加完善，行业管理标准规范更精细、操作性更强。四是更加精准治理安全隐患。统筹好发展和安全两件大事，压紧压实行业监管责任和安全生产主体责任，做好城市井盖设施维护、户外广告招牌安全监管。紧盯燃气管理、建筑废弃物治理、垃圾终端处理设施建设运营等重点，开展安全隐患排查整治行动。加强行刑衔接，严厉打击第三方施工对燃气管道的破坏，落实家庭用气安全管控，确保安全生产平稳可控，守住守牢安全发展底线。

三、以"绣花"般的"精巧"提升城市管理效能

传统的绣花工艺讲究心灵手巧。随着时代的变迁，传统的手工绣花已被机械化、智能化所替代；同样，传统的城市管理方式、管理模式、管理手段也不能适应新时代的需求。2020年3月31日，习近平总书记在浙江杭州城市大脑运营指挥中心考察调研时指出："运用大数据、云计算、区块链、人工智能等前沿技术推动城市管理手段、管理模式、管理理念创新，从数字化到智能化再到智慧化，让城市更聪明一些、更智慧一些，是推动城市治理体系和治理能力现代化的必由之路，前景广阔。"进入5G时代，智慧城管建设的站位要更高一些，格局要更大一些，范围要更广一些，投入要更多一些。一是建好平台。要按照市政府《关于印发加快推进广州市新型城市基础设施建设实施方案》，抢抓机遇，加强协调，严格督办，加快推进城市管理新型基础设施各项目建设，推动传统基础设施智慧化转型，为让城市更聪明一些、更智慧一些提供支撑。二是共享数据。要进一步梳理城管行业数据目录、数据应用标准，为数据应用、共享、决策打下更好的基础。要主动对接"穗智管"和"穗好办"，依托"穗智管"城市运行中枢平台及城市综合管理服务平台，深化"穗智管"城管主题，汇接城市管理行业实时动态感知数据，构建综合性城市管理数据库，尽快实现多部门数据在后台的互联互通、有机整合，实现城市管理大数据全面共享，消除信息孤岛，让各种信息数据"跑"起来，让城市管理服务"快"起来。三是拓展应用。要深化城市综合管理服务平台建设，依托"粤省事""穗好办"，推进城市管理智能平台扁平化应用。要结合市域治理"一网统管"体系建设，探索"专业服务＋智慧平台＋行政力量"的智慧化管理手段，为市民提供智能、便捷、高效、优质的服务。加快新建成的余泥综合监管、垃圾分类、智慧环卫、宣传资源管理等

系统推广应用，形成智慧应用数据资源。要推动城市管理视频智能分析应用提质扩面，全面打造城市管理问题智能预警、智能发现、智能分析、快速处理的"顺风耳""千里眼"。四是加强防护。要落实各级网络安全责任，强化网络安全运维，加强网络安全日常监测，及时消除网络安全隐患。加大数据保护力度，确保重要业务信息系统数据备份及时、安全。

四、以"绣花"般的"精密"构建城市管理共同体

绣花需要将各种颜色线条精密地绣在一起才能形成一幅美妙的画卷。城市管理涉及多行业、多部门、多业务，光靠城管一家之力难以见效，需要多方互动，齐抓共管，形成人人参与、人人尽力、人人共享的良好局面，才能"绣"出精美绝伦的城市画卷。我们要深刻践行习近平总书记关于"人民城市人民建，人民城市为人民"重要论述，紧紧依靠人民群众的智慧和力量，推动共建共治共享，构建城市管理共同体。一是借"专家教授之智"共建共治。发挥城市管理研究联盟的作用和智库作用，定期开展城市管理课题研究，吸引更多高校和研究机构专家为创新推进广州城市管理和综合执法工作建言献策。二是借"代表委员之力"共建共治。加强与政府其他职能部门沟通协作，发挥好人大代表监督和政协委员参政议政的作用，共商破解城市管理难题之法。三是借"市民群众之言"共建共治。加强政策宣传，扩大公众知情权，建立民需汇集、民计采纳、民意监督工作机制，完善意见采集、处置和反馈工作链条，确保城市管理重大行政决策科学高效、依法合规、体现民意。四是借"企业市场之势"共建共治。要精心推进全域服务治理试点工作，积极探索构建"政府 + 企业 + 市民"多元共建共治共享新体系，打造全区域、全周期、全要素服务治理新模式，提升社区基层社会治理能力。

习近平总书记指出："城市的核心是人，城市工作做得好不好，老百姓满意不满意，生活方便不方便，城市管理和服务是重要评判标准。"这充分彰显了城市管理工作的极端重要，也说明了我们肩负使命的光荣艰巨。只要我们时刻坚持人民至上，尊重城市发展规律，下足"绣花"功夫，以精细化治理焕发城市之美，以人性化尺度呈现城市的温度，以智慧化手段提升城市治理质效，以共建共治共享凝聚治理合力，久久为功，攻坚克难，就能"绣"出美丽广州画卷，就能向市民交出优异答卷。

陶镇广

（广州市城市管理和综合执法局党组书记、局长、一级巡视员）

第一部分

广州城市管理研究联盟
2021 年研究成果

中英城市管理创新合作研究

叶　林　邓睿彬　谢生材*

【摘　要】"十四五"时期是广州实现老城市新活力、"四个出新出彩"，巩固提升城市发展位势的关键阶段。作为国家中心城市、粤港澳大湾区核心城市和广东省内的超大城市，广州被国家赋予了代表国家参与全球竞争、先行先试探索建立超大城市现代化治理新模式的历史重任。经济社会的快速发展对广州的城市管理者提出了更高的要求，广州城市管理亟须转向更为精细化、科学化和智能化的城市管理体系，而这离不开更高的城市管理标准以及与国际化标准的对接和建设。英国有着悠久的城市发展历史，在城市创新、可持续发展等方面有丰富的经验，通过对标英国先进地区的经验，结合广州城市管理特点，充分发挥标准在推动城市可持续发展中的重要作用，有助于加快广州标准"走出去"，促进城市经济、社会、环境的全面协调和可持续发展。

对广州城市管理工作中执行过程的现状、问题和相关标准进行全面的总结和梳理，对标国外如英国城市管理的政策和实践，提出对应的对策建议以改进和提高城市管理工作，成为一项紧迫且具有重大意义的任务。本文以广州城市管理的实际业务职能为蓝本，提炼概括广州和英国城市的城市管理发展历程。在此基础上，对比生活垃圾治理、违法建设治理、流动摊贩治理、市容景观管理、建筑废弃物管理的具体内容，总结分析和对比广州与英国的三座典型城市——伦敦、布里斯托和剑桥在城市管理科学化、精细化和智能化方面的优缺点和异同点，最后根据双方的实际情况，提出对策建议。

【关键词】城市管理；标准；中英对比；精细化；质量强市

---

* 叶林，中山大学中国公共管理研究中心、政治与公共事务管理学院教授、博士生导师，广州国际城市创新研究中心主任，主要研究领域为城市治理；邓睿彬，中山大学政治与公共事务管理学院博士研究生；谢生材，中山大学政治与公共事务管理学院硕士研究生。

一、背景

我国已全面建成小康社会，正处于经济转型升级、加快推进社会主义现代化的重要时期。2015 年 12 月，中央召开城市工作会议，对城市工作作出了战略部署。习近平总书记在会上发表重要讲话，站在协调推进"四个全面"战略布局、实现"两个一百年"奋斗目标、贯彻"五大发展理念"的高度，深入阐述了做好城市工作的重要意义，深刻指明了解决城市发展问题的方法和路径，是我们做好城市工作的基本遵循。随着城市人口集聚压力的不断增大，城市治理需要着重提升城市管理的系统性、整体性和规划性，健全基层治理能力和形成科学的、高标准的城市管理体系。习近平总书记高度重视城市治理相关议题，在上海考察时强调，城市治理是国家治理体系和治理能力现代化的重要内容。一流城市要有一流治理，要注重在科学化、精细化、智能化上下功夫。城市管理应该像绣花一样精细，通过绣花般的细心、耐心、巧心，提高精细化水平，绣出城市的品质品牌。2020 年 10 月，在深圳经济特区建立 40 周年庆祝大会上，习近平总书记指出要创新思路推动城市治理体系和治理能力现代化。经过多年的高速发展，城市空间结构、生产方式、组织形态和运行机制发生深刻变革，面临城市治理承压明显、发展空间不足等诸多挑战。要树立全周期管理意识，加快推动城市治理体系和治理能力现代化，努力走出一条符合超大型城市特点和发展规律的治理新路子。要强化依法治理，善于运用法治思维和法治方式解决城市治理顽症难题，让法治成为社会共识和基本准则。

广州地处中国南部、珠江下游，濒临南海，是我国连接世界的重要南大门。广州从秦朝开始一直是郡治、州治、府治的所在地，华南地区的政治、军事、经济、文化和科教中心。从 3 世纪起，广州成为海上丝绸之路的主港；唐宋时成为中国第一大港，是世界著名的东方港市；明清时是中国唯一的对外贸易大港，也是世界唯一两千多年长盛不衰的大港。在漫长的城市发展历史中，广州形成了独特的城市治理经验。作为南部重要的国家中心城市，广州在粤港澳大湾区、泛珠江三角洲经济区以及国家"一带一路"倡议等重点建设项目中扮演着枢纽的角色，其城市发展质量对区域城市群有着重要影响。2018 年，广州人类发展指数居中国第一位，国家中心城市指数居中国第三位。2020 年，广州被全球化与世界城市研究小组与网络（GaWC）评为世界一线城市，成为国际城市发展的标杆。

广州作为传统商贸城市和制造业强市，要想加快建设国际大都市，提升广州社会治理能力和城市管理水平，实现"内循环"和"外循环"的相互促进，离不开国际化标准的对接和建设，需要通过创建标准国际化创新型城市，全面提高广州城市治理体系和城市治理能力现代化。根据广州市委《关于深入学习贯彻习近平总书记视察广东重要讲话精神实现老城市新活力的实施意见》（穗字〔2019〕3号）的工作部署，经国家标准化管理委员会同意，广州市正组织开展"标准国际化创新型城市"示范创建工作（国标委发函〔2020〕3号），发布推进《广州市标准国际化创新型城市创建工作方案（2020—2022年）》，旨在优化广州城市管理工作标准，提高广州城市管理综合服务水平和国际影响力。

英国有着悠久的城市发展历史，在城市创新、可持续发展等方面有丰富的经验。通过学习和对标英国先进地区城市治理经验，结合广州城市管理特点，充分发挥标准在推动城市可持续发展中的重要作用，有助于加快广州标准"走出去"和英国标准"引进来"，促进城市经济、社会、环境的全面协调和可持续发展，且具有重要意义：有助于广州更好利用国际资源推动城市管理创新，实现超大城市治理现代化，促进经济增长的"内循环"和"外循环"相互作用；有助于深化与发达国家的城市治理标准对比分析研究，掌握国际标准和规则的主导权，提升广州城市管理创新能力，建设科学化、智能化、精细化的现代城市治理体系；有助于推动我国城市治理标准管理体制与国际接轨，建设覆盖经济社会发展各领域的标准体系，全面提升经济社会发展质量，完善国家治理能力体系和实现国家治理能力现代化。

由此，对广州城市管理工作的现状、问题和相关标准进行总结和梳理，提出相对应的对策建议以改进和提高广州城市管理工作质量，成为一项紧迫且重要的任务。本文以广州市城市管理和综合执法局的实际业务职能为蓝本，从生活垃圾治理、违法建设治理、流动摊贩治理、市容景观管理、建筑废弃物管理的城市管理政策和实践，总结分析和对比广州与英国的三座典型城市——伦敦、布里斯托和剑桥在城市管理中的优缺点和异同点，提出中英城市管理创新合作的建议。

本文结构安排如下：第一部分介绍广州和英国城市治理的政策背景和本文研究的重点；第二部分通过介绍广州和英国城市管理的发展历程和管理职能，提炼总结中英城市在管理架构和管理理念方面的不同；第三部分介绍广州、英国城市在生活垃圾治理、违法建设治理、流动摊贩治理、市容景观管理和建筑废弃物管理五项城市管理业务采用的工作准则和流程以及数字化技术在城市管理工作中的应用；第四部分从城市管理体系的科学化、精细化和智能化总结对比广州和英国城市管理过程中所采用标准的异同点并分析其成因；第五部分总结广州和英国城市在城市管理领域执行的标准的优缺点，提出中英城市管理创新合作的对策建议，提升城市管理水平。

二、中英城市管理概况

随着我国城市化进程的快速发展，城市人口急剧增加，城市管理的任务日益繁重、问题逐渐增多、难度随之增加，城市管理的内容和形式也发生了巨大变化。本部分通过梳理广州和英国城市的城市管理发展历程，系统总结中英城市管理在不同发展阶段的城市管理工作内容，以期在中英城市管理职能对比中更好地结合广州的经济发展状况和自身特色，有针对性地借鉴英国城市管理的经验，为中英城市管理创新合作提供坚实的基础。

（一）管理架构

1. 广州

广州是改革开放的前沿地，也是全国最早实行城市管理综合执法的试点城市之一。自 20 世纪 80 年代，广州就组建了城市管理专业队伍，在解决各相关职能部门分散管理执法出现问题的同时，不断地探索城市管理和综合执法工作的开展。

2001—2017 年，广州市城市管理和综合执法机构设置经历了拆分、重组、合并三个发展阶段。2015 年以前，城市管理和综合执法是两套相对独立的运行体制，经多次机构调整和职能整合，到 2015 年管理服务和综合执法两大体系正式合并。2001—2009 年，负责城市管理服务职能的是广州市市容环境卫生局，为局级单位，由市建设委员会管理，为广州市政府组成机构。2002 年，广州市确定了市、区、街道城市综合管理部门的职责与权限，真正实现了一支队伍执法，初步建立起"两级政府、三级管理、四级网络"的城市管理新体制。2009 年 9 月至 2015 年，广州市实施大部制改革，整合原广州市市容环卫局、爱卫办、市政、园林、燃气、建委等部分职能，城市管理范围和职能进一步扩大，成立广州市城市管理委员会与广州市城市管理和综合执法局承担城市管理工作职能。2019 年，广州市机构改革进入全面实施阶段，正式成立广州市城市管理和综合执法局，并通过理顺体制机制，进一步给街道赋权，让资源下沉，做强做实基层，将执法力量下沉至基层，着力解决群众身边那些自己解决不了的操心事。

2. 英国

英国的城市管理已经形成了由市政府、社会组织、私营企业、社区和城市居民等多元主体共同参与的现代城市管理格局。英国的城市管理具有高度自主性，除英格兰外，威尔士、苏格兰和北爱尔兰分别有独立不同的城市权力结构，地方化（Localism）和分权化（Devolution）是主要权力分配原则。首相及其内阁组成中央政府（The Government），负责制定城市发展战略（Strategy Plan）、财政拨款及跨区域协调，具体管理方案则由郡政府和市政府决定。

英国地方政府构成较为复杂，且变动不大。简而言之，在英格兰大部分地方，一般是两级地方当局（Council），即郡（County）和地区（District），但两者之间不存在行政隶属关系，各自只对本范围的选民负责。行政权力和服务当地社区的职责在两级地方当局间进行分割。在两级地方当局中，郡提供约 80% 的社会服务，如教育、交通、规划、消防和公共安全、社会护理、图书馆、垃圾处理和交易标准制定等；地区负责其他如住房建设、当地规划申请、垃圾处理等服务和市政税（Council Tax）征收等。在英文中，地区这一层级一般称为 District，有些也被叫作 Borough 或 City。在英格兰和威尔士部分地方，第二层级之下有时还会有一个第三层级的地方当局，即镇（Town）或教区（Parish），为当地民众提供一些基本服务，如城镇管理、乡村中心运营、垃圾处理、墓地管理、公园管理等。英格兰和威尔士有大约 9 000 个这样的第三层级地方当局。

除上述地方政府架构外，英国第二类常见的地方当局只有一个行政层级（Unitary Authorities）。这其中又有不同的称呼，有的叫自治市镇，有的叫自治市，还有的叫自治郡。这一级的地方当局统一担负当地所有管理和服务职能。地方当局下设不同委员会（Committees），负责政策实施和地方日常行政事务。在下设委员会的报告基础上，地方当局通过议员辩论来决定政策方向。地方当局由长期的行政雇员（Officers）支持。有的地方当局设有类似于中央政府内阁（Cabinet）的机构，其每个成员负责某一专业领域的工作，如环境、住房、文化等。如没有此类机构，地方当局权力由委员会行使。行政经费是地方政府运转的血液，英格兰和威尔士地方政府的资金来源大致如下：中央政府拨款约占 48%，营业税（Business Rate）约占 25%，市政税约占 25%，其他还有一小部分来自停车收费和运动设施出租收费等。

（二）管理理念

1. 广州

多年来，广州城市管理工作不断适应城市建设发展的要求，深化体制机制改革，转变工作理念，拓展工作方法，创新管理模式，管理目标从"管得住"向"细服务"转变，管理范畴从"综合执法"向"管理执法服务"转变，管理模式从"治理模式"向"服务模式"转变，探索了市场经济条件下的城市管理新模式，为广州高质量发展和建设幸福广州提供了保障。目前，广州市城市管理和综合执法局在积极探索全域服务治理模式，以更好地践行城市管理以人为本、以人民为中心的理念，提升城市管理科学化、精细化和智能化水平，促进城市管理品质化、城市环境品质化和市民生活品质化。

（1）从执法约束转为执法与服务并行的管理理念。重新定义城市管理，将城市管理视为调整城市各方利益主体关系的平台和方法、手段的总和，视为城市环境、城市秩序和城市运行三者密不可分的有机整体。广州城市管理在 2008 年提出"新城管、新形象"理念和建设"法治、亲民、文明、和谐"城管；2009 年提出"大城管、细服务"理念和"科学、严格、精细、长效"的要求；2010 年提出"人民城市人民管，管好城市办亚运"的理念和"统筹、协调、集中、高效"的要求；2011 年提出"管好城市为人民，文明服务促和谐"理念和"统筹、规范、精细、为民"的要求；2013 年提出"管得住、管得好、细服务"的理念和要求。

广州城市管理坚持"建设标准化、管理精细化、运行智能化、服务人性化"的发展理念，以优质服务为导向，大力构建适应新型城市化发展的城市环境、城市秩序和城市运行框架，推动城市管理模式更加注重主动适应，管理手段更加注重管理、服务和执法的有机融合，管理方式更加注重精细科学。其管理方式由突击整治向长效管理转变，由人海战术向数字城管转变，由被动应付向主动引导转变，为促进广州率先加快转型升级、建设幸福广州提供有力支撑。

（2）从单部门管理转为多部门协调联动的管理理念。广州城市管理采取"两级政府、三级管理、四级网络"的管理体制，科学界定市、区、街三级管理职责与职权，形成管理重心下移和责权利相统一的层级管理框架。市区两级设立城市管理工作部门，归口管理城管执法部门，城管执法中队下放街道，城市管理拓展到社区，形成"横向到边、纵向到底"的城市立体式全面管理网络。

在广州多年的城市管理工作中，始终坚持党的领导，以"四个全面"战略布局为统揽，贯彻新发展理念，推动城市管理高质量发展。此外，广州在城市管理工作中积极吸纳市民参与，畅通社会公众参与城市管理的渠道，坚持问政于民、问计于民、问需于民、问效于民，调动全社会的力量积极参与城市管理工作，激发出城市管理工作的创新活力。广州始终坚持以人民为中心，把满足市民对美好城市环境的向往，增强市民的获得感、幸福感、安全感作为城市管理的出发点、落脚点。

2. 英国

英国的城市管理职能主要包括环境、安全和个人的服务与管理三大类型。环境方面的职能包括公路、桥梁、街道、公用建筑、公共场所等城市基础设施的建设、管理和维修，以及环境卫生等在内的城市公共空间的维护。安全方面的职能包括警务和消防管理。个人方面的职能包括教育、住宅、居民卫生、儿童看护、老人与残疾人保障等社会福利事业方面的管理。2010 年 5 月，英国政府启动了"大社会"（Big Society）计划，下放了包括教育、医疗、交通、安全、信息技术和环境保护等多个方面公共服务的供给权，由社区居民组成的各类社会组织自主管理本社区公共事务。在社区服务中，政府只提供必要的支持，如免费为社区提供土地、为居民提供必要的培训等；而主要由社区居民依据个性化需求充当公共服务的设计者、提供者、生产者和使用者角色，使社区形成民主设计、民主决策、自我实施、自我监督的社会网络。

英国的城市公用事业在传统上是由政府统一管理和经营的。近几年来，很多以前由地方当局控制的公用事业，如城市自来水、供电、供热、污水和垃圾处理、公共交通等，现在通过市场化改革的方式外包给企业负责运营。政府设定相关公共服务应当达到的标准，通过公开招标，政府和中标者签订合同，由私人公司负责经营。英国城市政府会定期对这些公司进行监督审核，对于一些经营管理不善的公司，政府要求它们限期整改，如还达不到标准，则由政府收回经营权。然而，由于没有统一的城市管理标准，英国不同地区如英格兰、威尔士、苏格兰各城市政府的职能不尽相同，导致出现地区差异和一定程度的管理混乱问题。

在社区管理方面，英国城市政府主要采取政府与社会组织联动的管理模式。政府规划和指导，社会组织负责具体项目操作的运作方式。政府通过制定相关法律法规以规范社区内组织和居民行为，协调与社区管理相关的利益各方行为，并为社区成员的民主参与提供制度保障，但不参与具体事项的运作。社区自主自治，负责社区内部日常事项的运作，并不完全依赖于政府。

这种模式充分体现了自上而下的管理与自下而上的参与相结合的原则。居民参与能够比较集中、准确地反映社区居民的切身利益，可以在承接政府管理职能功能的同时促使基本公共服务均等化。此外，这种由城市政府、企业、社会组织、社区和城市居民等多元主体组成的多元共治模式，能够促进城市管理部门更加明确其分工和职能。城市政府作为城市管理的规范者、管理者，负责制定宏观层面的城市发展规划、机制体制设计等功能，充分发挥城市规划中的主导作用。企业、社会组织和社区居民发挥主观能动性，负责满足本社区居民的日常公共服务需求，在参与社会治理的过程中通过监督、建议等方式不断完善、提升社区生活质量。

三、中英城市管理主要职能介绍

结合广州市城市管理和综合执法局的职能和工作内容，本部分对生活垃圾治理、违法建设治理、流动摊贩治理、市容景观管理和建筑废弃物管理五项城市管理职能展开叙述，并详细介绍广州与英国伦敦、布里斯托和剑桥在这几项服务中的工作内容和相关标准。随着信息技术的迅猛发展，数字技术在城市管理工作发挥越来越重要的作用。由此，本文在介绍上述五项职能的基础上，还针对广州和英国城市在城市管理工作中的数字技术应用展开叙述。

（一）生活垃圾治理

1. 广州

生活垃圾治理是城市管理和公共服务的重要组成部分，是提高人居环境质量与实现城市科学发展的一项重要工作。自从 1992 年国务院颁布《城市市容和环境卫生管理条例》以来，广州便积极响应、探索和推动生活垃圾分类收集、运输和处理，并于 2000 年被列为全国 8 个垃圾分类收集试点城市之一。

广州将垃圾分类作为城市精细化管理的重要抓手，坚持"源头减量、分类回收、资源化利用和无害化处理"的治理路径和分类原则，加快建立分类投放、分类收集、分类运输、分类处置的生活垃圾治理系统，形成以法治为基础、政府推动、全民参与、城乡统筹、因地制宜的垃圾分类制度。经过 30 年的发展（1992 年至今），广州出台了一系列关于垃圾分类投放、分类收集、分类运输、分类处置的法规条例，已形成一套完善的管理监督机制体制。

2018 年 4 月，《广州市生活垃圾分类管理条例》出台，以地方性法规的形式确立和完善垃圾计量收费制度，详细规定广州市生活垃圾从前端到终端的分类要求，并制定监督和处罚规定。2019 年 7 月，广州建立生活垃圾分类联席会议制度，生活垃圾分类成为基层党建的重要组成部分。同时，广州市城市管理和综合执法局与市委组织部联名印发《在职党员回社区开展生活垃圾分类服务工作方案》，党员通过分类知识的宣传教育，在定时投放点开展生活垃圾分类站桶督促服务，对社区内单位生活垃圾分类情况进行巡查考评。广州市城市管理和综合执法局于 2020 年 4 月印发《广州市生活垃圾分类处理工作考核暂行办法》，开展从各区的考核排名到生活垃圾分类责任人的分档排名工作，考核结果直接影响到样板小区的评定以及干部的工作绩效表现，从而在小区的生活垃圾分类工作发挥高度的督促作用。

广州现行的《广州市生活垃圾分类管理条例（2020 修改）》[1] 及《生活垃圾分

类设施配置及作业规范》等相关条例法规，规定了广州的生活垃圾治理相关的要求。除了以上规定，广州垃圾分类管理的相关业务标准还有《广州市环境卫生作业规范（试行）》《广州市环境卫生作业质量规范（试行）》《广州水域市容环境卫生管理条例》等。

2. 英国

英国不同城市的垃圾分类管理办法细则不同。伦敦、剑桥和布里斯托根据各市具体情况和政策目标，分别制定了相应的垃圾分类、收集和处理体制机制。

（1）伦敦市。伦敦市垃圾处理的目标是将垃圾处理转变为机会，主要策略是减少垃圾的产生、再利用垃圾及回收垃圾，以及将剩下的垃圾转化为低碳能源。这些策略的目标是将垃圾处理地方化（当地化）、减少垃圾处理费用支出、创造更多的工作岗位和减少二氧化碳的排放。

伦敦垃圾处理的管理机构主要是伦敦各自治区垃圾处理机构和伦敦垃圾回收委员会（The London Waste and Recycling Board，简称 LWARB，现被命名为 ReLondon）。为有效保证垃圾处理和回收工作的规范化和有效进行，伦敦市发布了垃圾减少和回收计划（Reduction and Recycling Plans，简称为 RRPs）指导文件（RRP Guidance Note）和规范表格（RRP Template）以及常见问题回答列表（RRP Frequently Asked Questions），这些文件阐述了地方政府在垃圾处理和回收工作中的职责。此外，为规范地方政府汇报垃圾处理和回收工作进展，伦敦又发布了垃圾处理和回收工作更新指南（RRP Updates Guidance）。为保证政府工作的透明有序进行，这一文件发布在了伦敦市数据库（London Datastore）。同时，伦敦市发布了温室气体排放标准（Greenhouse Gas Emissions Performance Standard，简称为 EPS）来衡量和减少垃圾处理过程中产生的温室气体。检测员通过在线检测和计算以及使用手册来衡量目标达成情况，并每年发布 EPS 报告。各区域之间的合作通过签订合同（Contracts Register）达成。

大伦敦区有四个法定的联合垃圾处理机构，分别是东伦敦、北伦敦、西伦敦、西部沿河带。这些联合处理机构主要由各自治区议会任命的议员组成，受地方政府支持。此外，还有独立的自治区，如威斯敏斯特市和伦敦市，在垃圾处理事务上独立。其他四个自治区克罗伊登区（Croydon）、金斯顿区（Kingston）、默顿区（Merton）、萨顿区（Sutton）则自愿结成南伦敦垃圾处理合作关系（the South London Waste Partnership）。

每个区由于财力状况不同，垃圾处理服务提供的详尽程度和信息的公开程度也不同。在垃圾处理措施介绍中，以东伦敦区和西伦敦沿河区为例，对服务提供和垃圾处理流程部分进行了比较分析。信息公开程度方面，西伦敦沿河区公布了垃圾处理的具体流程和方式、垃圾处理机构工作人员的要求和保障、合作公司的介绍以及每年的审计报告，[2] 而东伦敦区的垃圾处理机构网站则简单介绍了垃圾分类的种类数量和垃圾收集点。

伦敦垃圾回收委员会是由伦敦市长和伦敦自治区联合组成的委员会，为了提高垃圾管理效率，促进伦敦循环经济的发展，致力于将伦敦变成可持续发展的全球领导者。该委员会的董事会结构[3] 设置为主席由伦敦市长任命的代表担任，两个由伦敦议会任命的独立成员，一个由伦敦市长任命的独立成员。其按照《大伦敦政府法案 2007》（The Greater London Authority Act 2007）建立，目标是减少大伦敦区垃圾的产生，促进废物再利用，采用更环保的垃圾收集和处理方式。

伦敦的垃圾处理政策主要是《伦敦环境策略》（London Environment Strategy）。根据欧洲国家对于城市垃圾的定义，城市垃圾主要包括家庭生活产生的垃圾（Household Waste）和商业机构产生的垃圾（Commercial Waste）。

（2）布里斯托市。布里斯托是英国最早开始零废城市建设的城市，推出了详细的废物与资源管理策略（Waste and Resource Management Strategy）。[4] 布里斯托废物处理公司（Bristo Waste）作为布里斯托市议会所属公司，成立于 2015 年，负责布里斯托的垃圾回收、街道清理等工作。

（3）剑桥市。剑桥市实行垃圾分类管理，设定垃圾分类标准，垃圾储运管理等采用政府设立公私合作公司经营的模式，委托剑桥共享废物商业公司负责垃圾分类与处理。[5] 该公司负责剑桥市内公共固定垃圾回收点的垃圾回收，同时也提供有偿垃圾处理服务。随着人口数量的不断增加，剑桥市的废物管理体系也需要不断更新以满足社会发展的需求。据市政府预计，剑桥市 2006—2026 年的废物总量为 11 233 000 000 吨，其中仅 2010—2011 年一年的时间就产生了 367 594 吨废物，其中约 50% 为可回收废物，3% 为能源废物，47% 为直接填埋物，远高于剑桥市 2020 年 62 000 吨直接填埋物的目标。（英国规定，地方政府如果未能完成目标，会被罚款 150 英镑）为了更好地推行垃圾分类管理，剑桥联合邻近市区设立 RECAP 废物管理设计指南，对于废物管理设施设计与建造提供指南和建议，促进市政设施建设中将废物管理有序纳入规划范围。开发商需要根据 RECAP 的指引，与当地规划局协商，对开发项目的废物管理进行有效评估和证明合规性。[6]

（二）违法建设治理

1. 广州

综合《中华人民共和国城乡规划法》（2019）、《广州市违法建设查处条例》（2020）等有关法律、法规的相关界定，违法建设是指未取得建设工程规划许可证或者未按照建设工程规划许可证的规定进行建设的，未取得乡村建设规划许可证或者未按照乡村建设规划许可证的规定进行建设的，未经批准进行临时建设或者未按照批准内容进行临时建设的，临时建筑物、构筑物超过批准期限不拆除的以及违法建筑物、构筑物违反城乡规划的事实持续存在的，违反城乡规划管理有关法律、法规规定的各种建设行为。

近十年，广州先后出台《广州市违法建设查处条例》《广州市违法建设治理三年行动方案（2018—2020 年）》《广州市违法建设治理责任追究工作办法》《广州市在建违法建设快速查处程序工作规程》等文件，通过高位推动、压实责任，强化协同、部门联动，抓住重点、突破难点，摸清底数、智慧查违，强化宣传、严格执法等做法，初步建立了权责明确、执行顺畅、监督有力的违法建设治理体系。具体而言，广州市城市管理和综合执法局负责组织实施违法建设查处工作，市、区城市管理综合执法机关按照职责分工查处违法建设。城市管理综合执法机关和镇人民政府分别负责查处街道、镇辖区范围内违反乡村建设规划管理的违法建设。城乡规划、国土、房屋、建设、市场监督管理、卫生、生态环境、城市管理、文化广电、公安、水务、监察等管理部门在各自职责范围内协助实施违法建设查处工作，同时通过设立多部门参与的查处违法建设指导协调机构、建立健全年度考核制、工作责任制和行政问责制来落实责任（见图 1）。

经过多年的经验总结，广州形成了多部门协同的违法建设查处工作体系，并清晰界定部门间边界，明确部门责任，有效提升违法建设治理的工作效率。

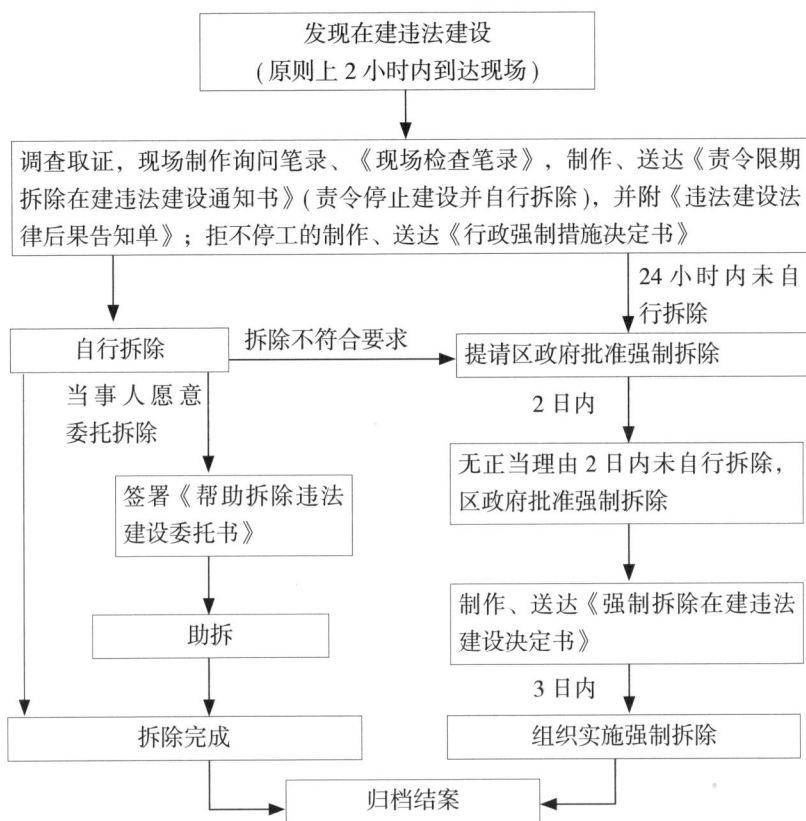

图 1 《广州市在建违法建设快速查处程序工作规程》

资料来源：《广州市在建违法建设快速查处程序工作规程》。

2. 英国

（1）伦敦市。伦敦市政府规定，在没有首先获得所需的规划许可的情况下开始建设的所有建设项目都属于违法建设。但是，它也可能与其他相关规定有关，包括未经授权的受保护的树木、不整洁的私人土地，受保护的建筑物，没有同意、未经同意展示广告、违反规划条件或在保护区内拆除。某些形式的体力劳动或更改建筑用途不需要明确的规划许可，此类项目被称为"允许开发"。由历史遗留问题导致的不在规划内建设，也属于个人财产，不能被强行拆除。伦敦市政府规定只有在严重违反地方政府规划、确实有必要的时候，才需要拆除违法建设。伦敦违法建设治理主要由地方规划局（OPDC）负责，其治理原则包括优先性、相称性、保密性以及平等性。

（2）剑桥市。为了更好地规范城市建设，剑桥市成立了规划委员会，旨在为维护和改善公共领域、生活质量和福祉作出根本性的贡献。该会主要目标是：补救未经授权的开发的不良影响；在整个管理局区域内保护设施和其他公认重要的利益之间取得平衡；计划系统的可靠性；提出符合规划委员会政策的原则；积极处理相关投诉，确保遵守对规划许可施加的条件。

（3）布里斯托市。对于涉及违建等情况，布里斯托市规定由市议会发展管理部门负责（Development Management）进行监管，由规划强制执行办公室（Planning Enforcement Team）具体执行协商、监管、拆除等工作。对于违建的界定与执行，发展管理部门出台了详细的执行细则，对于不同类型的建筑进行分级处理。此外，英格兰西部联合管理委员会（The West of England Combined Authority）作为跨城市的区域管理单元，制定了一系列建筑与城市规划发展策略。在此基础上，布里斯托出台了地方规划方案，旨在提升城市规划的韧性。[7]

（三）流动摊贩治理

1. 广州

为规范流动摊贩临时疏导区的管理，建立公平、公正、公开的市场摆卖秩序，依据《无证无照经营查处办法》《广州市城市管理综合执法条例》《广州市市容环境卫生管理规定》等法规规定，广州市城市管理和综合执法局结合本市实际，制定了《广州市流动商贩临时疏导区管理办法》（以下简称《办法》）。

流动摊贩临时疏导区管理按照"创新、协调、绿色、开放、共享"的发展理念，建立政府统一领导、部门各负其责、社会广泛参与的机制。从治理结构上来看，广州实行市、区两级政府统筹，街道办事处、镇人民政府具体管理，街道办事处、镇人民政府、居（村）委、物业小区按规划设置的模式。其中，市、区城管部门负责流动摊贩临时疏导区的组织领导、统筹协调、监督考核工作，街道办事处、镇人民政府城管部门具体负责流动摊贩临时疏导区的日常服务管理，具体规定包括疏导区的设立、流动摊位的标准以及流动摊位的监督管理机制等。

2. 英国

英国不同城市均根据自身的城市经济发展状况、人口结构等因素，成立了符合自身发展需求的流动摊贩管理体系。

（1）伦敦市。根据《伦敦市权力法案 1987》（City of London Various Powers Act 1987），在伦敦市，街头小贩和移动零售车是不允许出现在任何街道和公共场合的。只有获得经营许可证书的个人才可以在规定区域（划定区域的开放市场内）进行经营，该许可证分两种：在开放市场中进行经营的许可证（Middlesex Street Licence）和临时经营许可证（Temporary Licence）。伦敦市对于流动摊贩进行管理的机构主要是城市法团和非营利行业组织。开放市场内的流动摊贩管理，以国王街为例，市场管理部门对于流动摊位申请的要求如下：伦敦有开放市场区域（类似我国的菜市场和乡镇的集市），全年每周末开放，国王街的开放市场由西部市集协会（Western Fair Association，一个农业非营利组织）负责管理。符合要求的摊贩可以申请在开放市场售卖农产品和食物等，市场管理部门在收到申请后，会在 6 ～ 8 周内予以回复。开放市场鼓励售卖具有地方特色的农产品和食物，拥有有效安全食物证书及得到健康管理部门审查通过的流动摊贩才可以继续在市场售卖食品；市场则为流动摊贩提供基础设施，如存储设备的空间和 WIFI 等，申请通过的流动摊贩则每月交付租金。除此之外，在街上和公共区域派发商业传单也是非法的。[8] 伦敦政府网站对市场设置摊位的要求及申请表格均作出了具体说明。[9]

（2）布里斯托市。为了更好地规范街道交易，布里斯托市议会出台了一系列相关规定。如果居民想在街上出售任何物品，并在同一地点超过逗留 20 分钟，则需要静态街头交易执照或街头交易同意书，在符合规定的街道上进行交易；如果居民想在不同地点进行交易，并在每个地点逗留不超过 20 分钟，则需要"移动同意证书"（Mobile Certificate）；如果居民想挨家挨户、地方到地方或城镇到城镇步行销售商品，则需要小贩证书。[10]20 世纪 80 年代初，布里斯托市议会同意在布里斯托市内的中心地区规范街道交易相关行为，并将中心区域内的街道上划分为"禁止""许可"或"同意"街道。一般而言，三种区域的划分由理事会每三年重新评定一次。[11]

（四）市容景观管理

1. 广州

规范户外广告和招牌的设置管理，是深入贯彻习近平总书记关于住房和城乡建设工作重要批示精神，是落实全国住房和城乡建设工作会议要求的需要，有利于优化城市营商环境、提升城市发展品质。广州是国家重要中心城市和粤港澳大湾区核心枢纽城市，经济发达、商业气息浓厚，更需要有效管理户外广告和招牌设置，进而促进城市繁荣发展，维护城市运行安全，保障城市品质品位。近年来，广州通过修订《广州市户外广告和招牌设置管理办法》等制度规范、开展各类专项整治行动，逐步推动户外广告和招牌设置管理朝着规范化、标准化、体系化方向迈进，对市容环境的责任范围与监督作出具体规定。

2. 英国

地方政府负责广告设施如广告牌的管理，根据《城乡规划管理2007》[The Town and Country Planning（Control of Advertisements）（England）Regulations 2007]^[12]，英格兰国务大臣制定、由地方政府和社区提供的广告设施管理规定。在英格兰，设立超过 0.3 平方米的广告牌需要提交申请，临时性的广告牌不得超过 0.6 平方米，一般情况下，商业广告牌不得超过 0.5 平方米。广告牌的设置要求如下：整齐干净；安全；经过建筑所有者的允许，如在公路上设置广告牌，需要经过公路管理部门的许可；不能妨碍公共交通；在政府要求移除后，小心移除。市容市貌管理主要涉及广告牌管理、相关城市设计与保护等内容。剑桥市目前没有正式的管理制度，但出台了一系列非正式的管理规定^[13]，对营销策略、广告地点、广告牌内容等进行规范，管理规范主要依据《地方发展框架》（Local Development Framework）和《城乡规划管理2007》制定。

（五）建筑废弃物管理

1. 广州

广州的《建筑废弃物管理条例》规定，单位和个人新建、改建、扩建、平整、修缮、拆除、清理各类建筑物、构筑物、管网、场地、道路、河道所产生的余泥、余渣、泥浆以及其他废弃物，均属于建筑废弃物。排放人（排放建筑废弃物的建设单位、施工单位和个人）、运输人、消纳人（提供消纳场的产权单位、经营单位和个人以及回填工地的建设单位、施工单位和个人），应当依法向城市管理行政主管部门申请办理《广州市建筑废弃物处置证》，才能从事相关业务活动（居民住宅装饰装修排放建筑废弃物的除外）。

2. 英国

英国建筑废弃物管理和循环利用已形成一套完整的体系，除指出城市规划部门应该承担部分废弃物管理的职责，还在运输方面采用了许多新兴科技。

（1）建筑废弃物的评估发展规划。规划中加入废弃物管理的要求，如鼓励建筑废弃物的现场管理或要求开发商列明建筑废弃物处理细则等；有效分类回收建筑废弃物的具体步骤规定，包括分配、分类、储存、恢复以及回收设施等；实行废弃物审计，强调在规划阶段列出的建筑废弃物应该被减少到最小的程度，并且应该根据废弃物金字塔管理列明建筑废弃物处理方式。

（2）建筑废弃物的运输。建筑垃圾运输车辆使用生物燃料、液化天然气等可替代能源；废弃物管理公司改进建筑垃圾的物流规划为反向物流，最大限度减少运输车辆的空车行驶次数；利用建筑工地合理范围内的开发商仓库等建立建筑垃圾集中托管中心，实现建筑垃圾的规模经济；在建筑工地的垃圾箱内安装的超声传感器管理人员可根据传输数据规划出最合理的车辆使用数量；车辆运行路线和日程规划软件可根据车辆位置和垃圾收集点、垃圾数量等数据设计出最合理的车辆行走路线等。

（3）建筑废弃物的分类处理。英国的建筑废弃物进行分类处理，分为保护、准备回收利用、回收利用、其他回收物以及处置五个等级。①保护：在建筑设计中尽可能延长此类材料的使用寿命，减少使用；②准备回收利用：检查、清洁、修理、翻新、整件以作备件使用；③回收利用：回收废弃物重新利用；④其他回收物：包括厌氧消化、能量回收焚化、气化和热解，从废物中产生能量（燃料、热能和电力）和回填材料；⑤处置：土地填埋物等无法回收利用物。

（六）数字技术的应用

1. 广州

为了推动城市管理精细化、智慧化、科学化，提高城市应急管理和安全防范能力，广州积极开展城市管理信息化建设，同时编制了各时期五年规划。统筹整合城市管理综合信息资源，全面增强城市环境秩序感知能力，重点打造运转高效的综合监督指挥体系，大力提升城市管理行业智能监管水平，持续推进精细执法，有效支撑领导智能决策，大力改善城管公众服务水平，进一步提升城市管理精细化和智慧化水平，建成从管理到服务，从治理到运营，从相对独立的局面到协同一体的智慧城管信息化支撑体系。

2005 年住建部向全国推广数字城管模式，在此背景下，广州依托 2004 年建立的 12319 热线建立了城管监控指挥中心，这也是广州城市管理的中枢神经单位。2005 年 7 月，广州被列入全国第三批数字化城市管理试点城市；2006—2011 年，广州市数字化城市管理项目一、二、三期系统相继投入使用，数字化城市管理工作逐步在全市推广，2011 年系统运行范围已覆盖 11 个区的 172 个街（镇）。

在 2015 年之前，广州市城管监控指挥中心主要通过接听市民热线投诉处理问题，之后由于广州建立的 12345"一号通"热线系统合并了原有的 12319 热线功能，因此监控指挥中心开始转变为主动发现问题进行处理。这主要通过两种途径实现：其一为视频监控，即借助全市 20 万路摄像头进行监控；其二为路面巡查，即由工作人员借助单车、汽车等交通工具对城市盲点进行全覆盖巡查。整个城管监控指挥中心主要处理城市"六乱"（乱搭乱建、乱堆乱放、乱设摊点、乱拉乱挂、乱贴乱写乱画、乱扔乱吐）、环卫、燃气和户外广告牌等城管业务。其中，环卫、燃气、余泥渣土和户外广告等主要还是由各负责的职能处室依靠自上而下的管理链进行自监自管。除市级指挥中心之外，各市辖区也建有监控指挥中心，具体业务由区（街）进行处置，市级指挥中心主要负责监督检查和制定标准。

　　经过数年的沉淀和发展，广州已实现了数字城管向智慧城管的转型升级，并通过强化基础支撑平台和大数据中心建设，城市管理新技术不断得到应用和创新，初步建成城市管理数据中心，整合局内部各业务系统数据，接入共享了行业管理部门数据，构建了跨部门、跨系统、跨层级、跨业务的数据共享与交换机制，数据整合共享应用效应日益显现；推进视频资源并网，汇接 19 万多路视频资源，基本覆盖城市管理各领域监管应用；打造了数字党建、燃气、余泥、公厕、执法、监管等一批数字化业务管理系统，有效推动城市管理更聪明更智慧。目前，成熟的智能业务有智慧查违、智慧余泥监管平台、垃圾终端处理设施监管以及智慧燃气管理。

　　2. 英国

　　英国不同城市有不同的智慧城市建设方案，侧重点有所不同，而且仅体现在城市管理工作中的部分应用场景中。

　　剑桥智慧城市建设侧重可持续发展与数字化建设的结合，除日常数字政府网站建设外，重点开发了自然数字城市项目（Nature Smart Cities across the 2 Seas Programme）[14]，其中树木碳汇项目（i-Tree Eco）将辖区内树木进行数字化测量与实时监控，测量碳排放和污染过滤水平，帮助制订树木与森林发展规划。

　　剑桥市政府计划与地方议会、技术企业、大学等组织合作，利用新兴技术来提高该地区的经济实力和可持续性，建立"智慧剑桥"项目。该项目根据大剑桥城市协议建立，旨在确保大剑桥地区成为英国和全球领先的研究和技术中心的未来，支持经济增长并提高剑桥和南剑桥郡居民的生活质量。该项目第一阶段是智慧城市平台建设。该平台与剑桥大学合作开发，集中了从全市传感器收集的数据。全市范围的传感器网络正在从现有系统（例如交通灯、公交车行驶和停车场）拓展到新的交通监控摄像头和空气质量传感器收集数据，可用于监测一系列参数，包括空气质量、交通、自行车和行人活动。此外，该项目还与剑桥大学合作建立了一个新的

LoRaWan（低功率长距离）网络，以将从传感器流入的数据传输到数据中心；然后可以对组合数据进行分析和可视化，以规划智能解决方案，包括使运输系统更可靠、更易于使用。该平台还将允许公民、第三方开发商和商业合作伙伴使用这些数据来"测试"创新应用程序，例如新的移动旅行应用程序。

布里斯托近年来在智慧城市建设方面进展迅速，出台了《信息技术策略 2018—2023》（Information Technology Strategy 2018—2023）[15]，聚焦提升数字能力、加快信息渠道升级、智慧工作、建立创新文化四个方面。"开放布里斯托"计划开始于2013 年，使得布里斯托成为继伦敦之后的英国智慧城市建设领军城市。[16]该计划由布里斯托大学和布里斯托市议会合作发起及运营，其他合作伙伴，包括国家部门、欧盟以及日本技术公司 NEC 等商业组织也参与其中。它将充当研发计划的"实验室"，并将有助于塑造智慧城市和"物联网"的发展。该计划使用软件定义网络（SDN）来运行，并将网络功能虚拟化（NFV）应用到该网络中，这使布里斯托能够拥有一个弹性且可扩展的网络，连接数千个不同的用户。

与此同时，布里斯托市正在打造世界领先的数字基础设施，包括：144 芯地下光纤；沿海港一英里长的无线连接，其中将包括实验性无线技术，如 5G 移动宽带；以及一系列物联网传感器和技术，包括 1 500 个灯柱。所有这些都将通过软件互连和控制。该项目也在布里斯托天文馆推出了"数据穹顶"项目，共有 98 座布里斯托数据穹顶连接到布里斯托大学的高性能计算机（通过 30Gb/s 光纤链路），为科研工作者提供了一个机会来将复杂的科学实验可视化，同时也开放给市民使用，为市民创建虚拟现实环境。

伦敦智慧城市建设涉及能源、交通、文化、环境和经济发展等多方面，大伦敦区主要通过设立首席数据官（London's First Ever Chief Digital Officer）、智慧伦敦委员会（New Smart London Board）两个管理机构来推进伦敦的智慧管理项目。智慧伦敦的首席数据官对智慧城市的定义为：智慧城市是一个具有协作性、连接性和回应性的城市，它整合了数据技术并应用了城市范围的数据来回应公众的需求。

四、中英城市管理对比分析

广州作为国家中心城市、粤港澳大湾区核心城市和广东省的超大城市，被国家赋予了代表国家参与全球竞争、先行先试探索建立超大城市现代化治理新模式的历史重任。同时，广州在 GaWC 的世界城市排行榜上，进入了前 50 名，成为全球城市的典型地区，其快速发展过程中的城市治理问题突出，经验丰富，为城市治理提供了范本，十分值得学习和研究。广州面临着实现老城市新活力，在综合城市功能、城市文化综合实力、现代服务业、现代化国际化营商环境方面出新出彩的城市管理目标。

从本文收集的资料对比中发现，就城市管理的服务内容而言，广州的城市管理更为细致，涉及民生领域的各个方面；而英国的城市管理相对模糊，对民生领域的管理工作相对宽泛，政策文件的规范性作用多偏向引导。总体而言，广州的城市管理重在处罚违规活动，而英国的城市管理重在为规范行为提供指引。

本部分就城市治理的科学化、精细化和智能化三个维度，对广州和英国城市的管理进行系统对比。

（一）城市管理方式的科学化水平

城市有其自身的内在特点和发展规律，城市治理要遵循科学的城市发展规律。传统城镇化过程中遇到的诸多问题归根结底在于缺乏科学的城市发展规律认知，不尊重和不顺应城市发展规律。要实现城市治理现代化，核心就是要科学化治理，以认识和尊重科学的城市发展规律为基础和前提，通过科学的理念和方式治理城市。广州市城市管理和综合执法局依托智慧城市管理系统，逐步形成了一套科学化的管理体系。广州城市管理方式科学化的特点如下。

一是城市运行规律的认知科学化。习近平总书记指出，"做好城市工作，首先要认识、尊重、顺应城市发展规律"。著名建筑学家梁思成指出："城市是一门科学，它像人体一样有经络、脉搏、机理，如果你不科学地对待它，它会生病的。"在广州飞速发展的过程中，可以借助智能化手段形成城市运行大数据，并通过数据融合形成城市运行各方面相互关联网络，还可以通过数据分析实现城市运行数据规律的展现和可视化，建立城市运行规律的科学认知并以此辅助决策，实现从经验决策向科学决策转变。

二是城市运行管理的组织科学化。城市管理问题相对多元而且部分事务需要城管处室之间、上下级之间或者与其他职能部门协同完成，可以加强顶层设计，建立更加扁平化、多线性的沟通机制，推进事业单位改革，科学设置内设机构，合理划分工作职责，规范人员设备管理，降低信息流通和组织沟通的成本，打造一个高度协同且效率更优的城市管理体系，聚合成一个高度整合的"整体性"城市管理系统。广州通过不断健全市、区、街镇三级协同机制，指导区、街镇两级落实属地管理责任，按照广东省人民政府关于乡街镇道综合行政执法的工作要求，进一步推进执法重心和执法力量向基层同步下移，更好地发挥镇（街）就近管理、便民服务的作用。

三是城市运行治理的参与科学化。城市运行治理的参与科学化，是为了让市民能够更为快捷有效地参与城市管理，进行政民互动，实现共建共治共享。政民共建共治共享主要是指市民通过热线电话、移动客户端等方式进行城市管理问题投诉和向上反映，而城市管理部门重视发现市民的实际需求并积极回应，落实责任主体，从而推动政府与民众关系的重新建构，实现政民良性互动和共建共治共享。

广州正处于高质量发展的关键阶段，大规模的流动人口、城市居民日益增长的美好生活需要等均为新时代发展阶段下的城市管理工作带来巨大挑战。城市管理和综合执法局通过多次深入镇街调研，实地了解情况，把过去的"管理理念"转变为"服务理念"，从管理公众转为服务居民，不断探索一条符合超大型城市特点和规律的治理新路子，以更好地满足人民群众对美好生活的向往。下文通过对比中英城市在生活垃圾治理、违法建设治理、流动摊贩治理、市容景观管理和建筑废弃物管理五项职能在科学化程度方面的异同并总结其优缺点，提出相关对策建议，以更好地推动中英管理创新合作。

1. 生活垃圾治理：广州科层化管理，英国城市市场化程度较高

在生活垃圾治理方面，广州市城市管理和综合执法局充分发挥党建引领作用，调动了党员、企业和社会组织参与积极性，建立了垃圾分类、收运、处置等一系列机制，形成以市、区两级监督为主的检查、指导、督办机制。通过全面落实生活垃圾治理责任人的监管责任，常态化开展责任区范围内的生活垃圾分类收运情况的监督检查。全面推行网格化监管模式，结合"四标四实"将生活垃圾分类收运纳入网格管理员日常监督内容。英国城市通过市场化改革方式，将生活垃圾治理外包给相关企业，而政府负责定期考核垃圾处置公司的运营情况，并充分考虑居民的满意度，形成了一套有效的政企社互动机制。此外，由于行政体制设计，英国城市扁平化的管理方式不利于形成市区两级监督的方式，因此，广州在生活垃圾治理方面的组织科学化程度更高，而英国城市在生活垃圾治理方面的参与科学化程度更高。

2. 违法建设治理：广州市、区联动，英国城市专家、市民参与度较高

在违法建设治理方面，广州通过政府主导的方式，在市委、市政府领导下，以高度的政治担当和啃硬骨头的精神，坚决遏制新增违法建设，逐步拆除现有违法建设，取得了良好的成绩。与此同时，广州通过结合城市更新等专项整治行动，建立了有效的长效机制，初步形成了"制度治违、科技查违、专项拆违、全面控违"的违法建设治理体系，为流动人口规模持续攀升的超大城市高质量发展提供有力支撑。

英国城市则是通过设立专家委员会的方式，为违法建设治理提供指引，而且多是关注环境方面的影响，而对于已有违法建设，则多采取保守的方式治理。由于人口、地域等管理规模问题，英国城市的相关治理方案人性化程度更高、居民参与度较高，而广州的违法建设治理情况牵涉范围广，比英国城市更为复杂，但通过多年探索仍走出来一条符合广州发展状况的治理之路，在接下来的工作中可以加强政社互动，提高居民参与度。

3. 流动摊贩治理：广州政府主导、市民参与，英国城市市场化程度较高

在流动摊贩治理方面，广州市城市管理和综合执法局采取疏堵结合的方式，联合市场监督管理局等相关部门，不断加大整治力度，整治露天焚烧、占道烧烤等突出扰民问题，优化干净整洁平安有序城乡环境。与此同时，通过研究支持商家经济复苏相关措施，规范流动商贩临时疏导区管理，探索在不同区域设置分区分时分类临时摆卖点，允许部分区域商家在指定范围和指定时间临时借道经营，提高城市居民生活便利度的同时促进经济发展，增加城市"烟火气"。英国则根据城市的内部结构、居民在不同区域的集聚程度，以及居民的生活习惯，划定了中心城区、非中心城区以及郊区等不同区域，制定了相关法律法规，通过制度形成了一套常态化的流动摊贩管理机制。与此同时，英国城市充分发挥市场的作用，在中心城区和非中心城区依据流动摊贩的类型（如便民雪糕车、固定区域流动摊贩、不同区域流动性摆摊等）设置了不同的摆摊证书价格，并采取重罚违法摆摊的方式规范城市流动摊贩的治理。受城市结构组成复杂程度高、人口分布散等因素影响，广州可结合城市发展的阶段、城市运行的机制、城市内部结构和人口的分布状况，提升城市运行的认知科学化，在不同的住宅区（如城中村、住宅小区等）设置不同的区域和流动摊贩准入标准，联合相关职能部门，进一步优化流动摊贩管理体系的建设。

4. 市容景观管理：广州压实企业责任，英国城市政策指引性较强

在市容景观管理方面，广州大力推动市容环境卫生责任区制度落实，贯彻落实《广州市城市建筑物外立面保持整洁管理办法》，履行建筑物外立面保洁的监管职责，督促保洁责任人定期进行清洗保洁，保持建筑物外立面整洁、美观和完好。同时，还制订建筑物外立面保洁实施方案，建立完善管理机构，建立健全长效保洁机制，纳入社区网格化管理；加大社会宣传，全面落实保洁责任人告知制度。广州还积极开展市容环境卫生责任区制度示范街（镇）创建工作，并逐步覆盖全市所有街镇。

在企业监管方面，广州不断完善安全监管体系。压实企业安全管理主体责任，

持续开展隐患整治，全面推行招牌备案管理制度，对新增招牌实施备案管理，分步完成历史存量招牌备案登记。健全户外广告和招牌应急保障机制，完善户外广告和招牌突发事件应急预案。广州通过多年努力，逐步从源头和根本上杜绝垃圾扫地出门、占道经营和乱张贴、乱涂写等城市管理问题，改善城市市容环境卫生状况。英国城市在市容景观方面的管理则较为宽泛，多是指引性的政策，可借鉴广州示范创建等工作经验，形成一套有效的政企互动机制，优化民生管理服务。

5. 建筑废弃物管理：广州全流程管理，英国城市分类管理

在建筑废弃物管理方面，广州按"优先推进源头减量、工程调配，然后通过分类收集、综合利用减轻末端设施的处置压力，最后通过规划建设适量的消纳场作为应急备用的处置设施"的思路进行处置，建筑废弃物基础处置设施及资源化处置体系建设成效显著。英国城市则是通过规范收运、处置等环节的市场化运作，提高企业的参与程度，解决城市建筑废弃物管理的难题。广州充分发挥了体制优势，压实建筑废弃物管理责任，从工地源头执法，查处无证施工、违规使用袋装水泥等行为。在施工过程中，严抓工地夜间超时施工扰民，建立夜间超时施工重点管控清单，还强化工地扬尘治理，依法查处施工现场未围蔽、未硬化等行为，推动落实扬尘污染防治"6 个 100%"，助力持续提升环境空气质量。英国城市将建筑废弃物分成不同类别，通过市场化的方式将不同类型的建筑废弃物外包给企业处理，提升治理水平。虽然广州的建筑废弃物管理成效显著，但是市场化程度仍有待进一步提高，应在缓解治理压力的同时提升管理效能。

广州和英国的城市管理部门都结合城市所处发展阶段的变化而不断更新完善城市管理的相关内容。英国城市以经过多年的发展，积累了丰富的城市管理经验和教训，经历了从无为政府到全能政府后到有为政府的转变，形成了一套符合现代特大城市运行规律的政—企—社互动模式，并且在基层赋能、促进社会多元共治方面取得了良好成效。英国城市根据自身不同发展阶段的发展而不断改变政府公共服务的内容和明确政府的职能，以更好地满足城市居民生活的要求和提升政府行政效率。在城市运行管理的组织科学化方面，英国城市以政府施行的政策（规划）为导向，政府主导，赋能基层并促进企业和居民参与城市管理工作的模式，与广州提出的"全域服务治理"和"街镇综合执法改革"相关理念不谋而合，提供了极具参考价值的城市管理方式。在城市运行治理的参与科学化方面，英国城市以社区为抓手，缩进政府与城市居民的距离，为居民参与城市管理，实现政民互动提供便利场景；广州则通过建立"网上议事厅"、发展社会组织等方式建立政府、市场和群众之间的桥

梁纽带，促进企业和居民参与社会治理，推动形成政社协同高效运作的社会治理模式。

（二）城市管理标准的精细化程度

城市治理精细化，就是将精细化理念融入城市治理，综合应用现代管理理论和现代信息技术，实现城市各主体共同参与管理城市公共事务的过程。它强调将城市治理工作做精、做准、做细、做实、做到位，为此需要梳理、理清和编织一套系统、全面但又精密的城市治理体系、制度、流程和环节，覆盖城市规划、建设和管理的全过程，为精细化管理提供制度保障。

通过往年的建设和发展，广州在城市管理过程中的精细化水平取得了很大提升，体现在以下三个方面。

一是管理对象精细化。智能化水平更进一步也使得城市管理对象可以更加精细化，能够精细到具体单个城市部件的管理。基于城市管理的大数据库，对于公厕、垃圾压缩站、燃气站点、井盖等城市基础部件能够获知地理位置、状态等信息，对这些城市管理基本对象，能够实现精细到具体单个城市管理要素的管理以及城市管理全要素全覆盖的管理。因此，任何一个城市部件状态异常，都能够得到迅速及时的处置。

二是管理人员精细化。随着智能化水平的进步，管理主体和对应的管理责任能够更加精细、明确和落实到个人，为城市管理做精做细做实提供巨大推力。以城市管理领域的监督检查为例，从审核立案、到任务分派再到具体处置人员，整个过程主体明确，相应的绩效考核与责任主体也清晰，能为更具激励与问责力度的城市管理提供支撑。

三是管理制度精细化。管理制度的精细化包括对原有制度进行细化、量化等调整或者增加新的配套制度，共同推动整个城市管理制度更加完善、更加精细化。基于管理对象的精细化和管理人员的精细化，原有制度可以更加细化和具体管理人员分工和管理对象分工，能更好地分清工作量和工作绩效，从而更合理地进行考核标准和问责主体的设定，实现更具激励与问责力度的城市管理。智慧城管的建设以及新技术的引入，必然要增加对应的配套制度以推动正常运行，完善和细化城市管理制度。以智慧城管建设中强调的数据共享交换开放为例，基于新技术的要求，广州城管与政务服务数据管理局共同建立数据质量管理制度，推进数据标准化建设。

英国的城市管理政策较多是宽泛的全国性政策，重在提供规范性指引，存在以下三个特点。

一是中央与地方立法权限和管理权限明确划分。中央政府负责制定城市管理的政策、起草相关法律，而地方城市政府结合本地的实际情况，就其所管理的事务，制定具体实施方法。

二是城市公用事业私营化。与广州不同，英国的城市公用事业多由私营部门承担，如自来水、供热、污水和垃圾处理等，由政府规定相对应的标准，通过公开招标，政府与中标者签订合同，由私人公司运营，政府定期对经营权进行严格的审查。

三是城市管理立法与执法相分离。英国城市的环境运输和地区事务部负责城市建设和管理方面的立法工作，不直接参与法律的具体执行。法律的具体执行，由地方政府和有关法定的专门机构负责。一方面，英国城市管理方面的法律法规细致完善，人性化程度较高，对跳蚤市场、露天市场、占道经营等行为有明确的法律规定。英国行政执法部门在执行法律时，讲究技巧，宽严相济。管理对象如果是初犯或由于疏忽造成的过失，通常采用警告的方式，而不是进行处罚。另一方面，英国行政执法体制顺畅。英国城市管理相关执法部门权力比较集中，除公共安全外，工作职责还包括酒吧营业执照的审批、工商管理等，既有行政审批职能又有行政执法权力。同时，执法部门注重与市政府其他专业部门之间的协调配合，能够有效衔接，规避了管理漏洞，执法效率较高。

经过多年探索，广州形成了一套与城市发展相匹配的城市管理方案。与英国城市指引性较强的城市管理体系相比，广州城市管理条例覆盖范围更广、针对性较强、精细化程度高，但在某些具体业务细则方面仍有待提升。

1. 生活垃圾治理：广州管理对象明确，英国城市垃圾分类、企业参与制度精细

具体而言，在生活垃圾分类方面，广州出台了许多垃圾处理的相关条例，如《广州市环境卫生作业规范（试行）》《广州市环境卫生作业质量规范（试行）》《水域市容环境卫生规范》《生活垃圾分类设施配置及作业规范》等，为市民参与垃圾分类提供了良好的指引，但是生活垃圾的分类收运和体系仍有待进一步细化。英国城市出台了一系列的指引，并根据垃圾分类的不断细化，及时更新相关条例，并针对不同类型的垃圾站点建设标准，与居民住宅的距离、垃圾收运频率、室内垃圾箱摆放点等一系列相关内容提出了指引和细致的标准。英国城市对垃圾的分类较为细致，垃圾处置的再利用程度高，商业体系完善，有利于通过市场进一步促进垃圾分类管理工作的推进。此外，英国城市在垃圾收运方面信息化程度较高，居民通过线上预约、报备交通方式等方式提前告知垃圾收运公司，有助于提高垃圾收运效率。

虽然广州的城市结构、人口组成以及居住环境与英国城市存在较大不同，但广州可以借鉴英国城市管理的相关经验，在完善生活垃圾治理体系的同时，提高行政效率，促进城市管理服务的有效落实和可持续发展。

2. 违法建设治理：广州形成长效体系，英国城市管理精细化程度有待提高

在违法建设治理方面，广州结合城市更新、"还绿于民"工程和河涌、铁路、高快速路沿线等专项整治，建立长效机制，初步形成了"制度治违、科技查违、专项拆违、全面控违"的违法建设治理体系，为城市高质量发展提供有力支撑。英国明确规定了城市建设群体应如何申请建设，但是未根据处罚作出具体说明。相较于广州完善的违法建设治理方案，英国城市在这方面的精细化程度应有所提升，以更好地满足大城市发展规划的需求。

3. 流动摊贩治理：广州管理对象覆盖面广，英国城市管理制度明确

在流动摊贩治理方面，英国城市针对不同类型流动方式的商贩（如城镇间的流动汽车、固定摊位等）在跳蚤市场、露天占道经营等行为均有明确的法律规定，比广州出台的流动摊贩指引更为具体。英国城市管理部门在执行法律时，讲究宽严相济。针对初犯或者是疏忽造成的过失，通常以警告为主，而不进行处罚。广州多是出台相关的惩罚违规行为规定，规定市民应如何正确地摆摊经营，以何种方式正确地参与流动摊贩活动，为增加城市的街道"烟火气"提供有力指引。

4. 市容景观管理：广州管理对象明确，英国城市管理对象指引性较强

在市容景观管理方面，广州通过修订《广州市户外广告和招牌设置规范》等制度规范、开展各类专项整治行动，逐步推动户外广告和招牌设置管理朝着规范化、标准化、体系化方向迈进，但是未有相关广告牌的具体标准，且相关规定未能为经营者提供清晰明了的标准。英国城市则多是宽泛的指导性意见和政策，仅对某些细则作出了相关规定，制度精细化程度仍有待提高。

5. 建筑废弃物管理：广州管理体系完善，英国城市管理分类精细化程度较高

在建筑废弃物管理方面，广州出台了系统而完善的建筑废弃物管理体系，从源头、运输到处置均有明确的规定，为从业者提供了很好的规范指引，但执法人员的行政裁量权较小，精细化程度较低。英国城市则细化建筑废弃物的分类，并出台了详细的规定。

通过比较广州和英国城市的管理对象、管理人员和管理制度，可发现广州的政

策制定、城市服务标准与全国性政策文件紧密相连，对应中央政府的相关政策文件，做到有法可依，有据可循，且在此基础上结合城市特色出台相关条例。同时，广州城市管理部门的管理对象比英国城市的精细化程度更高，将服务治理贯穿居民生老病死、衣食住行和安居乐业的全过程。由于"小政府"的理念，英国城市仅提供有限的城市管理公共服务。针对管理人员的设置，广州充分发挥了党建引领作用，引导党员参与治理，将党的政治优势和组织优势转化为城市服务治理效能，还通过压实责任主体，明确绩效考核等方式提升管理人员的精细化程度。但在这过程中，仍存在基层多头执法、指挥协调存在不顺畅等问题。英国政府通过购买服务、外包等市场化方式吸纳企业参与社会治理，政府只负责考核而企业负责具体事项的运营。在管理制度方面，广州形成了一套完善的城市管理制度体系，制度覆盖范围广，但在政企职能边界、部门间行政边界等方面的机制设计还有待进一步完善，且现有政策法规及相关市民具体行为的指引尚待进一步细化，以鼓励更多的社会力量参与到城市管理中，提升城市治理的标准化水平。

（三）城市管理手段的智能化应用

要实现城市治理的科学化和精细化，势必不能采取传统的手工作业式的治理手段，而要以智能化的方式进行城市治理。也正是在这个意义上，智慧城市被认为是城市发展的必然方向。智能化是指以互联网、物联网、云计算、人工智能等新一代信息技术为手段，对信息进行全方位高效采集，并且在采集海量数据之后，能够有效整合、分析，为城市治理的政策制定、高效执行提供支持。在城市管理的智慧化建设方面，广州已取得令人瞩目的成效。

一是数据采集全覆盖。运用信息技术，通过各类物联网传感器和城管网格化管理等方式，同时运用四标四实成果，采集城市基础部件和城管事件等数据，实现对城市运行管理的全方位感知。

二是数据融合全场景。由于城市管理事项较为复杂和综合化，单靠城管掌握的数据有时难以充分利用数据价值，而通过与其他部门掌握的数据进行融合就能够深究数据价值，为城市管理职能履行和事项办理提供便利。比如联合政务服务数据管理局推动全市不动产信息共享，开发了基于"四标四实"基础作业图并叠加不动产登记落幢报建图层的违建摸查 App，实现违建信息快速比对和一张图展示，解决了多年来基层执法队员核实违建信息跑断腿、摸不准、耗时长、效率低的难题，得到广大基层执法队员的好评。

　　三是数据分析全自动。目前人工智能技术进展最快也最成熟的主要是计算机视觉领域的技术。基于此产业现状，广州智慧城管建设过程中积极运用该领域最新前沿技术开发了典型的应用场景——"视频智能分析"，依靠监控探头，通过视频智能分析算法，能够实现对占道经营等九大类城市管理问题的智能分析和识别，做到问题发现、自动取证、审核立案、任务分派，并对案件办理办结进行监督自动化（立案环节需要人工干预）。未来广州智慧城管建设还将探索运用人工智能技术到更多业务场景，实现数据分析全自动，提高智能化水平。

　　广州已初步形成了探头+算法的智能化城管体系，具体体现在以下两个方面：

　　一是丰富的视频监控资源和创新的巡查模式。广州市城市管理和综合执法局通过自建、与其他单位共享等方式，积累了丰富的视频监控资源，并通过创新的"共享单车+汽车"的巡查模式，与公安视频形成互补，动静结合，有效提高监控覆盖面，巡查发现问题数量同比增加2.8倍。

　　二是试点视频智能分析技术。自动截图和识别问题类型及发生的时间、地点等信息，并一键推送至数字城管系统，由人工复核后进行立案处理。智能算法的应用极大地提升了广州城市管理效率，为解决基层工作人员不足问题提供了良好的方案。

　　相较于广州的智慧城管建设，英国城市的智慧化建设未覆盖城市管理的各个方面，仅体现在某部分领域，尚未形成一整套完善的、覆盖范围广的城市管理智慧系统。具体而言，在剑桥森林碳汇的建设中，市政府高度重视市民需求和意见，并纳入项目的建设过程中。布里斯托的智慧绿化为城市服务的人性化标准提供了良好的范本。英国智慧化城市管理的建设，高度重视居民的隐私权和数据安全，仅在部分领域与第三方机构共享数据。此外，英国城市管理中的建筑废弃物运输、路线设计等环节的应用均达到了较高的智慧化程度。受法律限制，英国城市的闭路电视（CCTV）安装量较低，难以全面实行城市管理的智慧化建设。

1. 生活垃圾治理：广州收集、处理智能化程度高，英国城市收运智能化程度高

　　广州结合市民投诉、视频监控、日常巡检等线索，加强对重点区域的巡查，打击违法转移倾倒行为，定期联合公安、环保、街镇等开展有针对性的伏击行动，从严打击、查处生活垃圾非法转移、倾倒和就地焚烧等行为，为垃圾分类治理工作提供有力执法保障。与此同时，广州在着力提升垃圾处理的智能化程度、车载粪便污水快速无害化处理技术、智能垃圾分类机器人技术等方面取得进展，实现城市管理技术升级换代，在全国形成科技引领之势。开展生活垃圾焚烧厂协同处置餐厨垃圾、

陈腐垃圾、污泥的课题研究，为各资源热力电厂二期项目运行提供技术支撑。此外，广州还致力于建设智能垃圾分类平台，建立集数据统计、检查考评、督查督办以及低值回收物回收利用管理监督于一体的信息服务平台。英国城市则是在垃圾收运、运输路线设计环节运用智能化技术，对路线进行优化，提升治理效能。

2. 违法建设治理：广州形成闭环式监管，英国城市智能化程度有待提高

广州通过构建闭环式违建治理信息网，建立广州违法建设治理监控平台，对违建治理案件办理实行全流程监控，对历史案件逐一进行补录，健全违建治理台账。利用"低空无人机遥感动态监测"技术对违法建设进行常态化核查和动态监控，实现无人机监控面积覆盖率达 98%，有效遏制了新增违法建设。此外，广州还建立新增违法建设查控的"天罗地网"，完善违法建设查控信息管理平台，利用"低空无人机遥感动态监测"手段对违法建设进行常态化核查和动态监控，实行全市域监控全覆盖。英国城市在违法建设治理方面的智能化应用较少，智能化程度仍有待提高。

3. 流动摊贩治理：广州充分利用 CCTV 系统，英国城市智能化程度有待提高

广州通过 CCTV 系统等数字技术，与城管人员巡逻结合的方式来提升流动摊贩治理效能。广州利用接入的视频和公安电子卡口视频资源，通过视频智能分析应用，对流动摊贩相关城市管理问题实现自动抓拍、自动识别、自动警告、自动推送。经过城市管理部门技术人员的筛查，把案件派发给城市管理基层人员后，基层工作人员定点巡查、治理，并及时反馈到城市管理系统中，形成完善的流动摊贩监管体系。英国城市在相关业务的智能化程度较低。

4. 市容景观管理：广州监管智能化程度较高，英国城市智能化程度有待提高

广州城市管理部门近年来一直致力于推动智慧市容景观建设，建立户外广告和招牌智能监管系统，实现户外广告招牌数据动态管理，开展户外广告安全智能监管。整合智慧余泥管理系统，建成覆盖市、区和部门之间开放共享的智慧余泥综合管理系统，统筹共享全市城管、公安交警、住建、生态环保、交运等部门行政审批、工地监控视频、道路卡口视频等资源。而英国在市容景观管理方面的智能化应用较少，市容景观管理的智能化程度有待提高。

5. 建筑废弃物管理：广州监管智能化程度高，英国城市运输环节智能化程度高

广州通过提高行政执法智能化水平，完善建筑废弃物监管系统，推进非接触式执法模式、智能视频巡查系统应用。此外，广州在建筑废弃物运输车辆进行全程监管，有效地提升了建筑废弃物管理水平。英国在运输环节的智能化应用先进：一方面利用工地上安装的超声传感器，管理人员可根据传输数据规划出最合理的车辆使用数量；另一方面还利用车辆运行路线和日程规划软件收集车辆位置、收集点、垃圾数量等数据，从而设计出最合理的车辆行走路线等。

结合上文广州、英国城市管理在垃圾分类处理、违法建设治理、流动摊贩管理、市容景观管理和建筑废弃物管理五大方面的业务工作流程和标准设置，以及对中英城市管理中数字技术应用的分析（见表1），可以发现广州的城市管理工作经过多年的沉淀和积累，已形成一套科学完善的城市管理工作体系，能够根据社会发展的需求不断改善城市管理工作的业务标准，提高广州城市综合治理能力。在城市管理的科学化方面，中英城市随着发展阶段的不同，不断提升城市运行规律的认知水平，结合实际发展需求提升城市运行管理的组织科学化和城市运行治理的参与科学化程度。在精细化程度方面，广州城市管理的制度建设较为完善，出台的法律法规详尽且易获取，但由于政府职能的不同，广州的管理对象精细化程度更高，从而带来管理人员设置结构复杂问题，导致管理制度的精细化程度仍存在一定不足。英国城市则采取"小政府"的形式，利用市场机制的配置作用，通过购买服务等方式，促进企业和居民参与社会治理，而政府只负责规章制度的设计和监管考核。英国的城市管理在比如垃圾分类的细致程度，以及对垃圾分类商业化回收的相关规定等方面仍有可借鉴之处。在城市管理的智慧化建设方面，广州在城市管理智慧化建设方面取得了一定成就，并初步建立了完善的、覆盖范围广的智慧城管系统。科学的顶层设计为广州智慧城管系统打下了良好的基础，在发展中可进一步拓展应用场景以提升智能化应用水平。

表 1　中英城市管理对比

城市职能	指标					
	科学化		精细化		智能化	
	广州	英国城市	广州	英国城市	广州	英国城市
生活垃圾治理	科层制管理，市、区两级监督，政企社共同参与，市场化程度有待提高	扁平化管理，服务外包，政府主导，企业参与度较高	管理覆盖范围广，对象明确，精细化程度高，管理人员责任明确，垃圾分类、企业参与制度精细化程度有待提高	管理对象精细化程度低，覆盖范围窄，垃圾分类、企业参与制度精细化程度较高	分类收集、处理等环节智能化程度高，收运及路线设计智能化程度有待提高	收运及路线设计环节智能化程度较高，收集环节智能化程度有待提高
违法建设治理	市、区两级联动，市民参与度有待提高	扁平化管理，专家咨询，民众参与度较高	管理对象明确，相关制度精细化程度高，管理人员责任明确	管理对象模糊，管理制度精细化程度有待提高	监控、核查等环节智能化程度高，形成闭环式监管	监控和处理环节智能化应用程度有待提高
流动摊贩治理	政府主导，市民参与，摊位出租市场化程度有待提高	政府主导，市场化程度较高	管理对象明确，管理人员安排精细化程度高，个人/企业参与制度精细化程度有待提高	管理对象精细化程度较高，个人/企业参与制度精细化程度较高	充分利用闭路电视系统，监管环节智能化程度较高	监控环节智能化应用程度有待提高
市容景观管理	科层化管理，市、区两级联动，明确企业责任	政府指引性较强，部门间业务存在交叉	管理对象明确，精细化程度高，监督相关制度精细化程度有待提高	管理对象模糊，相关管理制度精细化程度有待提高	广告牌监控等环节智能化程度高	智能化应用程度有待提高

（续上表）

城市职能	指标					
	科学化		精细化		智能化	
	广州	英国城市	广州	英国城市	广州	英国城市
建筑废弃物管理	政府主导，明确企业责任，全流程管理，但回收处置环节市场化程度有待提高	政府主导，分类管理，市场化程度较高	管理对象明确，精细化程度高，管理制度精细化程度较高，建筑废弃物分类精细化程度有待提高	管理对象明确，但精细化程度仍有待提高，管理制度精细化程度较高	运输车辆监管智能化程度高	路线设计智能化程度高

五、中英城市管理创新合作建议

通过前文对广州和英国典范城市在城市管理职能中的业务对比及分析，本部分结合广州和英国城市在城市人口组成、产业结构和发展阶段等方面的异同，从中英城市管理政策以及中英城市管理创新合作机制两方面提出相关建议。

（一）中英城市管理政策建议

1. 进一步深化全域服务治理

作为一座人口规模远超英国城市的超大型城市，广州需借鉴英国的城市管理经验，进一步创新管理思路，构建以政府为主导、城市管理部门间协同、企业和市民共同参与的多元治理机制。

针对广州人口组成复杂、人地矛盾激烈等问题，可先在全市层面研究符合广州实际情况的全域服务治理体系。通过考察英国城市政府与企业、居民合作的规章制度和模式，研究制定相关的全域服务治理规范性文件，明确其工作清单、职责内容等，利用市场化手段进一步推动企业和居民参与城市治理体系。

一是充分发挥党建引领作用，整合政府、企业和城市居民的资源，多方协同，形成共建共治共享格局。在这过程当中，广州可与英国城市共同探索政府与企业合作的模式。在新公共管理理论的指导下，英国城市政府通过市场化改革的方式，优化和调整城市管理部门职能，将部分职能移交给私营企业和社会组织承担。政府仍然是公共产品与服务的提供者，但不再是生产者，而是规范者、管理者和仲裁者。

因此，广州在推进全域服务治理体系的过程中，城市管理部门应发挥引导作用，集中精力制定全域服务治理模式的政策制度和工作细则，建立科学的监督机制，通过资金供给、公共政策制定与监督配套的方式促进政府、企业、城市居民等多方协调运行，推动全域服务治理与基层治理融合，实现公众利益诉求最大化。此外，鼓励社区居民参与城市发展的监督与管理过程，以弥补市场失灵和政府部门在能力、效率等方面的不足。

二是赋能基层，推进"放管服"改革。英国城市经过多年的发展和探索，试验了不同发展阶段下的城市管理模式，逐步探索出了与符合英国城市发展需求的政府引导下、居民和企业共同参与的"权力下放 + 赋能社区"模式。英国政府倡导"赋权社区"的方式，致力于构建以社区居民为参与主体的社区自治模式。在合理定位地方政府职能的基础上将部分权力向基层下放，转变政府的管理方式，提高公共服务的效率和质量。广州正处于社会发展的新阶段，推进全域服务治理模式有助于打破部门间行政壁垒，优化城市管理方式。在实践过程中，可选取有条件的社区试点探索"赋能基层，推进放管服"中的全域服务治理模式，引入头部企业参与基层治理并加强指导，并总结推广相关经验。

三是加强市场体系建设，引导企业参与城市管理服务。通过加强政府引导和管理，引入市场竞争机制并探索制定相关制度、标准和考核体系，将广州市城市管理和综合执法局的业务职能如生活垃圾治理、建筑废弃物处理、市容景观管理等公共管理服务纳入全域服务范围，推动成立优质公共服务企业，尝试将部分临聘人员外包给公共服务企业管理，实现政企优势互补，提升管理效能的同时进一步厘清政企边界，形成政企社共治共建的局面。广州和英国各城市均对此进行了许多探索，双方可就基层和服务企业的资金保障渠道进行探索学习，充分挖潜可持续推进全域服务治理。在探索过程中逐步破解难点痛点，摸索出一套全域服务治理标准，为全域服务治理试点工作提供操作性强、可复制推广的经验做法。

2. 加强部门协调

英国与许多西方国家相似，具有比较分散的城市管理部门分工，在城市中不设立专门的城市管理部门。英国城市在发展过程中，形成了以市级为核心主导，负责制定、监督、考核，基层政府（社区）负责具体事项的执行模式，政府部门间、政府与企业间的权责边界明确，工作相关的部门间沟通机制较为顺畅。我国的城市管理体制为了应对城市中特别是超大城市中极其复杂的城市管理问题，较为需要形成核心部门牵头的城市管理体制，针对城市管理难题，构建部门之间相互联系、相互监督、相互协作的工作机制，推动形成"大城管"的格局。我国的城市管理部门处在城市管理一线，是离群众最近的政府部门，能够及时发现存在的问题，应在综合治理的"大城管"格局中发挥特殊作用。建议强化城市管理部门监察职能通过相关机制和手段，有效引导部门间的协同执法。

一是加强城市治理相关领域的顶层设计，有效整合城市管理各部门间的职能衔接，优化相关政策制度的建设。依托全域服务治理模式，以数据为抓手，从网格员、闭路电视、群众反馈等数据采集方式的整合统一到不同部门间的数据清洗整合分析，再到利用大数据分析的结果、派发案件的数据应用环节，充分发挥"穗智管"城市运行管理服务网络中枢的优势，实现"一网统管"，打通部门间的行政壁垒和加强协作联动，实现数据共享集成，提升城市运行效率和服务效能，将城市治理的运动式整治向常态化的全域服务治理模式转变，实现城乡均衡发展。

二是优化体制机制，深化机关和直属单位改革和职能调整优化，建立市、区两级城市管理综合执法部门与镇街综合行政执法相衔接的考核评价、监督检查、案件审核等机制，梳理现行城市管理综合执法队伍管理保障制度与实际工作不相适应的内容，适时修改完善《广州市城市管理综合执法条例》及其细则，优化市、区、街（镇）城市管理和综合执法机构设置，权责更加明晰，市局履行指导、协调、监督、考核职能严格认真，区、街（镇）城管部门落实属管理责任更加到位，逐步形成市、区、街（镇）三级联动的城市管理和综合执法体制机制，促进城市管理和综合执法工作更加高效。更好发挥市本级在政策制定、组织指导、统筹协调、监督检查、考核评价、行业监管、规范执法、业务培训等方面的作用；建立健全市、区、街（镇）三级协同机制，指导区、街（镇）两级落实属地管理责任，因地制宜整合基层行政执法队伍。

三是适当增加城市管理部门审批权和管理权，增强环境秩序问题综合治理能力。特别是对于无照游商等问题，不能简单取缔，而应充分考虑城市发展的阶段性特点，由多部门进行综合治理。例如，针对乱摆乱卖，建立长效的科学的治理运行机制。借鉴英国城市的成功经验，对乱摆乱卖采取"堵""疏"相结合的治理方法。"堵"即禁止，对城市的重点地区、窗口地段、市政主干道两侧，坚决禁止乱摆乱卖行为；"疏"即引导、规范，在城市的内街内巷、社区、次要道路边设立日用小商品、小美食市场，在流动人口比较集中的热闹地段设立灯光夜市、夜间烧烤巷，通过规定时间地点、规定摆卖方式及摆卖内容来规范流动商贩的经营行为。对菜贩，则引入农贸市场或在农贸市场附近规范设置简易菜档，以消除其在大街小巷流动叫卖的现象。

3. 明确执法和服务标准

经过多年的探索和发展，广州已形成一套完善的城市管理体系，涉及民生生活的方方面面，体现了城市治理要求的精细化，但是在实际执法过程中，标准过于精细，未预留执法空间给执法人员。广州可参考英国在城市管理中采取的经验，提供指引性政策文本，在政策执行过程中，提高执法人员的行政裁量权，使得执法更具人情味。

一是进一步明确政府和企业的边界，加强政府城市管理部门的引导、规范作用。在城市规划、建设中，充分考虑市民生活的实际需求，加大便民市场、便民服务站建设，方便市民生活。与此同时，在部分社区可开展服务外包给企业的模式，将城市管理中可由市场经营的公共服务项目转交有经验的企业承包，明确相关企业的运营标准和政府考核机制，实现标准化管理，从源头上治理违法行为，突出广州"以人为本"的城市管理特点，形成与国际接轨、领先的城市管理标准体系。

二是厘清城市管理综合执法部门与相关行政主管部门的职责边界，解决交叉执法和多头执法、管理与执法衔接不顺畅等问题。深化服务改革，依据法律法规和政府规章，推进城市管理执法职能事权下放，推进行政许可审批制度改革；发挥市场在资源配置中的决定性作用，创新社会协同治理模式，在建筑废弃物处置、道路河涌保洁、垃圾收运、公厕和环卫设施建设、垃圾中转站管理、质量安全评价等方面探索新路子。

三是厘清市、区两级部门的职能边界。在确保各个部门与各个辖区信息传递有效的基础之上，充分发挥市区两级合力和基层政府的主观能动性，市级城市管理部门负责统筹监督机制体制等方面的顶层设计以及对区、街（镇）城市管理部门的考核任务，不再负责具体的城市管理业务，直接派发案件到基层工作人员手中。在提升行政管理效率的同时，避免基层工作人员重复派单、重复跑腿等低效现象。

4. 提高智能化应用水平

智慧城管作为智慧城市建设的一项重要组成部分，其对于提升城市科学化、智能化、精细化治理水平具有重要意义。广州在智慧城管建设方面已取得令人瞩目的效果，为英国城市管理的智能化应用提供了发展思路。中英双方可通过合作学习的模式进一步提高智能化应用水平。

对于广州智慧城管建设而言，一是可以探索建立一套系统，其构建以具体业务为标准，不以各职能部门分工为划分标准。传统科层制安排下的城市管理部门间职能分工的建设模式实际上造成了业务系统、业务数据的割裂等现象，造成了"条块分割""信息壁垒"等问题，为了实现智慧城管建设的最大效用，更好地解决城市管理问题，提升城市治理水平，围绕城市管理问题——应用场景为核心构建智慧城管系统架构，实现城市管理的人员、数据和资金等围绕解决城市管理问题而流动，从而构建更具问题解决效率、更具回应性的智慧城管。

二是进一步优化智慧城管工作的纵向考核监督机制，在充分利用智慧城管建设成果与引入新技术的基础上，同时兼顾基层工作的现实条件与合理诉求，科学制定考核监督标准，使得考核机制向着提升市区街三级合力、提升基层人员工作积极性的方向发展。

随着广州智慧城管建设的进一步推进，居民信息收集数据得以海量提升，应提前防范居民隐私泄露问题。广州在建设过程中可更注重于具体业务的智慧建设上，一方面，可向英国城市推广智慧城管系统的顶层设计思路，为英国智慧城市建设的城市管理板块提供借鉴模板和相关工作体系。此外，广州智慧城管系统的覆盖范围广，而且在训练智能算法方面积累了丰富的经验，可形成相关工作标准，进一步向英国城市推广。另一方面，广州可学习英国在部分业务方面的智能化应用场景，提升垃圾收运、建筑废弃物运输、城市碳排放等环节的智能管理水平，并进一步推广到城市管理的其他领域，提高城市管理的效率。

5. 推广市民教育模式

广州已初步形成科学、完善的城市管理体系，在许多城市管理职能业务方面取得良好成绩，比如垃圾分类管理工作，这离不开基层部门对社区居民不厌其烦的教育和宣传。由此，广州市城市管理和综合执法局可以在总结相关经验的基础上，进一步拓展相关经验到其他业务领域。

一是加大其他领域的市民宣传力度，如违法建设治理、流动摊贩管理等方面宣传力度仍需加强，增加居民教育的频率有助于广州进一步推进城市管理建设工作。

二是发动群众共建共治共享。广州在政企合作、政社合作等方面积累了丰富的经验，在进一步建设多元共治的过程中，可借鉴英国政府的部分经验，更加重视和发挥非政府组织和社区在社会公共服务中的作用，鼓励公众参与社会治理，使公众不再过于依赖政府，建立一个自治的为自己的社区服务，从而建立一个"更大、更好的社区"。

英国在城市管理中推动社区和社会公众个人之间也开始互相提供服务，由社区居民组成的各种社会团体自主管理本社区事务，社区居民能够在本社区的运作过程当中同时充当服务的设计者、提供者、生产者和使用者，根据对公共服务的个性化需求设计各项服务内容，使整个社区形成民主设计与决策、实施、监督一体化的社会网络，以实现社区的自我管理和自我运作。广州可结合市情，将社会主义核心价值观融入基层治理中，引导市民养成良好生活习惯，自觉遵守公共秩序与文明礼仪，加强社区与居民之间的互动，提升居民的参与感、归属感和幸福感。

三是形成"政府负责规划、指导，给予资助，社区组织负责具体实施"的管理模式。政府通过制定各种法律法规以规范社区内不同集团、组织、家庭和个人的行为，协调社区内的各种利益关系，并为社区成员的民主参与提供制度保障，鼓励社区自行解决资金问题。在这种模式下，充分体现了自上而下的管理与自下而上的参与相结合的原则，比较集中地反映居民的自我管理需求，具有承接政府管理职能的区位优势。在居民参与、政企合作的过程中逐步形成由城市政府、私营企业、社会组织、社区和城市居民等多元主体共同参与的现代城市管理格局，确立城市管理各主体的分工和职能。

（二）中英城市管理创新合作机制

结合前文分析以及广州和英国城市在城市发展过程中所面临的挑战，双方可加强政府、高校和企业三类主体间的合作机制建设，在城市管理过程中，重视政界、产业界和学术界深度协同，全方位促进中英城市管理创新合作，树立全球城市合作治理的典范。

一是加强广州市政府和英国城市政府间的合作。以广州市城市管理和综合执法局为主导，针对广州在城市管理过程中遇到的问题，组织相关部门和业务处室，加强与英国城市政府相关部门的交流，探讨双方在城市管理职能业务采取标准和管理方式的原因，并结合中英城市的具体市情，作出针对性调整。具体而言，广州市城市管理和综合执法局可以依托综合调研处收集汇总各处室在城市管理过程中所面临的具体难题，针对性地联系英国城市政府相关业务部门，如地方规划局，组织双方交流，形成主管部门间的有效互动机制。此外，中英城市政府在面对城市化进程中所带来的问题，对多元主体合作参与社会治理、有限预算约束下的政府治理效能、地方政府角色、功能变迁适应能力等命题进行了积极有效的探索，并积累了丰富的实践经验。由此，中英城市政府间还可以组织定期的合作交流会，针对流动人口规模大、基层人员不堪重负、部门间协调机制不顺畅等超大城市在城市管理中面临的问题，交流双方在管理方式、管理标准和管理手段方面的具体举措，互相借鉴，全面提升中英城市管理的科学化、精细化和智能化程度。

二是加强广州高校和英国城市高校间的合作。广州市城市管理和综合执法局依托广州城市管理研究联盟的平台，形成了部门提出需求、高校深入调研解决部门实际困难的合作模式，实现了与广州市高校良好互动。英国城市政府可借鉴广州的相关经验，通过建立"政产学研"多元合作的研究平台，将高校纳入城市管理研究，形成政府和高校之间的良好互动。与此同时，广州和英国城市高校可借助城市管理研究平台，加强双方学术探讨合作，通过共同参与课题研究，如中山大学和剑桥大学联合设立城市管理研究小组的方式，针对广州和英国城市管理具体需求，探索新时代、新形势下的超大城市有效治理模式。此外，还可以形成联合培养学生机制，为学生提供机会深入体验广州和英国城市在城市管理职能中所面临的具体不同，并就相关研究问题深入探讨，结合理论指导，为广州和英国城市提升治理效能建言献策。

三是加强广州本土企业和英国城市企业间的合作。中英城市政府在建立城市管理研究联盟平台的基础之上，可以邀请城市管理领域的龙头企业、新兴高科技企业，如海康威视、华为等公司加入城管研究联盟，与高校联合研究、与政府联合研究、政界产业界学术界三方联合研究等方式开展对于城市管理科技、应用场景、行业趋势的研究，将实务界、理论界相结合，提升广州和英国城市管理的科学化、精细化和智能化程度。相关企业如智能算法公司之间，可加强交流，探索在生活垃圾治理、违法建设治理等方面的算法改进，拓展数字技术在城市管理业务中的应用场景。此外，企业间还可以就数据安全、城市居民信息保护等方面加强交流，在为超大城市治理赋能的同时提升居民对城市管理部门的满意程度。

六、结语

"十四五"是广州实现老城市新活力、巩固提升城市发展位势的关键阶段，应紧紧围绕以"四个出新出彩"引领全市各项工作全面出新出彩的战略定位。广州城市管理要贯彻"创新、协调、绿色、开放、共享"理念，以人民为中心，牢牢树立法治思维、系统观念和全周期管理意识，坚持党的领导、党建引领，坚持人民至上、服务优先，坚持依法治理、源头治理，坚持属地管理、权责一致，坚持协调创新、精细智慧。

通过与英国城市管理的系统对比、严谨分析和合理建议，可以发现广州城市管理的制度、方式、手段及其智慧化应用，已经形成了较为坚实的基础，产生了良好的效果，体现了体制机制优势。通过中英城市的互相借鉴和创新合作，可以推进广州城市管理高质量发展，在科学化、精细化、智能化方面更加出彩，推动城市管理手段、管理模式、管理理念创新，形成全域治理服务体系，推进基层综合执法改革，让城市运转更聪明、更智慧、更先进，形成具有国际先进水平的城市治理经验。

附　录　相关政策文件

1. 全英《城镇与乡村规划方案 1990》（Town and Country Planning Act 1990）

2.《全英地方管理控制条例》（Local Authority Building Control）

3. 剑桥《RECAP 废物管理设计指南》（RECAP–Waste–Management–Design–Guide）

4.《更智慧的伦敦——伦敦市长将伦敦转变为全球最智慧城市的路线图》（Smarter London Together, The Mayor's Roadmap to Transform London into the Smartest City in the World）

5. 剑桥《违建管理政策》（Planning Enforcement Policy）

6. 剑桥《违建管理服务标准》（Planning Enforcement Service Standards）

7. 剑桥《市场管理规范》（Market–trading–stalls–and–licensing）

8. 剑桥《地方发展框架》（Local Development Framework）

9.《城乡规划管理 2007》（The Town and Country Planning (Control of Advertisements) (England) Regulations 2007）

10. 剑桥自然数字城市项目（Nature Smart Cities across the 2 Seas Programme）

11. 布里斯托《废物与资源管理策略》（Waste and resource management strategy）

12. 布里斯托《信息技术策略 2018—2023》(Information Technology Strategy)

13. 伦敦智慧城市发展战略（Smarter London Development）

14. 智慧城市建设与能源管理（"Smart City"–Intelligent Energy Integration for London's Decentralized Energy Projects）

15.《广东省城乡生活垃圾处理条例》（广东省第十二届人民代表大会常务委员会公告第 40 号）

16.《广州市城市生活垃圾分类管理条例》（2020 年修正）

17.《广州市市容环境卫生管理规定》（2020 年修正）

18.《广州市建筑废弃物管理条例》（2020 年修正）

19.《广州市建设工程文明施工管理规定》（广州市人民政府令第 62 号）

20.《广州市户外广告和招牌设置管理办法》（2019 年修改）

21.《广州市城市管理综合执法条例》（2015 年修正）

22.《广州市城市管理综合执法细则》（广州市人民政府令第 58 号）

23.《广州市违法建设查处条例》（2020 年修正）

24.广州市全域服务治理相关文件

25.广州市镇街综合行政执法体制改革相关文件

26.《广州市城市管理和综合执法局"十二五"规划》

27.《广州市城市管理和综合执法局"十三五"规划》

28.《广州市城市管理和综合执法局"十四五"规划》

29.广州市城市管理和综合执法局相关简报

30.《广州市流动商贩临时疏导区管理办法》

31.《广州市城市精细化管理制度汇编》（上、下册）

参考文献

［1］广州市生活垃圾分类管理条例（2020 修改）［EB/OL］.（2020-12-02）
［2021-12-26］.http://cg.gz.gov.cn/ztzl/ljflcz/content/post_6944190.html.

［2］Annual Accounts and Reports［EB/OL］.［2021-12-13］.https://wrwa.gov.
uk/waste-authority/annual-accounts-and-reports/.

［3］ReLondon［EB/OL］.［2021-12-13］.https://relondon.gov.uk/about-us/
governance-and-administration.

［4］Bristol Waste and Resource Management Strategy［EB/OL］.（2016-04）
［2021-12-10］.https://www.bristol.gov.uk/policies-plans-strategies/waste-and-
resource-strategy.

［5］Greater Cambridge Waster［EB/OL］.［2021-11-30］.https://www.
greatercambridgewaste.org/.

［6］RECAP Waste Management Design Guide［EB/OL］.［2021-11-20］.https://
www.cambridgeshire.gov.uk/business/planning-and-development/planning-policy/recap-
waste-management-design-guide.

［7］Bristol Resilience Strategy［EB/OL］.［2021-09-20］.https://www.bristol.gov.

uk/documents/20182/1308373/Bristol+Resilience+Strategy/31a768fc–2e9e–4e6c–83ed–5602421bb3e3.

　　［8］Street Trading Policy in London［EB/OL］.（2021–01–21）［2021–10–11］.https://www.cityoflondon.gov.uk/services/licensing/street–trading.

　　［9］Vendor Application［EB/OL］.［2021–10–12］.https://themarketwfd.com/vendor–application/.

　　［10］Street Trading Guidance for Applicants［EB/OL］.［2021–07–20］.https://www.bristol.gov.uk/documents/20182/35152/Street+Trading+Guidance+v1.5+modified+01.09.15.pdf/b86f0e72–a641–4a03–96b9–3675ff28beb6.

　　［11］Street Trading Policy［EB/OL］.［2021–07–21］.https://www.bristol.gov.uk/licences–permits/street–trading.

　　［12］Outdoor Advertisements and Signs: A Guide for Advertisers［EB/OL］.［2021–08–10］.https://www.gov.uk/government/publications/outdoor–advertisements–and–signs–a–guide–for–advertisers.

　　［13］Guidance Note for Marketing Signage for Cambridge Fringe Sites［EB/OL］.［2021–06–15］.https://www.cambridge.gov.uk/media/2775/marketing_signage_cambs_fringe_sites_2012.pdf.

　　［14］Nature Smart Cities across the 2 Seas Programme［EB/OL］.［2021–07–10］.https://www.cambridge.gov.uk/nature–smart–cities–across–the–2–seas–programme.

　　［15］Information Technology Strategy 2018—2023［EB/OL］.［2021–07–20］.https://www.bristol.gov.uk/policies–plans–strategies/information–technology–it–strategy.

　　［16］Bristol is Open［EB/OL］.［2021–07–25］.https://www.bristol.gov.uk/policies–plans–strategies/bristol–is–open.

大中型生活垃圾转运站建设和管理研究

张　强　段佳莹[*]

【摘　要】在城市垃圾激增的背景下，生活垃圾转运能力不足已成为制约广州市垃圾分类工作的重要短板。据统计，广州市目前生活垃圾转运缺口达 0.8 万吨/天，但全市至今没有一座日处理 500 吨以上的大中型生活垃圾转运站。2021 年 3 月 1 日，广州市政府召开会议研究越秀区大中型生活垃圾转运站选址工作，大力推动该站建设工作。为更好推动广州市大中型生活垃圾转运站的规划建设、有序运营，本文研究的重点是：当前广州市已有的大中型垃圾转运站建设和管理的基本状况是怎样的？广州市大中型垃圾转运站建设和管理过程中的主要问题是什么？进一步优化的路径是什么？课题组选取了广州市各区、深圳市、福州市和上海市作为调查对象，运用实地走访、座谈会、电话访谈等方式获取数据资料。研究发现，广州市垃圾转运站建设和管理存在的主要问题是规划布局不合理、邻避效应重，而造成这些问题的深层原因主要有初期选址短视化、资源匮乏及垃圾收运系统运行不畅等。在借鉴多地共性经验的基础上，本文进一步提出优化路径，即从合理规划布局和综合治理两方面强化政府的指导作用；引入市场机制，激发企业活力；调动居民参与生活垃圾分类的积极性。

【关键词】大中型生活垃圾转运站；建设；管理；合作治理

---

　　* 张强，华南师范大学政治与公共管理学院、地方政府治理与社会建设研究中心教授，主要研究领域为政府绩效管理、公共人力资源管理与社会治理；段佳莹，华南师范大学政治与公共管理学院硕士研究生。

一、绪论

第七次全国人口普查公报显示，广州 2021 年全市常住人口为 1 867.66 万人；与 2010 年广州第六次全国人口普查的 1 270.08 万人相比，十年共增加 597.58 万人，增长 47.05%，年平均增长率为 3.93%，且呈持续增长态势。这一方面彰显了广州强大的城市吸引力，但另一方面也反映出城市生活垃圾生产量持续快速膨胀、生活垃圾转运能力不足、现有生活垃圾转运站运营不畅已成为制约广州市垃圾分类工作的重要短板之一，尤其是越秀、海珠及天河等中心城区，形势更加严峻。

（一）研究背景与研究问题

广州市生态环境局统计数据显示，广州市生活垃圾年产量从 2010 年的近 500 万吨迅速增长至 2020 年的 808.78 万吨，呈增长态势。面对如此多的生活垃圾，如果收集处理工作不及时，不仅会污染居民居住环境，影响市容市貌，还会影响居民生活健康，造成大气污染、土地污染、水资源污染等严重后果。为此，广州市政府投入大量的人力、资金用于生活垃圾源头和末端的处理工作；但作为衔接源头和末端处置场所的生活垃圾转运站的建设和管理并未受到足够的重视，目前采用的仍是以小型生活垃圾转运站为主的一次压缩转运方式。随着城市规模的持续扩大，原有转运方式暴露出效率低下、二次污染严重、转运成本上升的问题。

据调查，生活垃圾转运能力不足已成为制约广州市垃圾分类工作的重要短板之一：广州市目前日均生活垃圾产量约 2.2 万吨，而生活垃圾转运站日均转运上限约为 1.4 万吨，日均转运量占产量的 63.6%，压缩中转能力严重不足，缺口达 0.8 万吨 / 天。按照《广州市城市更新单元设施配建指引》中关于"大型 I 类 1 000 ～ 3 000 吨 / 天、大型 II 类 450 ～ 1 000 吨 / 天、中型 III 类 150 ～ 450 吨 / 天"的标准要求，广州市需建成 5 ～ 10 座大中型生活垃圾转运站才能确保垃圾分类处理系统的有效运转。尽管广州市政府试图重构生活垃圾转运站，但受建筑空间高度、用地受限等问题影响，难以按照国家规范和标准新建或改造生活垃圾转运站，且在邻避效应的加持下，生活垃圾转运站建设和管理工作的推进困难重重。

2020 年 9 月，中央全面深化改革委员会第十五次会议审议通过《关于进一步推进生活垃圾分类工作的若干意见》，明确要求加快分类设施建设，完善分类运输系统。广东省委、省政府和广州市委、市政府对生活垃圾分类工作作出一系列部署要求。生活垃圾转运站是垃圾分类处理系统的重要组成部分。加强生活垃圾转运站建设管理，对于提升垃圾分类工作水平、加快打造垃圾分类样板城市、推动实现老城市新活力、以"四个出新出彩"引领各项工作全面出新出彩具有重要意义。

基于此，本文拟研究解决的主要问题是：当前广州市大中型生活垃圾转运站建设和管理的现状是怎样的？广州市大中型生活垃圾转运站建设和管理过程中遇到的主要问题及其深层原因是什么？进一步推动广州市大中型生活垃圾转运站建设和管理的优化路径是什么？

（二）研究思路与研究方法

1. 研究思路

课题研究思路主要是基于已有的关于合作治理的理论及破解环境邻避冲突问题的研究，结合调研所了解到的广州市生活垃圾转运站的建设和管理情况，进行多层次、多方面、多主体的分析，并且在结合兄弟城市的典型做法与经验的基础上，对今后广州市生活垃圾转运站建设和管理进行尝试性思考，进一步提出探索思路及对策建议，总结出广州市大中型生活垃圾转运站建设和管理的优化路径。本文技术路线图如图 1 所示。

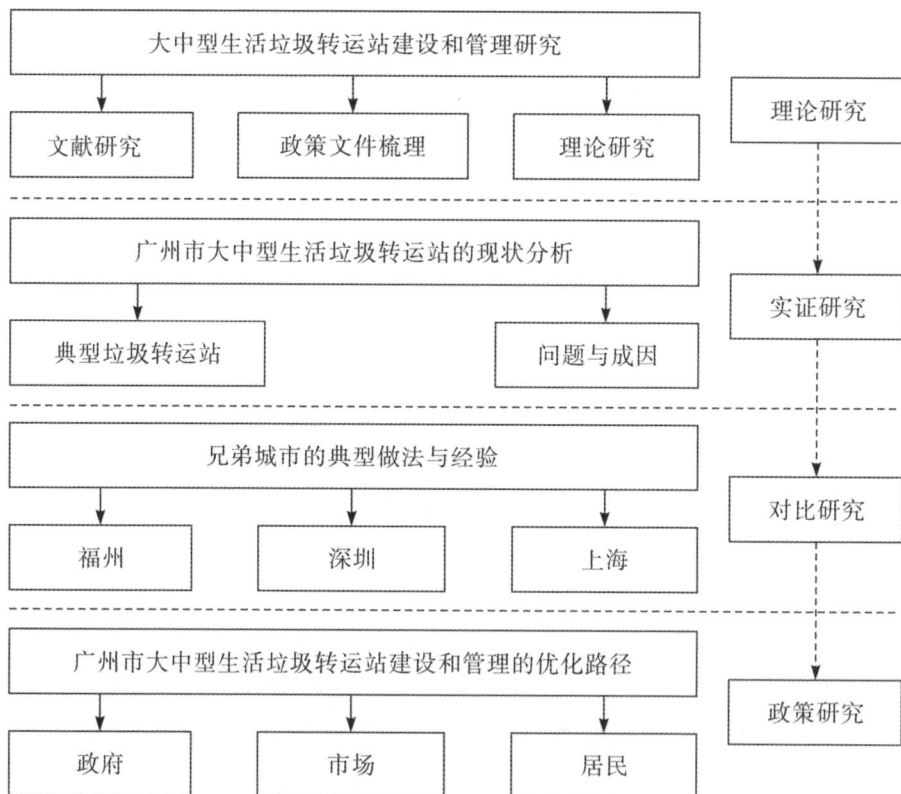

图 1　技术路线图

2. 研究方法

（1）访谈研究法。采用个人访谈与集体座谈相结合的方式充分了解广州市生活垃圾转运站建设的情况。一是对街道与社区的工作人员、环卫站工人以及周边商户、居民等进行非结构化个别访谈，访谈内容主要围绕生活垃圾转运站运营情况、当前问题与改进建议等展开，掌握第一手资料。二是与主管部门开展面对面集中座谈，在课题组成员的引导下对广州市生活垃圾转运站建设和管理中的问题、未来优化方向等进行讨论式的深入分析。

（2）个案研究法。通过收集整理广州市各区、各兄弟城市大中型生活垃圾转运站建设、管理的相关资料，在分析的基础上了解兄弟城市在建设、管理方面的有益做法，分析当前广州市建设大中型生活垃圾转运站可能会碰到的主要问题并提出相应的可行的解决对策。

二、理论视角与分析框架

（一）合作治理理论

"治理"是多元主体协调互动、合作共治的过程，多元、参与、合作是其核心理念。[1]治理理论目前发展成为社会管理中必不可少的重要理论，反映出治理的根本目的是多方协调，而非政府或市场单方掌控这一重大转变。合作治理理论是治理理论的一个分支，随着治理理论研究的深入发展，其逐步成为一种新型治理理论。在经济全球化、市民阶层的壮大以及国家与社会分离的趋势下，面对"政府失灵"和"市场失灵"，单一由政府或市场控制的情况越来越不适应社会的需要。与传统的垂直命令、自上而下的管理模式不同，合作治理是对过去国家与社会二元、政府与市场两分的超越，[2]其强调的是治理参与主体的全面性，通过对话、协商、谈判、妥协来达成治理目标，[3]充分发挥多方主体的力量，实现"政府—市场—公民"之间的有机良性互动，摒弃传统治理中政府统揽一切的弊端。

合作治理有三个显著特征：一是治理主体的多元化。在合作治理中政府不再是唯一的治理主体，政府与其他社会治理主体如公民、市场、社会组织等相互合作。二是强调多方主体互利互惠。[4]为了利益的满足，各治理主体共同合作、相互成就。三是治理主体的平等性。[5]在传统行政模式中，政府占绝对主导地位；但在合作治理中，政府的主体地位被淡化，同其他治理主体更多呈现的是一种互动关系，各主体间地位相对平等。

（二）分析框架

如图 2 所示，合作治理理论为大中型生活垃圾转运站建设和管理实现提供了理论工具。在环境邻避设施建设的语境下，需要更加审慎地思考政府、市场和公民之间的关系。公共利益的最大化是多元主体合作治理的最终目标，政府发挥主导作用的主要任务是充当支持者、组织者、倡导者的角色。从我国城市垃圾转运站建设及其治理的发展规律来看，政府应该逐步从主导者向引导者、合作者角色过渡。在广州市生活垃圾转运站建设和管理的过程中，政府充当了项目制定者和组织者的角色。从表面看，居民似乎没有参与到生活垃圾转运站的建设管理中，但事实上居民前端垃圾分类的成效紧密地同生活垃圾转运站臭气管理联系在一起，居民通过意见反馈、投诉等督促生活垃圾转运站整改，是生活垃圾转运站建设和管理的重要主体之一。通过引入合作治理理论，市场机制得以进入生活垃圾转运站的建设和管理之中，企业化的管理模式不仅有利于降低社会管理成本，取得更好的管理效果，而且通过前端居民的广泛参与，促进政府主导治理向政市合作的转变。实践表明，只有建立起

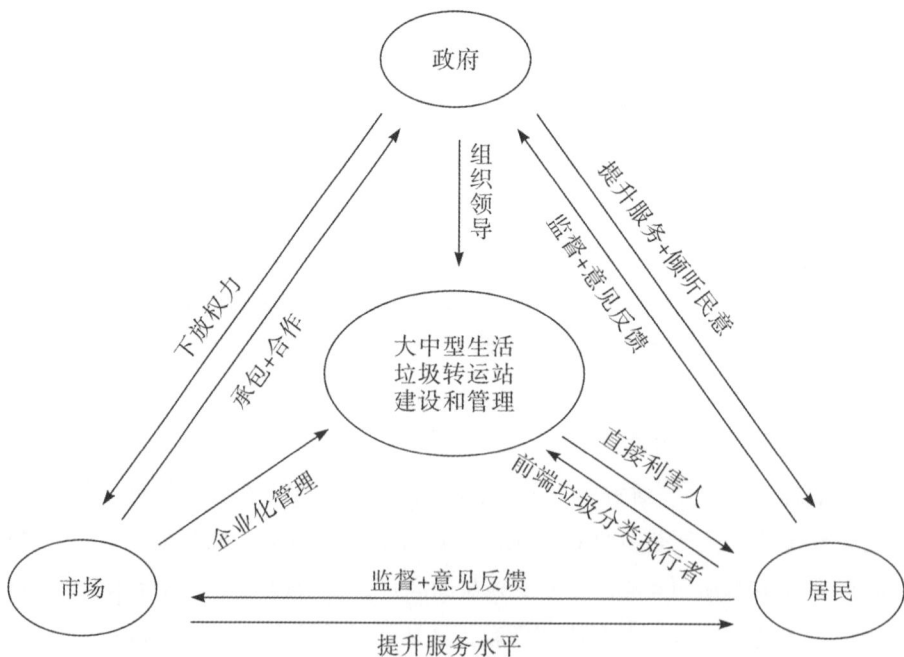

图 2 分析框架

政府引导、社会协同、法律约束、市场机动、公民参与的多元治理结构，才能够真正打造出共建共治共享的社会治理格局，实现社会利益和个人利益的双赢。

三、广州市大中型生活垃圾转运站建设和管理现状分析

目前，广州市现有生活垃圾转运站 356 座，整体呈现"小而散"的特征，其中 1～2 厢小型站共 319 座，占全市总量的 89.6%，每座生活垃圾转运站日转运量均在 80 吨以内；其余 37 座为 3～7 厢中型站，其日垃圾处理量均低于 500 吨。迄今为止，全市没有一座日处理量达 500 吨以上的大中型生活垃圾转运站。在人口密度大、垃圾产量大的越秀、天河和海珠等中心城区的站点以两厢站居多，转运能力严重不足，大多处于超负荷运作的状态；而在相对较远的花都、白云等区，地块面积大，人口稀疏，垃圾产量没有中心城区大，其生活垃圾转运站实际处理量没有达到设计水平，仍有富余。这种转运能力的分布不均，造成转运资源的浪费，也进一步扩大了中心城区的转运缺口。同时，既有生活垃圾转运站由于初建时缺乏长远规划、检查标准不一和管理混乱等问题常常被周边居民诟病，生活垃圾转运站的整改、升级迫在眉睫。因而，加快建设大中型生活垃圾转运站，优化现有生活垃圾转运站的管理，不仅是提高广州市城市环境品质的必然要求，而且是建立健全广州市生活垃圾收运体系的应有之义。

根据广州实际，课题组首先选取规划合理、管理到位的花都区、白云区两座标杆式中型生活垃圾转运站作为调研对象，了解其有益做法。其次，为充分掌握生活垃圾转运站建设、管理问题突出的老城区情况，课题组采取参与式观察与访谈相结合的方式，实地走访了越秀、天河和海珠三区 75 座生活垃圾转运站，以窥见广州市生活垃圾转运站概貌。

（一）花都区马鞍山生活垃圾转运站

花都区马鞍山生活垃圾转运站位于花都区凤凰北路与宝华路交界处，最早建于 2007 年，于 2019 年翻新扩容，目前主要服务于城区四街，日均垃圾处理量为 400～500 吨。该生活垃圾转运站享得天独厚的地理优势，毗邻马鞍山公园，在规划时与马鞍山公园一体化设计，同周边环境完美融合，被成功打造为园林式的生活垃圾转运站。

马鞍山生活垃圾转运站之所以能够平稳落地，关键在于两点：一是依托马鞍山公园，一体化的设计思路使得生活垃圾转运站同公园融合，很大程度上避免了邻避效应。2018 年，花都区为响应市政府号召，计划对原有生活垃圾转运站提质改造，

在经过招标、层层筛选后，花都区选择安徽省建筑设计院来打造"园林式"的生活垃圾转运站，幽雅的外观与巧夺天工的设计令周边居民赞不绝口。二是由于马鞍山生活垃圾转运站是在原站点基础上的翻新升级，居民对选址的接受度相对较高。

除了建设过程中的巧思，马鞍山生活垃圾转运站之所以能够成为"明星转运站"，还在于其严格的日常管理和先进的技术手段。

技术是环卫基础设施要发展的一个重点。要创新，要发展的重点就是技术至关重要。（访谈资料：编号 BYZY20210708a）

早在规划初期，花都区城管局针对生活垃圾转运站的基础设施、技术条件等作了全面系统的比较，并最终选择最为先进的荷兰技术为生活垃圾转运站运作保驾护航：在压缩方面，马鞍山生活垃圾转运站采取卸料—压缩一体式自动化机器，二层卸料，一层压缩，压缩与卸料的同步运行显著提高了垃圾处理的效率；在除臭方面，该站的抽风系统全天运作，并配合喷淋处理工艺来减轻生活垃圾转运站运作过程中带来的邻避效应。

（二）白云区白云新城资源处理中心

白云区白云新城资源处理中心位于白云新城云城南一路航云变电站附近，总占地面积大概为 3 683 平方米，主要负责收集处理白云新城核心区范围内，包括三元里管辖区及周边部分区域等产生的生活垃圾，垃圾处理规模为 145 吨 / 天。白云新城资源处理中心的优势可大概归纳为以下三点：

首先，同传统的其他生活垃圾转运站有所区别的，白云区生活垃圾转运站更名为"白云新城资源处理中心"，这很大程度上避免了居民听到"垃圾"先入为主的刻板印象带来的不满与投诉。目前全市紧跟这一步伐，力图在转运站名称上做到富有新意和现代感。

其次，白云新城资源处理中心在整个建筑风貌结构设计方面下了很多功夫，以白色为主色调，线条流畅明快，气派优雅，既带有岭南元素，又与整个白云新城业务发展趋势相匹配，富有现代气息：

我们从设计上面就下了功夫，但是这也是一个大制作。我们有好几个方案，最后我们选择了这个方案，在整个建筑风貌结构设计方面下了很多功夫，因为这个建筑我们不能以岭南风格为主，但要符合整个白云新城业务发展趋势，也可以充满现代气息。我们是往这个角度去考虑的。所以我们当时是有好几个设计方案，但经过了充分的论证讨论，最后选定了这个方案。这个方案目前在广州市内它的建筑外观是比较新颖的，当时我们建的时候也是为了新颖。（访谈资料：编号BYZY20210708a）

最后，在技术方面，白云区白云新城资源处理中心形成了智能化、体系化的运营系统。在除臭方面，该中心引进国外高端设备；在压缩方面，采取预脱水设备，以最大限度提高垃圾处理能力。在污水处理上，资源处理中心一方面同华南理工大学达成合作，研发净化、循环利用相结合的污水处理系统；另一方面，自身也不断尝试、积极研发高水平的垃圾外运设施。此外，白云新城资源处理中心配备数字化智能监控室，实时监测整个生活垃圾转运站的运作。

纵观以上两座标杆性的生活垃圾转运站的规划、管理过程，我们不难发现：在规划阶段加强设计感，即通过建筑设计、依托绿植提升生活垃圾转运站外观的美观性、可欣赏性，不仅能够美化市容市貌，而且能提高居民的可接受度，尽可能减轻邻避效应所带来的影响；在管理过程中，技术是重中之重，也是能够持续发展的关键。更新技术、提升生活垃圾转运站的垃圾处理能力，能够有效缓解垃圾转运缺口问题，进一步提高生活垃圾转运站的效率。

为充分了解越秀区、天河区等中心城区生活垃圾转运站建设和管理情况，本课题组采取参与式观察与实地走访、座谈相结合的方式展开深入调研。在参与式观察阶段，课题组制订了《广州市生活垃圾转运站评价细则》（见附录），试图站在周围居民的角度审视生活垃圾转运站对自身生活的影响。

（三）越秀区生活垃圾转运站建设管理现状

结合图 3 统计数据，我们可以看出越秀区现存的 12 座生活垃圾转运站中约60% 的最终评分都未达到 60 分及格线，即大多数生活垃圾转运站均存在一定问题，还需进一步优化、完善。

在建筑建设方面，越秀区采用的仍是传统的命名方式。尽管 2013—2015 年前后对生活垃圾转运站整改、升级，但由于空间有限，生活垃圾转运站大多外观简陋，缺乏新意和美观。

在对越秀区生活垃圾转运站做出整体印象评价的基础上，课题组同越秀区环卫处李队长深入访谈，进一步了解越秀区生活垃圾转运站的管理情况：

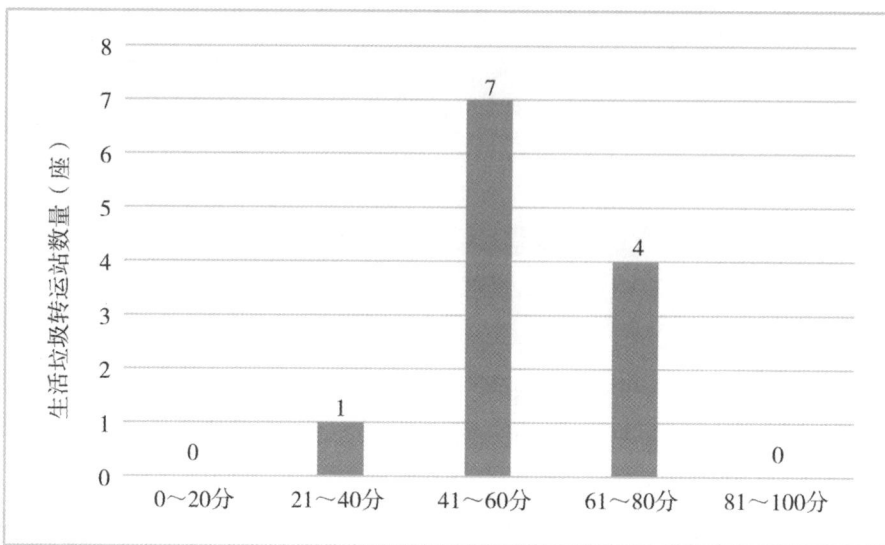

图3 越秀区生活垃圾转运站评分汇总

在臭气管理方面，越秀区形成了有组织的系统：

> 我们通过一个涡流的抽风机，就是一层一个抽风系统，它在这里面有一个吸风口，那些风进去之后呢还有一些 UV 灯，就是光解灯，这是对一些空气，还有一些生物病菌作消洒处理。然后随着这些管道这个风口进来，这个处理器里面还有一个水雾喷淋。水雾喷淋主要的作用就是对我们在管道里面它是有一个 UV 灯产生的一些臭氧，然后到了这里之后通过这个水雾喷淋对臭氧进行一个处理，不要让它产生臭氧。再然后经过我们一个水雾喷淋之后，还有一个活性炭的一个过滤，在过滤完之后再进入管道。（访谈资料：编号 YXQ20211017a）

除了配有 UV 灯外，各生活垃圾转运站在站口配有胶帘，在作业时将其拉起来，尽可能防止臭味向外溢散。值得一提的是，小北站等个别站点，已引入内循环处理系统，该系统采用反渗透工艺，在通过系统内紫外线臭氧灯、过滤网等程序的处理后，运用负压系统将空气上抽，最后经净化后向外排出。由于受地域空间和资金限制，该系统只存在于个别小型站，没有在越秀区得到全面推广。此外，李队长特别指出高温发酵是产生臭味的主要原因之一。

> 温度一高，它所产生的发酵，会产生更多的臭气，所以的话呢，我们尽可能就是把温度降下来，去降低它的发酵。（访谈资料：编号 YXQ20211017a）

为此，越秀区计划安装中央空调来降温、净化空气，将臭味最大限度地减轻。目前关于该设备的设想仍在进一步探索、尝试之中。

在排污方面，越秀区生活垃圾转运站均设置地下三级沉淀池，在经过沉淀池的沉淀和过滤后，污水连入广州市市政污水管网直接排出。作业结束后，各生活垃圾转运站用垫布覆盖沉淀池池口以防止污水外流、臭气外溢。

在噪声方面，目前生活垃圾转运站产生的噪声主要来自作业时装桶、翻桶和机器碰撞。为此，越秀区一方面在机器关节处添加弹簧和胶垫，增加缓冲力以减少噪声；另一方面将门窗玻璃升级为隔音玻璃，以减少噪声的外泄。

（四）天河区生活垃圾转运站建设管理现状

天河区共有 38 座生活垃圾转运站，规模最大的为三厢站，多数是两厢站。日常作业主要采取直推式和翻斗式两种模式。除去难以近距离观察的生活垃圾转运站外，共有 37 座生活垃圾转运站参与到本次评估中，具体的评分情况如图 4 所示：

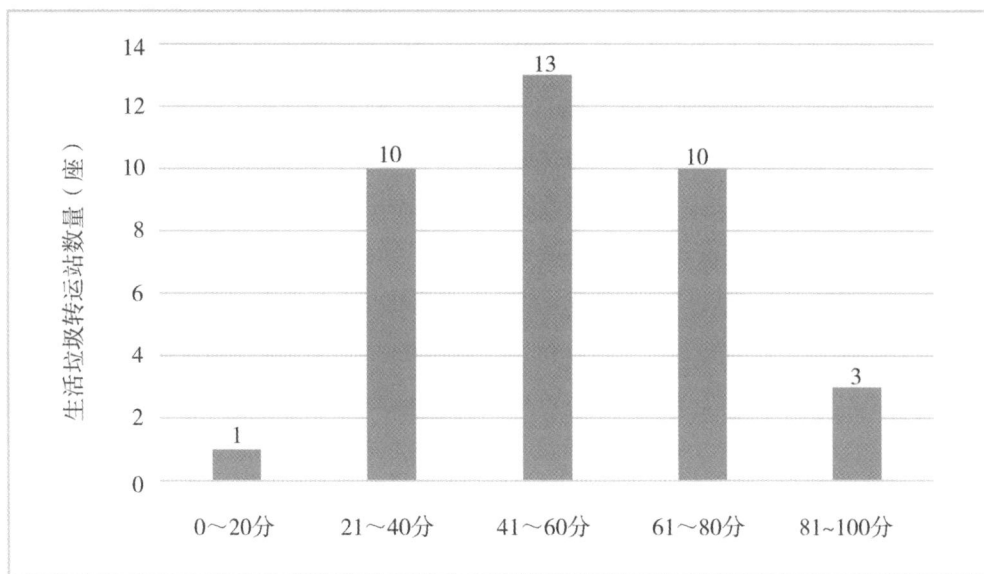

图 4　天河区生活垃圾转运站评分汇总

从图 4 可以看出，天河区生活垃圾转运站的运作情况好坏参半，各有不同。总的来说，建设和管理情况不够理想。

在实地走访中，天河区环卫处王队长向我们介绍了天河区两大代表性生活垃圾转运站。首先是兰亭盛荟生活垃圾转运站（见图 5），该转运站建于 2019 年并于当年投入使用。兰亭盛荟生活垃圾转运站位于高速天桥下面，以米白色墙体为主，屋顶种有绿植作为点缀，整体简洁大方。和天河区大部分生活垃圾转运站不同，兰亭盛荟生活垃圾转运站是作为周边楼盘的配套设施由开发商承包建设。为避免生活垃圾转运站带来的邻避效应，开发商引入先进压缩转运技术，站内采用五大湖环保科技有限公司的 IOC 4.0 一体化智能除臭控制系统，使用

图 5 天河区兰亭盛荟生活垃圾转运站

负压收集、生物洗涤、UV 光催化、植物空间喷雾与智能控制等组合型除臭技术，将站内臭味气体集中化处理，有效防止臭味扩散，避免造成二次污染。另外，站内配有 LED 显示屏，实时监测站内噪声、温度和湿度等各项指标。该生活垃圾转运站日常管理严格，作业规范不扰民，可称广州市生活垃圾转运站的高标准样板间。

另一处代表是位于天河公园地下的一厢生活垃圾转运站。天河公园地下生活垃圾转运站是在原有垃圾点基础上进行整合，在建设过程中同公园周边道路升级改造相结合。由于该站位于地下，生活垃圾转运站所产生的邻避效应较小：在外观上与公园融为一体，低调自然；在作业时，上覆植被能够很好地吸收部分噪声，起到降噪的效果；地下压缩有效防止臭味外溢。虽然天河公园地下生活垃圾转运站规模较小，处理能力不算高，但这是广州市打造地下生活垃圾转运站模式的开创性尝试。从这小小的一厢站中可以预见广州市生活垃圾转运站建设的未来方向：向地下要空间。

（五）海珠区生活垃圾转运站建设管理现状

海珠区目前有生活垃圾转运站 23 座，生活垃圾处理量平均在 2 300～2 500 吨，

有一定转运缺口。由于城市化进程加快，人口密集程度日益提高，但压缩站新建率很低，进一步导致转运缺口愈来愈大，海珠区成为垃圾转运问题突出的城区之一。图6为海珠区生活垃圾转运站的评分结果。

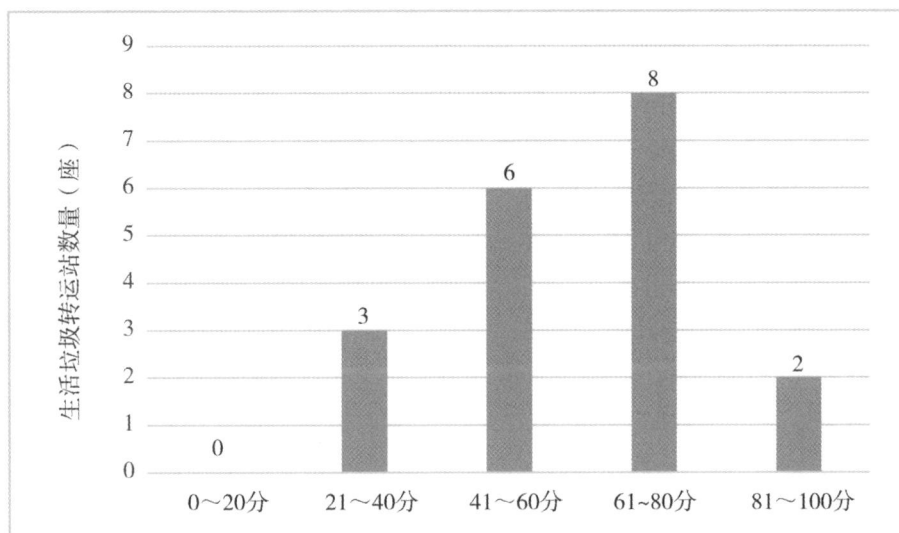

图6　海珠区生活垃圾转运站评分汇总

相较越秀区和天河区，海珠区生活垃圾转运站建设和管理情况好一些。这可能是海珠区自身特点决定的：一是区内有部分老旧小区离生活垃圾转运站较远，海珠区更多地采取的是直收直运的模式——垃圾压缩车用翻斗架将垃圾翻上车，车装满后直接运送到垃圾处理终端，因此可以说生活垃圾转运站仅作为一个固定保障，实际发挥的作用不如预期。但固有的直收直运模式同时带来了问题，直收直运的车辆体积较大，很容易造成交通拥堵。因此，可以说直收直运只是技术条件有限时的缓兵之计，最大化发挥生活垃圾转运站的作用才是长久之计。二是海珠区工业布局比较多，由于工业垃圾不能直接进入终端，需要由专门回收公司来收运处理，日产量七八百吨的工业垃圾不经生活垃圾转运站，这对站点而言减轻了很大的压力。

（六）广州市生活垃圾转运站建设和管理中的主要问题

结合实地走访和访谈，目前广州市生活垃圾转运站的建设和管理无论是从体制、机制、经费保障，还是从人才构建、技术支撑以及理念更新等方面，仍存在诸多亟待解决和优化的问题。

1. 生活垃圾转运站建设中的主要问题

（1）规划布局不合理。《广东省小型生活垃圾转运站评价细则》中明确指出生活垃圾转运站与相邻建筑间隔不得小于 8 米，但调研天河、越秀和海珠三区生活垃圾转运站布局合理性的结果显示：仅有近三成的生活垃圾转运站能够做到这一点，大多数生活垃圾转运站的布局并不合理。作为广州市的中心地带，以上三区地域狭小、人口密度大，原有生活垃圾转运站建设时间早，当初选址时由于缺乏长远规划，多建于居民区附近，居民对此意见颇大但又由于地块稀缺，生活垃圾转运站很难重新选址或作旧址改造。还有部分街道辖内未设有生活垃圾转运站，需跨区域运输垃圾，运输过程中引发的积液外漏问题也没有得到有效根治。

（2）外观简陋，邻避特征明显。目前广州市除白云区白云新城资源处理中心外，所有生活垃圾转运站均采取传统的方式命名，虽通俗易懂，但也正因如此，居民对"垃圾"先入为主的刻板印象使其易对生活垃圾转运站产生抵触情绪，忍耐底线较低。在外观设计上，由于大多生活垃圾转运站建设时间较早，虽经翻修，但大都简陋，缺乏美感，与周围的环境不相融，十分突兀。

2. 生活垃圾转运站管理中的主要问题

（1）管理不到位。虽然已有《广州市生活垃圾压缩站日常管理规范》《广州市环卫精细化作业和管理指引（试行）》等文件对生活垃圾转运站日常管理作出具体规范，但在实际工作中，监管的不到位使得生活垃圾转运站很难达到所规定的标准，作业时产生的臭味、污水和噪声问题严重。如课题组连续走访多个天河区生活垃圾转运站，仅有华天生活垃圾转运站因管理严格做到了拉帘封闭式作业，其余生活垃圾转运站均敞门开放式作业，这严重违反了"转运车辆需实现密闭运输作业"的规定。

（2）管理难度大。早期布局的不合理性也加大了生活垃圾转运站日常管理的难度，目前全市还有约1.58万个生活垃圾收集站（点），均设置在路边或人行道边上，以便垃圾集中和直收直运车辆在路边吊装转运垃圾，这给周边环境造成了较大影响。尽管各区在为尽可能减少邻避效应，如改善作业环境、调整作业时间等付出了巨大努力，但因技术水平有限，很难达到理想管理效果，仍有很大一部分群众对现状不满，投诉现象时有发生。

（七）广州市生活垃圾转运站建设和管理中存在问题的原因分析

1. 初期选址决策短视

广州市生活垃圾转运站之所以出现布局不合理、建筑邻避特征显著这些问题，很大一部分原因在于初期选址建设时，政府没有考虑到城市未来的人口变化、空间变化，未为未来发展留有余地，缺乏全局性和长远性思考。早期政府只考虑就近收运垃圾的便捷性，大多简单粗暴地将生活垃圾转运站建于居民区附近，站点基本为 1～2 厢站。随着城市发展，人口增多，原有生活垃圾转运站的收运能力已无法满足当前激增的生活垃圾产量，原有的空间布局不仅遭到日益追求高品质生活的居民们的抗议，而且因站点空间有限，升级改造很难实现，最终导致生活垃圾转运站的存在陷入如今尴尬的境地。

2. 配套资源匮乏

一方面，生活垃圾转运站作业人员配备不足。目前广州市大多一站一班配备两名作业员，作业员工作压力较大，尤其是周末或节假日生活垃圾的增多更会为其带来更大的工作负担。超负荷的工作量增加了作业的难度，作业的规范性难以得到保证。另一方面，有效的监管机制是生活垃圾转运站持续运营的重要保障，广州城市管理和综合执法局是当下生活垃圾转运站监管机制的唯一主体，而由于政府部门既负责管理，又要兼顾实操，可调配人力资源匮乏，很难形成高频次的定期监督检查，最终监管易流于形式。

由于生活垃圾转运站环境邻避设施的基本属性，其存在就会带来负外部效应；虽然这种负外部性无法完全消除，但可以通过技术手段将影响降至最低。无论是升级生活垃圾转运站的作业设备还是引入先进技术都需要足够的资金支持，急需改造升级的生活垃圾转运站的庞大数量以及高额的成本造价对政府无疑是极大的负担，有限的政府资金很难实现生活垃圾转运站全面升级，也很难提高现有的管理水平和品质。

3. 收运系统运转不畅

（1）前端垃圾分类。

其实那些垃圾是混有餐厨垃圾在里面的，所以为什么它味道相对来说比较臭，证明臭源没有控制好，在分类过程中没有完全地分类，那就会导致刚才我们看到的一些情况。（访谈资料：编号 YXQ20211017a）

垃圾压缩转运并非一个独立的环节，它作为前端垃圾分类和终端垃圾焚烧处理的中枢环节，起到一个承上启下的作用，因此审视当前生活垃圾转运站建设和管理现状不应只聚焦于生活垃圾转运站本身，前端的垃圾分类对垃圾压缩转运工作的影响不容忽视。在调研中，天河、海珠等区的受访者均有提及，前端生活垃圾分类没有做好是产生臭味的根源。因此，如何落实生活垃圾分类应是解决生活垃圾转运站臭味问题的重中之重。

（2）末端垃圾运输。当前广州市要求生活垃圾转运站垃圾处理要做到日产日清，但实际上很多生活垃圾转运站无法实现这一目标；主要原因并非在于生活垃圾转运站日常管理不当，而是在向末端运输的过程中出了问题。焚烧发电厂对各区日垃圾焚烧量有明确规定，满额后便停止接收垃圾，即越早送往焚烧发电厂越保险。然而，焚烧发电厂通常位于郊区，由站点运往焚烧发电厂需要时间，当遇到早晚高峰或因车体庞大在高速路被限行时，运输车辆会在路上花费更多时间，无疑提高了垃圾外漏的风险，也增加了车辆及时倾倒垃圾的难度。

四、兄弟城市大中型生活垃圾转运站建设和管理的做法与经验

课题组调研发现，花都区马鞍山生活垃圾转运站与白云区白云新城资源处理中心的建设都存在先天条件的独特性，不具有可资借鉴的普适性。而作为广州市中心城区的越秀、天河和海珠等区，生活垃圾转运站建设和管理的情况显然更加复杂，因而课题组调研国内其他兄弟城市，以期有所启示。

（一）福州市鼓楼区大凤地下生活垃圾转运站的建设和管理

福州市鼓楼区大凤地下生活垃圾转运站（以下简称"大凤地下转运站"）是福建省首座花园式纯地下生活垃圾转运站，位于福州鼓楼区乌山西路与西二环路交叉口，原大凤垃圾转运站附近。其西南侧绿化成美丽的街边公园，出入口像地下停车场，在功能设计上充分体现绿色、环保、智能等特点，在路面上听不到噪声也闻不到异味，建成三年来未接到一宗市民投诉。大凤地下转运站总面积 3 400 平方米，实际用地约 2 850 平米，设计日转运垃圾 100 吨，可服务周边约 4 万户居民。

在建设方面，大凤地下转运站充分考虑对周边的影响，力图将邻避效应降至最低。据悉，原大凤垃圾转运站建于 1996 年，离福州教育学院附中大门仅 20 米左右，路面转运臭味大，垃圾运输车排起队来容易影响交通，渐渐满足不了周边生活垃圾处理需求。"附近是居民区，还有中学、幼儿园。如何减少对周边的影响，是新建大凤垃圾转运站重点考虑的问题。"[6] 新建大凤垃圾转运站处在路口边角地块，可

以利用的空间有限，需管线迁移、避开高架桥桩基，施工前曾多次优化方案，确保在提高土地利用率的同时保持较好的环境视觉效果。最终，方案确定将垃圾转运设施和环保设施设置于地下，充分利用地下空间，地上部分仍保持为城市绿地，绿化率约 67%。这既做到通过建筑色彩和饰面与周边环境有机协调，又巧妙运用屋顶花园和垂直绿化来避免对周围街道、居住区、商业和幼儿园等造成的邻避效应；既提高了土地利用率，又保持了良好的环境视觉效果。

在管理方面，垃圾封闭处理，无臭味异味是大凤垃圾转运站的硬底线。转运站共有地下两层，负一层为卸料区，小型自装卸式垃圾车负责卸倒转运来的生活垃圾。清运结束后，垃圾车全方位清洗除臭，喷淋、降尘、除臭、负压抽风系统和离子送风系统启动，每小时换气可达 10 次以上。负二层压缩区可自动进行强力循环压缩，采用真空抽吸系统收集渗滤液和污水，并进行专业化处理。[6] 此外，所有垃圾收集车、转运车辆出站前均会进行冲洗，冲洗的水也会经过管道进入渗滤液池，确保站内污水全收集。污水处理就是挤压，经过挤压的渗滤液流到渗滤液池，然后经高压泵打到负二层，再经过吸污车吸走，进入洋里污水处理厂。移箱系统及时将满箱通过液压举升平台技术升至平面，最后由拉臂车甩挂运输，将密闭箱运输至红庙岭垃圾综合处理场。整个作业过程给人以安静、干净之感：现场没有轰鸣的机械声，全静音作业；卸料区没有刺鼻臭味，作业地面较整洁，没有明显垃圾及污水横流的情况；垃圾处理全程封闭，减少对外界的影响。

其次保证垃圾日产日清，在避免邻避效应的同时将不扰民效果最大化。大凤地下转运站自 2018 年 8 月正式投入使用以来，运作注意避开交通高峰期，每天凌晨 4 时起运作 10 多个小时，日均处理生活垃圾约百吨，比原大凤垃圾转运站日转运量增加 2 倍多，可服务周边 4 个街道。

（二）深圳市生活垃圾转运站的建设和管理

课题组前往深圳市罗湖区、福田区、南山区和宝安区四区进行调研走访。深圳市目前共有 950 座生活垃圾转运站，每天垃圾日均产量在 2.3 万吨左右。

1. 地埋式生活垃圾转运站

针对传统的生活垃圾转运站、生活垃圾收集点等"厌恶型"环卫设施环境影响大、精细监管难、作业强度高等痛点难点，2020 年深圳在罗湖区、南山区、盐田区、大鹏新区试点建设 6 座智能地埋式生活垃圾转运站，目前已全部建成并投入运营。

地埋式生活垃圾转运站顾名思义，就是中端的垃圾转运的作业全程在地下密闭完成，形成"垃圾产生—收运—中转—处置"全生命周期"不落地"管理链条。地埋式生活垃圾转运站能够有效破解传统"车载桶装—压缩转运"垃圾清运模式密闭不良易造成跑冒滴漏、臭气扰民的"二次污染"难题。[7]

以罗湖区地埋式长岭生活垃圾转运站（见图7）为例，其在建设上占地少且景观佳。长岭地埋式生活垃圾转运站占地约310平方米，可满足2万～3万人的使用需求，建筑层高10余米的主体部分全部入地，占地仅为同规模传统垃圾站用地标准的60%，地面为广场开放空间，经过景观造景，能够有效消除周边居民的顾虑和抵触。在管理方面，针对臭味，长岭生活垃圾转运站配备三套空间除臭及喷淋消杀系统，能在地下密闭空间降尘、生物除臭，持续高效消杀，不占额外用地，成本低，充分满足当前疫情防控需求。在降噪方面，长岭生活垃圾转运站凭借成熟的液压技术、定制阻力缓降盖板及加装软质缓冲垫层

图7 深圳市罗湖区长岭生活垃圾转运站

等手段进行降噪处理，作业噪音控制在70分贝以内，有效避免传统环卫设施作业噪声等不良影响。针对排污，采用橡胶软管无缝对接排污暗管，顺利有效地将污水及时排净，污水被引入至地下的污水导流及沉淀系统中，整个过程中不会产生臭味，从而彻底保持站房内的空气清洁。最后在日常监控上，长岭生活垃圾转运站配备智能物联系统，实现云平台管理，能做到容量、温度、臭味、噪声实时感知实时回应，打造智慧监管"感应终端"。

2. 生活垃圾转运站＋公厕

在深圳市罗湖区、宝安区等地随处可见的一种生活垃圾转运站是集成公共服务功能于一体、与公厕相结合的"新式垃圾转运站"（见图8）。这种垃圾站一般分为两层，一层为生活垃圾转运站，二层是公厕。据其工作人员介绍，该生活垃圾转

运站与传统简易生活垃圾转运站不同，这些公厕每个蹲位冲水设备内装有纳米技术设备，可节水、节电。一楼的垃圾处理设备能防止垃圾渗滤液渗漏，还能喷香除臭。

图 8　深圳市罗湖区互联网产业园生活垃圾转运站

3. 企业精细化管理

深圳市各区的生活垃圾处理工作均外包给企业，实行企业化管理。如，罗湖区莲塘街道由深圳深兄环境有限公司承包；宝安区由北控城市服务有限公司承包。相较粗放型管理模式，企业化的管理方式更加精细、更加规范。深圳市企业承包管理的方式成效显著，对该市垃圾处理体系建设作出了突出贡献。

首先，先进的配套设施对生活垃圾转运站管理提供技术支持。在运输车辆方面，为求环保和降噪，运输车辆全面更新升级，均更改为新能源汽车，运输车和作业员均配备 GPS 设备，有效约束员工行为；在污水处理方面，深圳市生活垃圾转运站地面均为不锈钢板，一方面便于作业员拖卸垃圾，另一方面冲洗方便，能够有效防止积液下渗；在除臭方面，各区分别与不同企业开展合作，如罗湖区莲塘街道同深圳市瑞美多环保科技有限公司合作引入大型智能化除臭设备，南山区牛城村引进五大湖环保分 IOC 4.0 一体化智能除臭系统来集中处理站内臭气。

其次，严格的监察奖惩机制推动生活垃圾转运站管理朝着规范化方向发展。以罗湖区莲塘街道为例，承包的深圳深兄环境有限公司奖惩分明，每月有 5 ～ 6 次对生活垃圾转运站周遭环境卫生的检查，检查采取不合格扣分制，评分结果直接与员工绩效奖金相挂钩。同理，该街道环卫指数排名靠前，员工也会获得奖金奖励。这样一种奖惩与高强度检查相结合的方式不仅能够让作业员端正工作态度，而且能充分调动其积极性。

对员工学习和安全培训的高度重视是生活垃圾转运站智能化、规范化运作的必要条件。为保证安全，作业员在作业时必须佩戴工程安全帽、口罩和手套。罗湖区莲塘街道每个月会开展 2 次设备学习会议、5 次安全培训会议。其中，区城管局和区街道办领导均参与安全培训，与作业员共同实地演习。

最后，精细化、规范化的管理制度是深圳市生活垃圾转运站能够良性运作的关键。企业严格规范、细化垃圾转运作业程序：要求站内定期消毒；挂桶、翻桶后均需要清洗垃圾桶；垃圾运至焚烧发电厂前要多次检查、垃圾车需洗净，以避免运输途中出现纰漏。

（三）上海市生活垃圾转运站的建设和管理

为处理庞大的生活垃圾，上海市在五大中心城区，即黄浦区、静安区、虹口区、浦东区、杨浦区，均设有一座独具特色的花园式大中型生活垃圾转运站。具体情况如表 1 所示：

表 1　上海市中心城区大中型生活垃圾转运站基本情况 [8]

转运站所在区	建筑主体结构	日转运能力（吨）
黄浦区	半地下框架结构（地下一层、地上三层）	600
静安区	半地下框架结构（地下一层、地上三层）	400
虹口区	半地下框架结构（地下一层、地上两层）	700
浦东区	三个建筑单体的集群	800
杨浦区	三个建筑单体的集群	1 200

结合表 1，可以看出上海市大中型生活垃圾转运站在整体设计上的巧思。静安、

黄浦及虹口采取半地下式结构，所打造的屋顶空中花园增加了整体可观赏性。浦东和杨浦两站则是多个功能不同、体块不一的建筑单体依照使用要求合理布局，错落有致，极富现代感。

在生活垃圾转运站的日常管理方面，上海市各区生活垃圾转运站运营管理工作分别由不同的企业承包，上海市城管局承担监督审查职责。主要监督审查主体为上海市城管局指挥协调科牵头，各区行政执法中队执行落实。城管局执法中队通过执法通 App 对生活垃圾转运站数据进行校对采集，针对生活垃圾转运站基础数据中的缺失字段、企业基本信息以及生活垃圾转运站运营状态发生的变化及时采集更新数据。

在工艺设备上，上海市多采用竖直式压缩中转工艺（BOT），即垃圾直接卸入竖直放置的容器内。垃圾在自重作用下得到一定压缩，当垃圾装满后，位于上方的压缩装置竖直压缩，然后卸入、再压缩，直至满载，关门完成一次压缩装箱过程。满载容器由转运车从工位上取下运往垃圾填埋场。该容器可与运输车分离，运输过程中实现了封闭、满载、大运量操作。针对臭味，车间内安装负压装置，臭味经负压抽风收集后，进入化学洗涤塔，经多道工艺处理后达标排放。垃圾废液则在压缩过程中全部进入密封罐体，转运到垃圾焚烧场后集中处理，过程中零滴漏。

（四）兄弟城市生活垃圾转运站建设和管理的共性经验

1. 建筑美观性

生活垃圾转运站，尤其是中心城区的生活垃圾转运站，因自身属性及所处地理位置特殊，多样化、限制性的环境因素使其很难得到正面评价，因此需要精心设计，消隐建筑体量，淡化垃圾转运站的功能性，与周边环境相协调，以最大程度减轻邻避效应。纵观以上三市垃圾转运站，都通过绿植点缀、构建代表性建筑景观等方式打造其别具一格的风格样貌，与周围环境完美融合。这不仅弱化了生活垃圾转运站外在可视化的功能属性，而且能够美化市容市貌，提高居民的可接受度，尽可能降低邻避效应带来的负面影响。

2. 技术保障性

技术是提升作业效率的关键。深圳市长岭生活垃圾转运站"垃圾产生—收运—中转—处置"全生命周期"不落地"的管理链条得以实现，正是依托了地埋式的作业模式和智能化的除臭、降噪技术。与环境相交融是大凤地下生活垃圾转运站成功的第一步，更关键的在于其全自动化、数字化的负压除尘除臭系统和循环压缩设备。在上海，竖直式压缩中转工艺不仅实现了垃圾转运的高效、大运量作业，还能够有效减少臭味外泄、污水外漏等问题的发生。可以说，建筑外观的美观性是生活垃圾转运站得以建设落地的基础，而技术不断升级改造则是生活垃圾转运站与时俱进，得以高效、持续运作的必由之路。

3. 精细化管理

随着我国城市内涵的丰富和市民对于人居环境质量要求的提高，原有粗放的管理方式俨然不适应新形势需要，精细化才是大势所趋，如深圳市实行企业化管理模式、上海城管局运用线上 App 对全市转运站运营情况进行动态监控。尽管《广州市环卫精细化作业和管理指引（试行）》已提出要全面推行精细化管理，但经调研发现，当前广州市离精细化仍有一定距离，还需朝着优化、细化的方向继续努力。

五、广州市大中型生活垃圾转运站建设和管理的优化路径

基于对兄弟城市生活垃圾转运站建设和管理典型做法与经验的分析，以及对广州市大中型生活垃圾转运站建设和管理现状和形势的分析与判断，结合生活垃圾转运站建设和管理两个维度，课题组从政府、市场和居民三大主体提出了广州市大中型生活垃圾转运站建设和管理的优化路径。

（一）进一步加强政府在生活垃圾转运站建设和管理中的作用

1. 生活垃圾转运站建设的优化之路

（1）"新瓶装旧酒"。垃圾转运站焕然一新。正如上文所言，广州市 95% 以上的生活垃圾转运站均以"××垃圾转运站"命名，垃圾转运站的工作属性一目了然。但也正因如此，居民易先入为主，抱着对"垃圾转运站又臭又脏"的刻板印象，滋生不满情绪以至抵制其所在辖区内的生活垃圾转运站。因此，不妨"新瓶装旧酒"，为生活垃圾转运站"披新衣"。白云区白云新城资源处理中心是一个典型范例，以"资源处理中心"为名应成为广州市生活垃圾转运站命名的未来趋势。

与名称同理的还有生活垃圾转运站的外观设计问题。将生活垃圾转运站与周围环境融为一体不仅仅是减轻邻避效应的必要手段，也是生活垃圾转运站规划建设的优化方向。同时应特别注意，生活垃圾转运站的设计应因地制宜，就近取材，充分考虑周围环境特性，在改造成本最小化的前提下尽可能将建筑色系、建筑风格与周

围保持一致。

（2）巧妙借势，合理利用土地资源。一是与城中村改造相结合。在调研中，天河区兰亭盛荟生活垃圾转运站引人瞩目。该站作为配套基础设施同楼盘一并建造，为保证站点的负面影响最小化，开发商引入先进设备，严格管理，最终打造成高品质生活垃圾转运站。"城中村"改造是一个好契机。2020 年广州市政府发布的《广州市深化城市更新工作推进高质量发展的工作方案》提出：广州将于 2020—2023 年对 83 条城中村、285 个旧街区和 176 个旧厂房实施改造。"城中村"改造不仅迈出了保障城市持续竞争力的关键一步，也为垃圾转运站重新布局提供了契机。广州市可借城中村改造的东风，重新洗牌：将垃圾转运站纳入未来社区、镇街的布局中；同开发商达成协议，采取提高小区容积率等奖励政策，将垃圾转运站作为配套基础设施纳入楼盘规划中；鼓励开发商采用更环保先进的技术来建造。

根据实际需求，借着城中村改造的东风，将生活垃圾转运站作为配套设施建好：政府把这个需求提出来，自然那些大房企，它想来干，它想赚钱，那它就要干。所以政府把这个建筑价格考虑清楚，我刚才说的那些附属设施，你考虑好要建多少，在哪里建不就可以了？（访谈资料：编号 BYZY20210708a）

二是一体集成，打造多功能综合型生活垃圾转运站。按照集约节约、减少邻避效应的原则，打造多功能综合型生活垃圾转运站。一是集成公共服务功能，与公厕改革、公园绿植相结合。可借鉴上海的做法，通过设置地面小广场和开放式绿地花园，使生活垃圾转运站外部融入城市空间并有机结合在一起。生活垃圾转运站这些具有公共性质的休闲空间为周边居民提供了休憩、娱乐的场所，肩负起了一定的城市休闲空间职能，在减轻邻避效应的同时节约城市土地资源。二是集成环卫保障功能。在大中型生活垃圾转运站附近开辟环卫停车场，为环卫车辆提供加水、充电、停放服务，解决环卫车辆停车难问题；同时在垃圾转运站内设置作业工人休息区、休闲区，打造"有温度"的生活垃圾转运站。

（3）"邻避效应"最小化，向地下要空间。在城市建设用地有限、人居环境质量要求日益提高的背景下，向地下要空间无疑是大势所趋。地下垃圾转运站不仅能够压缩单位规模占地面积，节约城市建设用地；还能够通过利用竖向空间，集约化地下设置，降低对周边的环境影响。①地埋式生活垃圾转运站。深圳地埋式垃圾转运站充分利用地下空间，实现了从小区投放到末端处理"全程不见垃圾"，增强了居民幸福感和获得感。深圳市地埋式转运站的建设思路、技术装备等，为建设中的广州市大中型地下生活垃圾转运站提供了有益经验借鉴。②高架桥下生活垃圾转运站。目前，因生活垃圾转运的迫切需求，各区已利用部分立交桥和高架桥桥下空间建设了一批垃圾转运站。但基于桥体安全考虑，广州市相关交通法规规定立交桥和高架桥桥下空间不允许建设包括垃圾转运站在内的环卫设施。因此，已建站点面临拆迁，计划要建的也因法规限制停滞不前。

针对广州市建设用地稀缺现况，高架桥下模式不应被全盘否定。首先可同交通运输部门积极协商，拿出可行性建设方案，谋求安全与空间利用最大化两全的理想结果；其次学习其他城市经验，如深圳市罗湖区畔山生活垃圾转运站（见图9）升级技术，已建成新封闭式桥下垃圾转运站；最后是安全问题常态化，注重对桥墩、桥梁的保护，坚持每日监测、定期维护。

图9 深圳市罗湖区畔山生活垃圾转运站

2. 生活垃圾转运站管理的优化之路

（1）除臭。目前越秀区已在个别站试点自主研发的内循环处理系统，该系统通过复合光分解、紫外线臭氧灯和水的反渗透技术实现对臭气的集中处理，但由于设备功率不足，作用发挥有限，还待优化。遵循越秀区相关负责人的思路，可通过招标的方式同企业合作，进一步优化该设备并在技术成熟后向全区推广。另，兰亭盛荟生活垃圾转运站所采用的一体化智能除臭控制系统、深圳市罗湖区引入的高端复合净化技术都可成为广州市未来升级除臭设备时重点考虑对象。

（2）降噪。一是为生活垃圾转运站门窗均配备双层隔音玻璃，作业时严格遵循封闭式关门作业的规定，防止作业噪声向外传输。二是在生活垃圾转运站附近设立噪声分贝指示牌，让居民做到心中有数，缓解居民不安、不满情绪。三是针对翻桶机器碰撞产生的噪声，可在撞击部位加装软质缓冲垫层或减震弹簧，在资金充足的条件下，也可采用液压或定制装配阻力缓降盖板来减少翻桶机器作业时的碰撞。四是，针对压缩机器作业时的噪声，可以将交流电机改造成直流电机或电瓶电机来降低其产生的频率。

（3）排污。目前广州市各区生活垃圾转运站作业台大都采用水泥或瓷砖材质地面，瓷砖拼接处多有缝隙易导致污水下渗，而水泥材质难冲洗也不便于作业员拖拽垃圾桶。因此可采取尽可能将作业台地面更换为不锈钢板的做法。所有垃圾收集车、转运车辆作业前后均要冲洗，在作业车两边可建造排水沟渠，冲洗的水经过排水沟渠进入渗滤液池，确保站内污水全收集，也保证污水排泄效率。对于污水的处理和循环利用，目前在白云区白云资源处理中心应用的由华南理工大学所研发的污水处理系统值得关注，虽然该污水处理系统还处于试点阶段，但随着该技术的成熟，不失为一项可向全广州市推广的新技术。

（4）作业工人规范化管理。首先要定期对作业员进行思想觉悟和职业道德培训。强调作业人群对城市环境治理的关键作用，培养作业员的职业责任感。

你制造一些麻烦给周边的居民，这个邻避冲突就放大了，你没有职业道德，粗暴作业，很多的垃圾装车工具、运输工具、那些垃圾桶等东西扔得到处都是。（访谈资料：编号 HZQ20211019a）

其次是组织作业员定期学习专业技术，对于更新或计划更新的设备，至少要组织 2 次培训会共同学习，确保作业员能够熟练掌握操作技术并能精准流畅操作。此外，安全教育培训会也是必不可少的，部分垃圾处理机器在操作过程中存在一些风险，如紫外线消杀设备会对人体造成伤害，要重视作业员的安全，为作业员提供工程帽、手套等防护设备，定期开展安全演习，防患于未然。最后，作业员为了城市环境的美观和城市发展的需要，做着累且脏的工作，但社会、政府往往忽视了其劳动价值。对于底层作业员、环卫工人，政府、社会应给予更多关心爱护。

（5）垃圾压缩末端转运。生活垃圾难以做到日产日清很大一部分原因在于压缩站向终端焚烧发电厂运输道路不通畅。生活垃圾转运是城市市政管理的重要部分之一，政府应予以大力支持：学习广州市设立 BRT 公交车专用道的做法，在高速路段、易拥挤塞车路段开辟生活垃圾运输车专用线路；生活垃圾转运站属于民生项目，应适当减免生活垃圾运输车过高速的费用；在地处居民区的生活垃圾转运站周围画出生活垃圾转运车辆进出站、停靠路线也有助于缓解交通运输不畅的问题。

（二）充分发挥市场在生活垃圾转运站建设和管理中的作用

2021 年，广州市全面开展"老六区"生活垃圾收运处置体制改革，将市场化机制引入垃圾收运系统中。改革始于 2020 年 12 月 31 日越秀区城管局与广州环投集团签订生活垃圾收运处置一体化业务移交框架协议，依照协议内容，广州环投集团自 2021 年起将全面接收越秀区生活垃圾收运处置业务。此后，改革进一步扩展至天河、海珠、荔湾等六区，并参照老六区改革模式，逐步推动花都区等其他五区生活垃圾收运处置一体化改革。

统一优化、改进是未来生活垃圾转运站管理的趋势和努力方向。（访谈资料：编号 HZQ20211019a）

不可否认，广州环投集团即市场主体的介入为广州市生活垃圾转运站发展带来了新的机遇：城管局将由过去"既管理又实操"转变为"专注管理"，通过指标量化和绩效考核可实现更高效的监督。同时，更多精细化管理手段也有望在市场机制下诞生：一是利用智慧环境管理平台，通过物联网、大数据等技术手段对垃圾产量、收运量以及运送路况实现动态监控，实时调整收运车辆数量和运输路线。二是组建应急保障队，队员不固定，由收运有余力的站点组成。当出现突发事件导致垃圾突增、收运压力吃紧时，可及时调配保障队前来应急，保证收运工作的有序开展。三是在充足资金的支持下，统一整合转运站设备规格，实现设备间的互调与补充。

此外，除了发挥广州环投集团的主导作用外，更多的企业也应纳入广州市生活垃圾转运站建设管理过程中。在设备技术升级上，生活垃圾转运站面临两大困境，分别是缺乏建设资金和相应技术。可以通过政府组织并审核资质、广州环投筛选，以招投标的方式同高科技企业展开合作，在技术研发上提供资金支持，鼓励企业自主创新。在生活垃圾转运站升级改造方面，按照上述与城市更新相结合的思路，通过出台提升容积率、提供资金补助等优惠政策吸引开发商，按照"谁投资、谁受益"的原则鼓励相关企业参与到生活垃圾转运站基础设施建设与运营之中，最终建立起"政府监管、企业运作、全链覆盖、专业服务"的垃圾收运系统，全方位提升广州市环境卫生服务水平和市民满意度。

（三）调动居民参与生活垃圾分类管理的积极性

如果大家都能够配合做好我们前端的垃圾分类，把臭源很好地控制住，我们整个站的臭源应该来说是减少很多了，压力也能少很多了。（访谈资料：编号 THQ20211018p）

生活垃圾分类是打通垃圾处理运输体系的最后一公里，同时，生活垃圾分类也是进一步完善垃圾处理系统的必要前提。2018 年《广州市生活垃圾分类管理条例》挈带"强制"特征正式出现在公众面前，虽然历经撤桶、站桶多番曲折，垃圾分类在居民间取得一定成效，但仍有很大一部分居民不愿意或消极应对垃圾分类工作。前端政策执行受阻也为中端垃圾压缩转运带来一定困难。因此，做好前期的生活垃圾分类工作，对于生活垃圾转运站日常运作"减重减负"将会产生积极影响。居民之所以采取漠视或不配合的态度，很大一部分原因在于居民可能存在误解，即自身不是生活垃圾收运系统的影响施加者，而只是生活垃圾转运的直接受害人。

合作治理强调的是参与主体的全面性、多元化，即生活垃圾治理是社会问题，转运站的建设和管理不应只有政府唱"独角戏"，而是要广泛纳入其他主体，通过协商、互动实现共治。因此，居民在垃圾收运体系中的作用不容忽视，可以通过引领居民实际参与到从生活垃圾分类、分捡到转运的全过程，帮助居民了解转运站运作的基本流程，明确垃圾分类的行为将直接影响到垃圾转运过程中污染源的生成量并最终反作用于自身所处环境，肯定其在生活垃圾收运体系中的关键角色来调动参与垃圾分类的积极性。同时，近距离观察转运作业流程，也有助于居民认识到垃圾转运工作的不易，增加居民对政府的理解，降低社会治理成本。

附　录

广州市生活垃圾转运站评价细则

垃圾转运站名称：

垃圾转运站规模：

垃圾转运站楼层数：

评价类别	评价项目	评价内容	评价标准	实际得分
建设 50分	布局合理性	与相邻建筑间隔在 8 米及以上	10 分	
	外观设计	主观印象（全封闭结构、和周围环境融为一体 / 不突兀）	20 分	
		垃圾转运站的名字新颖、雅致（转运站正门要求悬挂标识牌、公布其名称）	10 分	
		垃圾转运站绿地覆盖情况	10 分	
管理（臭味、污水和噪声） 50分	臭味处理	靠近垃圾转运站不会闻到明显异味	10 分	
		垃圾转运站周围无很多蚊蝇	10 分	
	噪声处理	周边红线范围内有设置绿化隔离带或专用隔声栅栏	10 分	
		靠近垃圾转运站不会清楚听到机器作业的声音（《中华人民共和国城市区域环境噪声标准》要求居住、商业、工业混杂区昼间分贝不得超过 60 分贝，评分者自行把握）	10 分	
	周边环境卫生管理	周边地面整洁干净：无垃圾；无积水；无杂物乱堆放明显油（污）迹	10 分	
总分				

注："周边环境卫生管理"这一项每一小点 2.5 分，采取扣分制。

参考文献

［1］刘燕.当代西方公共行政决策及启示［J］.山东财政学院学报，2009（3）：18–21.

［2］梁淑洁.社会管理多元主体合作的实现：以常山县社区治安合作管理为

案例［D］.杭州：浙江大学，2012.

［3］徐磊.社区治理多元主体互动合作的问题研究［D］.成都：西南交通大学，2017.

［4］柳亦博，李倩.论后工业化时代的动态合作治理［J］.管理现代化，2014（4）：65–67.

［5］胡厚翠.合作治理研究的文献解读［J］.中共福建省委党校学报，2017（2）：67–73.

［6］刘亚江.福州街角公园地下大凤垃圾转运站设计研究［J］.智能建筑与智慧城市，2020（2）：58–60，63.

［7］深圳市罗湖区城管和综合执法局.罗湖区：打造"环境友好型"地埋式环卫设施［J］.中国建设信息化，2021（15）：10–13.

［8］韦吉社.上海市中心城区生活垃圾中转站外部空间设计研究［D］.上海：上海交通大学，2014.

广州市户外广告和招牌规范化设置监管联动机制研究

武玉坤 *

【摘　要】户外广告和招牌与城市形象塑造具有密不可分的关系，其设置监管的规范性水平直接影响城市形象。广州市很早便开始对户外广告和招牌设置进行科学合理的引导与规范化管理，但在实际工作开展的过程中，多头管理、缺乏弹性、联动不足的问题依旧困扰着广州市户外广告和招牌的有效监管。本文从整体性治理和协同式治理两个理论视角出发，建构出以"整体性治理为理念，协同式治理为目标，数字化治理为抓手，蜂窝式治理为内容"的广州市户外广告和招牌规范化设置监管联动机制的分析框架。通过文献查阅，对越秀、黄埔等六个区城管局的实地调研和对其他几个区及十几条街道的问卷调查，考察广州市户外广告和招牌规范化设置监管的现实机制、存在问题和内在原因；通过考察国内相关城市以及国外部分城市的户外广告和招牌监管的做法和经验，为广州市提供借鉴。在此基础上，本文建构起以"强化顶层设计、树立整体性治理意识""打造网络平台、确立数字化治理抓手""梳理监管脉络、构建蜂窝式协同联动机制""明确监管步骤、启动各环节联动机制"四个方面为主要内容的广州市户外广告和招牌规范化设置监管联动机制。

【关键词】户外广告和招牌；规范化设置；整体性治理；协同式治理

　　* 武玉坤，华南农业大学公共管理学院副教授，主要从事公共政策与基层治理、公共预算与财政管理研究。

一、引言

2017 年 3 月 6 日，中华人民共和国住房和城乡建设部公布的《关于加强生态修复城市修补工作的指导意见》（建规〔2017〕59 号）指出，城市修补是治理城市问题、改善城市环境的重要标志。同年 3 月 14 日，住房和城乡建设部发布了《城市设计管理办法》（住房和城乡建设部令第 35 号），将城市设计工作提升到了前所未有的高度，并对城市风貌特色、城市形象和城市规划建设管理等工作提出了新的要求。对于城市管理工作，习近平总书记 2017 年 3 月在参加上海代表团审议时指出"城市管理应该像绣花一样精细。越是超大城市，管理越要精细"，随着精细化经营城市时代的到来，城市治理高起点也对城市户外广告和招牌设置的监管治理工作提出了更高的要求。户外广告作为构成"城市第二轮廓（the Second Contour）"[1] 的必然要素，逐渐显现出其在城市景观营造中的重要性，也是城市管理的重要内容之一。

城市户外广告和招牌是一种需要依附于公共或自有建筑物、构筑物、场地等空间载体之上的城市景观要素，与城市形象塑造具有密不可分的关系。在涉及城市景观的要素中，广告是最具个性的要素之一，其对城市空间形象的潜在价值难以忽视。[2] 井然有序的户外广告和牌匾标识能为城市景观锦上添花，成为一道亮丽的风景线，但过度泛滥的广告和招牌不仅妨碍城市景观，还会降低宣传效果。

然而，国内许多城市的户外广告设置呈现出杂乱无序的空间表征状态，对城市形象与视觉景观造成了极大的负面影响。自 20 世纪 90 年代以来，在体制机制转型背景下，出于城市经济发展、城市形象建设和城市吸引力塑造等多方面的需要，户外广告和招牌逐渐受到政府管理部门、设计研究机构等多元主体的关注。城市管理者希望通过对户外广告和招牌的适度管控，保证城市景观形象特色，降低其不良状态对城市形象带来的不利影响，促进其在城市形象塑造过程中发挥积极作用。

广州市是国家中心城市之一，且近年来随着粤港澳大湾区的蓬勃发展，其核心枢纽城市地位凸显。广州市经济发展水平位居国内前列，城市现代化和商业化气息浓厚，更需要有效管理户外广告和招牌，进而促进城市繁荣发展和塑造城市形象，维护城市运行安全，提升居民居住幸福感。广州市城市管理事关国家形象，需要于细微处见功夫、见态度、见精神。

广州市在很早之前就开始对户外广告和招牌设置进行科学合理的引导与规范化管理，借由"大事件（Mega-event）"驱动，建立了户外广告和招牌规划控制体系，实现了对户外广告和招牌设置的有效管控，以此提升城市的整体形象与空间品质。

经过十来年的研究与实践，已形成一套包括"法规规范体系＋技术标准体系＋规划设计体系＋管理实施体系"的规划管理体系，其中规划设计体系涵盖宏观、中观和微观三个层次，并遵循"分区控制，分级管理"的原则展开编制。[3][4]"十三五"期间，广州市坚持"新增违规广告零增长、存量违规广告逐年减少"的原则，统筹推进户外广告和招牌整治提升工作，户外广告和招牌设置逐步规范。

　　但在实际工作开展的过程中，多头管理、缺乏弹性、联动不足的问题依旧困扰着广州市户外广告和招牌的有效监管。目前，广州市户外广告和招牌管理的主体纵向涉及市、区、街道三级管理，在市、区层面又横向涉及城建、城管、工商、城乡规划、市政、交通运输、公安、文化、气象与财政等多个部门。虽然已有统一的执法依据和标准，但多部门协调、联合审批与监管机制尚未完善，户外广告和招牌管理工作内的部门联动效率有待提高、监管效果有待改进。广州市户外广告和招牌的"规划—建设—管理"需调整思路，实现向多元价值倡导的精细化营造转变，向多部门事权协调的综合治理转变，注重搭建多元主体共同参与的规、建、管平台，这将成为实现户外广告招牌联动监督管理工作常态化、有效化的现实选择。加强城市综合治理，推动城市管理向精治共治法治迈进，是国家治理体系和治理能力现代化对广州市城市建设管理提出的新要求。广州市户外广告和招牌规范化设置监管联动机制的建设，既要通过内部学习总结经验教训，理顺权责关系，夯实基层治理，改进治理手段，健全长效管理机制；也要开展外部学习，借鉴国外大都市治理的先进经验，力求取长补短、为我所用。

二、理论分析框架

　　户外广告和招牌数量多、范围广、种类庞杂，不同类型的户外广告和招牌监管又涉及城管、市场监督、交通运输、城乡规划、住房建设、应急管理以及镇、街道等不同政府部门和政府单位；每个户外广告和招牌又涉及申请、报备、建设监督、日常监督、变更、拍卖、到期延续和拆除、违规检查、违规查处等多个环节。不同监管主体需要在户外广告和招牌规范化设置监管的不同环节中顺序介入、协调运作。在智慧城市建设时代，数字化治理是确保不同监管主体便捷、有序发挥监管作用的重要渠道。

　　有鉴于此，基于整体性治理和协同式治理理论，根据户外广告和招牌设置监管相关法律法规的规定和新时代智慧化治理的时代要求，本文提出以"整体性治理为理念，协同式治理为目标，数字化治理为抓手，蜂窝式治理为内容"的广州市户外广告和招牌规范化设置监管联动机制的分析框架（见图 1）。

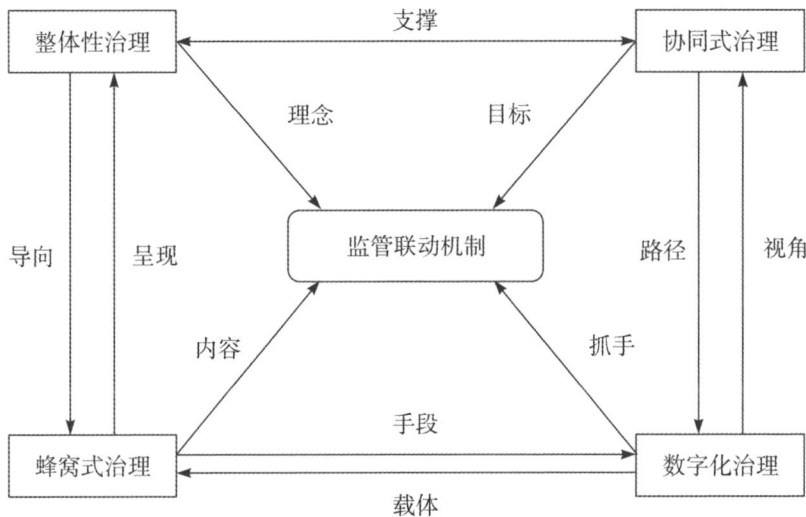

图 1　广州市户外广告和招牌规范化设置监管联动机制分析框架

（一）整体性治理

整体性治理是一种温和的渐进式的改革理论。虽然它的理论本源是对新公共管理运动带来的碎片化后果的反思，但它表现出相当的容纳性。整体性治理倡导以人民需求为导向，重构政府部门职能设计，极力避免各自为政的现象。该理论表现出的包容性、渐进性以及以人民利益为导向的特质，与广州市户外广告和招牌规范化设置监管联动机制建构的基本理念是契合的。

整体性治理所要达到的目标是部门间关系的整合，那么它的对立面，就是政府部门间割裂的关系状态以及由此所引发的碎片化问题。对于问题的解决和目标的达成，整体性治理给出了可行性的方案，其中最根本的是以人民的需求为根本出发点和落脚点，重新设计政府部门间关系，要以人民利益为根本原则取代部门主义，围绕人民的真实需求，提供所需的公共服务事项，实现部门间的通力合作，从而在价值和行动两个层面上达成统一。

户外广告和招牌规范化设置监管是一项复杂的系统工程，内容繁杂。随着市场经济的复杂化和管理部门的专业化，户外广告和招牌管理事项多头管理的情况也日益普遍，可能产生部门间推诿扯皮的现象。整体性治理下监管联动机制将各职能部门及其管理的事项统一整合，由统一的综合管理平台处理，做到"即发现、即处置"，有效改善部门管理内容交叉、管理责任不明晰的状况。同时，户外广告和招牌规范化设置监管联动机制突破原有"条块"分割的科层体制局限，实现了从传统科层制治理向整体性治理模式的变革。整体性治理理念下监管联动机制以协同式治理为目标，蜂窝式治理为内容，数字化治理为抓手，通过横向和纵向协调的理念及技术来实现预期公共治理目标的统摄性范式（整体性治理），即搭建一个由城市管理、市场监督管理等上级部门牵头，镇政府、街道办事处等下级部门落实，居委会、物业服务公司等非政府组织协助的"联动监管共同体"，共同参与户外广告和招牌的"规划—建设—管理"全过程。

（二）协同式治理

近年来，随着西方社会中政府、市场主体、非政府公益组织和公民间互动的增多，旨在更好地协调各方对社会问题参与的协同式治理理论成为西方公共管理理论的最新发展方向。尔后，该理论被引入到解决政府内部部门间的碎片化、分散化问题中。

针对某一特定管理问题的联动机制，实际上就是在该问题解决过程中，相关主体在明确各自责任的情况下，在问题解决各环节遇到困难时需要其他主体介入解决该环节问题的过程。

协同式治理正适合于解决联动机制建构问题。这一理论突出强调在各主体负有不同的管理责任时，需要相互协调，以实现整体性的治理效果。协调和整合既包括同类组织不同层级之间、不同功能之间的协调和整合，也包括组织内部各部门之间的协调整合以及不同类型组织之间的协调和整合。

户外广告和招牌规范化设置监管联动机制建构，既涉及市、区两级职能部门之间的纵向协调与整合，又涉及市、区两级不同功能部门间的横向协调与整合，还涉及镇街与政府部门、社区居委会、物业服务企业之间的协调与整合。因此，有必要坚持协同式治理，考察不同部门之间纵向协同关系、横向协同关系和镇街与政府部门间的斜向协同关系。

（三）数字化治理

伴随着第四次工业革命走向纵深，大数据、人工智能、区块链等新兴技术深刻地影响着国家治理的方方面面。新兴数字与智能技术的快速迭代，正在加速全社会数字化进程。党的十九大以来，党中央高度重视数字化转型，提出实施国家大数据战略，加快建设数字中国，在全球范围内率先探索数字化转型之路。党的十九届五中全会进一步提出我国要加快"数字化发展"。统筹数字经济、数字政府和数字社会协同发展，数字治理发挥着全方位赋能数字化转型的不可或缺的作用。数字治理强调基于数据平台的协同与开放，基于数据要素的协同与合作，基于数据资源的决策和服务，这对于我国这样一个超大规模、快速数字化的国家来说尤为适用。

"十三五"期间，广州市数字政府建设取得显著成效。2021 年 5 月，广州市"数字政府"改革建设工作领导小组办公室正式印发《广州市数字政府改革建设 2021 年工作要点》，致力于打造全国政府数字化转型的排头兵，为全国数字政府建设输出"广州经验""广州样本"。户外广告和招牌规范化设置监管领域也积极利用这种优势，提高其数字化治理水平。"广州市户外广告和招牌数据展示综合管理平台"已经运行，且成为全市户外广告和招牌总量的底数摸查系统。"户外招牌备案小程序"也已经正式启用，将成为户外招牌备案的详备信息系统，户外招牌设置人可通过扫码进行报备。上述两个数字化平台虽已启动，但运行时间尚短，推进力度有待加强，后续相关可公开信息还需要链接到其他数字化服务平台才能更好地发挥效用。

数字化治理既是智能化城市综合管理的时代要求，也是降低联动机制主体间相互联动交易费用的有效途径。在非数字化管理时代，不同主体间联动机制运行困难的一个重要障碍便是相互沟通、跟进、协调的交易费用过高。具体包括物理距离成本、函件沟通的时间成本等。然而，数字化治理会极大降低联动机制主体间的沟通成本，使联动机制顺畅运行。

安徽芜湖、江苏徐州、山东济南、陕西西安等许多城市都建立了户外广告经营者信用档案和管理信息系统，取得良好效果。常州市户外广告设施巡检监管系统集规划数据、审批管理、档案管理、巡查考评等 6 项功能于一体，首批纳入的包括常州 98 条省级城市管理示范道路和主要道路的店招、店牌审批信息，其中包括店招审批有效期、广告类型、材质、大小及审批效果图等。该巡检监管系统实现了横向部门之间、纵向市区两级之间的行政许可数据、城市管理基础数据、管理执法应用数据的无缝流转和共享互通，及户外广告全生命周期管理，并通过物联信息应用，还对户外广告设置了不同的报警阈值，收集不同天气下的倾斜告警数据，提升倾斜告警装置的实用性。上海市将全市户外招牌管理依托政务服务"一网通办"平台，为设置人办理户外招牌设置手续提供高效便捷的服务，同时纳入城市运行"一网统管"体系。

户外广告和招牌数字化治理的基本理念是市城市管理主管部门会同市市场监督

管理、交通运输、城乡规划、住房建设等部门建立户外广告和招牌管理电子政务系统，加强资源整合、信息共享、业务协同，建立户外广告和招牌设置管理信息互通机制。户外广告和招牌数字化管理可以开发独立的管理系统，也可以在其他系统中加入户外广告和招牌管理模块。具体内容由市城市管理主管部门开发，主要内容应包括户外广告和招牌设置规范要求、相关管理要求、商家填报信息要求、监管流程模块等。

（四）蜂窝式治理

《广州市户外广告和招牌设置管理办法》（下文简称《办法》）第三十二条明确规定："镇政府、街道办事处应当建立日常巡查机制，对户外广告和招牌设置实行网格化管理。"但既有的户外广告和招牌监管网格化管理的相关规定还过于简单，主要体现在以下两个方面：第一，仅涉及镇街层面，还仅仅是镇街层面的单平面网格，没有涉及市级和区级相关部门的管理网格建构；第二，没有涉及镇街与区级相关部门如何衔接和联动的问题。

蜂窝式治理的具体内容为：以各级相关主管部门为节点，搭建起市级、区级和镇街三级横向水平网格；以政府及相关部门的纵向行政等级为脉络，搭建起市级、区级和镇街的垂直网格；以联动机制为贯穿，建立起镇街与区级相关部门的斜向联系。在市级，更多地以主管部门和辅管部门为主，进行户外广告和招牌设置监管的制度设计、提醒、督办和指导。在区级，切实搭建相关职能部门的协作机制，各司其职，在各自工作职责范围内，落实户外广告和招牌的监管责任。在基层，以镇街为主体，一方面通过镇街与居委会、物业服务企业联动巡查，发现问题；另一方面当镇街责令整改遇到困难时，通过镇街与区级相关部门的斜向联动，由区级相关部门介入，敦促整改；最终形成倒圆台形的蜂窝式联动监管结构（见图2）。

相应地，联动机制建构从横向、纵向和斜向三个层面展开。横向层面建立起以城管部门为主管部门、其他

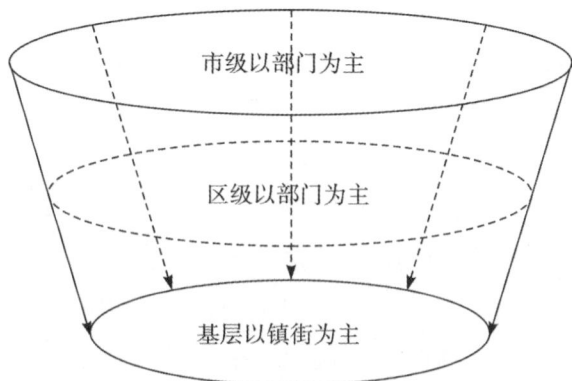

图2　广州市户外广告和招牌蜂窝式联动监管结构图

部门为辅管部门的联动机制；纵向层面建立起以各级政府为主体，以各级主管部门及辅管部门为指导的联动机制；斜向层面建立起镇街与区级相关部门的联动机制。

三、广州市户外广告和招牌规范化设置监管联动机制的现状和问题

（一）广州市户外广告和招牌规范化设置监管联动机制情况

《广州市户外广告和招牌设置管理办法》等法规对户外广告和招牌规范化设置监管的部门间和政府间的工作职责和工作关联作出了原则性和具体的制度规定。为了全面了解广州市户外广告和招牌规范化设置监管联动机制的实际状况，课题组调研了市城管局、荔湾区城管局、白云区城管局、天河区城管局、黄埔区城管局、越秀区城管局、海珠区城管局、番禺区城管局以及十几个镇街。

1. 广州市户外广告和招牌规范化设置监管制度安排

《广州市户外广告和招牌常规风险点、危险源排查操作规程（试行）》（下文简称《规程》）、《办法》和《广州市户外广告和招牌设置规范》（下文简称《规范》）对户外广告和招牌规范化设置监管联动机制作出了原则性和具体的制度安排，具体体现在以下方面。

（1）《办法》的组织实施。《办法》明确规定，"城市管理主管部门负责本行政区域内户外广告和招牌设置的监督管理工作，市城市管理主管部门负责组织实施本办法。城乡规划、住房建设、交通运输、市场监督管理、生态环境、财政、气象等部门和公安机关应当按照各自职责，做好户外广告和招牌设置相关工作。镇政府、街道办事处负责本辖区户外广告和招牌设置的日常管理和监督检查"（第四条）。

（2）户外广告和招牌的许可和备案。《办法》明确规定，城市管理主管部门负责本行政区域内户外广告和招牌设置的监督管理工作（第四条），组织编制户外广告和招牌的专项规划、设置规范和实施方案（第七条、第八条）；交通运输部门依照《广东省公路条例》《广州市市政设施管理条例》等相关规定对"在公路及公路用地范围内、封闭式城市快速路及其附属设施设置户外广告"实施许可（第十二条）。招牌设置人应当在招牌设置后 7 个工作日内向镇政府、街道办事处办理备案（第二十二条）。

（3）户外广告和招牌的安全维护。《办法》明确规定"户外广告和招牌设置人是户外广告和招牌维护、管理的安全责任人"（第二十五条），"户外广告和招牌设置人应当加强日常维护管理，保持户外广告和招牌整洁、完好、美观"，"建（构）

筑物所有权人应当督促户外广告和招牌设置人履行本办法第二十五条、第二十六条规定的责任"（第二十六条）， "因招牌设置人搬迁、变更、歇业、解散或者被注销需要拆除招牌的，设置人应当在搬迁、变更、歇业、解散或者被注销之日起7日内拆除。招牌设置人未按照前款规定拆除招牌的，招牌附着建（构）筑物所有权人应当及时拆除"（第二十五条）。

（4）户外广告和招牌的监督管理。《办法》明确规定， "市城市管理主管部门应当会同市市场监督管理、交通运输、城乡规划、住房建设等部门建立户外广告和招牌管理电子政务系统"（第三十条）； "城市管理主管部门应当会同交通运输、住房建设、应急管理等部门开展户外广告设施的安全监督检查"（第三十一条）； "镇政府、街道办事处应当建立日常巡查机制，对户外广告和招牌设置实行网格化管理，督促户外广告和招牌设置人履行维护管理责任"（第三十二条）； "城市管理、市场监督管理等部门应当建立健全户外广告和招牌设置信用管理制度，将户外广告和招牌设置人、广告主、广告经营者、广告发布者的信用信息纳入公共信用信息管理，实行守信联合激励和失信联合惩戒措施"（第三十二条）。

（5）户外广告和招牌的违规处罚。《办法》明确规定， "违反本办法规定，在公路及公路用地范围内、封闭式城市快速路及其附属设施设置户外广告和招牌的，由交通运输部门依法予以处罚；违反本办法规定，在本市其他区域设置户外广告和招牌的，由城市管理主管部门依法予以处罚"（第三十四条）；违反《办法》二十二条规定的， "镇政府、街道办事处应当将相关情况告知城市管理主管部门，由城市管理主管部门责令限期改正"（第三十八条）。

上述相关规定涉及城市管理、城乡规划、住房建设、交通运输、市场监督管理、生态环境、财政、气象等部门和公安机关以及镇政府、街道办事处在户外广告和招牌的许可备案、监督管理、安全维护和违规处罚等方面的相关职责，对部门间和部门与镇街间的户外广告和招牌监管联动机制作出了制度性规定。

2. 广州市户外广告和招牌监管实践机制

户外广告采取事前审批机制，审批权属于市、区城管部门，镇街没有广告设置审批许可权；户外招牌设置则实行在镇街报备制度。由于各区城管部门与户外广告和招牌规范化设置监管相关的科室设置存在差异，因此也采取了不同的监管联动机制。整体而言，户外广告大多由区城管局主要负责监管，镇街协调配合监管；户外招牌，则主要由镇街主导监管，由于执法权下放，大部分区城管局相关科室实际上发挥转办、督办的作用。

在户外广告和招牌规范化设置监管联动方面，主要体现在区城管局相关科室与镇街之间联动，加上其他的社会力量之间的联动，整体而言主要有五种联动机制形式。

（1）区综合巡查＋镇街执法。这种模式是由区城管局内设巡查部门展开巡查，发现问题后交发镇街执法整改。在白云区，由城管局"城市管理监控指挥中心"对城市管理相关问题进行综合巡查，巡查发现问题后，直接通过白云区城市管理监控指挥平台交办给责任单位（镇街），由镇街进行整改。整体而言，整改基本上都能完成，如果难度较大，可以申请延期。白云区城管局市容执法科一般是督导镇街完成市、区交办的违规户外广告招牌整治。在荔湾区，市城管局发现的问题由区城管局的市容和建筑废弃物管理科转发到执法三科，执法三科连同街道一起开展拆除工作。在本区，市容和建筑废弃物管理科拥有一支大约 10 人（目前剩 5 人左右，有一部分人归属到环卫科做环卫巡查）组成的巡查队伍。巡查发现的问题，交各街道负责整改。

（2）区指导督办＋镇街执法。这种模式是由区城管局相关部门对镇街进行指导和督办，不直接巡查，主要由镇街负责巡查和执法。天河区城管局和从化区城管局也都设有类似白云区的指挥中心和相应的信息系统，但是指挥中心更多是处理环卫、市容等事项，基本不涉及户外广告和招牌规范化设置巡查。在户外广告和招牌规范化设置监管方面，两个区城管局的相关科室主要发挥指导、督办作用，由镇街主要负责广告和招牌规范化设置的巡查和监管。

尽管《办法》中提及诸多相关部门在户外广告和招牌设置监管中都应该发挥相应作用，但实践调研发现，区城管局和镇街均表示在具体监管过程中，区级其他部门较少参与，主要是区城管部门与镇街联动完成相关监管工作。

（3）镇街执法＋区部门联动。这种模式是指镇街在对户外广告和招牌的执法整改过程中，根据执法的实际情况告知区直相关部门来协助处理，从而达到区部门之间的联动。在黄埔区，通过试点"令行禁止、有呼必应"改革，要求各个部门在规定的期限内完成政务平台上镇街提出的任务需求。通过构建"有呼必应"绩效评价体系，建立镇街和职能部门之间的联动机制，使执法更有力度和针对性，也体现出对户外广告和招牌的数字化监管，更具有科学技术的现代化意义。

《办法》第四条明确提及除城市管理主管部门之外，还有其他的职能部门需要按照各自的职责，做好户外广告和招牌设置的相关工作，镇政府、街道办事处负责本辖区户外广告和招牌设置的日常管理和监督检查。在镇街执法和区部门联动之间，"令行禁止、有呼必应"机制是联系这两者的信息桥梁，起到信息精准传达、部门任务明确清晰的作用。

（4）区指导培训 + 镇街内部联动。这种模式是指在区城管局的指导下，联动镇街的内部科室。比如在调研番禺区城管局时，提到广告设置的实质是要促进该广告设置人或者品牌方的经济发展，所以应由城管局牵头规划，镇街的经济科与设置广告的企业进行对接以完成记录和获取相关数据的工作，镇街的城管科负责监管，这样才能达到双管齐下、事半功倍的效果。

区级层面的指导培训主要针对两类培训对象，一类是镇街的执法人员，另一类是辖区内的企业。在越秀区，区城管局会定期对街道的人员进行培训，培训的主要内容是户外广告和招牌的规范化指导以及管理的办法。同样地，番禺区城管局城市管理科的负责人每年都有对镇街进行 8 ～ 10 次的培训，培训主要内容包括法律法规、政策以及户外广告管理规范。另外，番禺还开展针对企业的培训讲座，反响积极，在这个过程中能充分了解到企业希望与城管进行对接的切实需要。在指导培训方面，区城管局一手抓镇街，一手抓企业，以更好地推动户外广告和招牌的规范化管理。

（5）第三方协助登记备案 + 镇街执法。这种模式主要是针对招牌的登记备案工作。镇街在缺少人力和财力的情况下，通过购买第三方服务的方式来对所属区域的招牌存量进行登记、测量尺寸、拍照、勘察等工作。第三方组织在收集、统计和整理相关数据之后，反馈给镇街，由镇街对问题招牌进行执法。黄埔区和番禺区的部分镇街就有与广州市户外广告行业协会进行招牌登记备案的合作，均已完成数据的普查，完成效果较好，效率较高。

第三方组织协助的专业性、便利性和独立性都有助于镇街在相对短的时间内大范围地进行户外招牌备案工作。这种模式的有效运行一方面需要推动第三方服务的监管更加专业和成熟，另一方面也需要适当地向有需要的镇街提供购买第三方服务的财政资金。

（二）广州市户外广告和招牌规范化设置监管联动机制存在的问题

相关行政部门介入程度有待提高主要表现在两个方面：一是《办法》没有对相关部门如何介入户外广告和招牌规范化设置监管作出明确规定；二是实践中相关部门几乎较少介入户外广告和招牌规范化设置监管。

《办法》明确规定城市管理主管部门负责本行政区域内户外广告和招牌设置的监督管理工作,负责《办法》的组织实施。城乡规划、住房建设、交通运输、市场监督管理、生态环境、财政、气象等部门和公安机关应当按照各自职责,做好户外广告和招牌设置相关工作。《办法》并没有明确在建立户外广告和招牌管理电子政务系统方面相关部门如何联动,各自发挥什么职责,在哪些环节介入以及介入的具体程度;也没有明确在户外广告设施的安全监督检查方面,各部门如何介入;更没有明确在建立健全户外广告和招牌设置信用管理制度方面,城市管理与市场监督管理部门如何衔接。

在实践中,从户外广告的事前规划与规范和事后的监督管理到招牌的备案、巡查和拆除的工作环节中都缺乏其他部门的介入,尤其在镇街监管中出现的最大困难是执法缺少抓手。大部分镇街工作人员反映户外广告和招牌的相关法律法规不够健全,缺少严格执法的相关手段。而区城管局对镇街更多的是业务上的指导,起督导作用。镇街执法人员在巡查中发现问题,按照制度规定可责令其限期整改,逾期不整改的可以依法拆除。但多次提醒后,商户仍不整改的态度让执法人员强令拆除存在较大难度。在商户不配合的情况下,强拆容易引起纠纷,造成群众不满。遇到这种情况,执法人员往往感觉很无奈。这也是需要其他部门介入的原因,可让执法既有力度也有灵活性。

1. **区城管部门与镇街联动机制有待改进**

在区城管部门与镇街的户外广告和招牌规范化设置监管联动过程中,白云区采用各区城管监控中心巡查,然后通过城市管理监控指挥平台交办给责任单位(镇街)的模式,较好地建立起了区城管部门与镇街之间的联动机制。而那些没有建立相关监控中心或有建立监控中心但没有将户外广告和招牌巡查纳入监控范围的区,区城管部门与镇街的联动则比较松散,主要是在台风、汛期、假期等特殊时期对镇街进行提醒,或是有上级交办需要解决的问题时有针对性地督办镇街完成交办任务。除了番禺区城管局和越秀区城管局开设了针对户外广告和招牌的规范管理的镇街培训会,其他没有开设培训会或者开设数量少的区,镇街执法人员存在对广告和招牌的标准不了解、不清楚的情况。这从侧面体现出城管部门与镇街在这块业务的联系不紧密。

2. **大部分镇街没有建立起内部联动机制**

调研的十八个街道中,除个别镇街表示"城管办(户外广告和招牌设置备案)、执法办(巡查、查处)、监察办(督查检查)、党建办、综治办(后续维稳问题)

之间利用综合行政执法委员会以及粤政易平台，相互沟通衔接"，建立起制度层面的联动机制外，其他绝大部分镇街表示，户外广告和招牌规范化设置尚没有建立起监管联动机制，尤其是巡查、处罚、监督等环节几乎完全是同一批人在处理。

镇街内部联动机制的缺失很大原因在于镇街内部相关部门在管理分工上较差和混淆，导致城管办的业务的堆积。还有镇街反映，镇街内部科室之间存在职责设置不明晰的问题。在镇街层面，大部分由城管办负责户外广告和招牌的备案，而由执法队负责巡查和执法。但有镇街反映，该工作应由城管办负责，包括日常巡查检查、招牌备案、政策法规宣传等工作，但目前执法巡查由执法办负责，导致宣传工作无人承担。

3. 镇街与居委和物业等组织尚未联动

在当前的管理格局中，居委会和物业服务企业与辖区和服务区域内的户外广告和招牌设置人或户外广告和招牌附属建（构）筑物所有权人关联密切。但实地调研发现，大部分镇街还没有与居委会和物业服务企业建立起户外广告和招牌规范化设置监管的联动机制。虽然《办法》规定"镇政府、街道办事处对户外广告和招牌设置实行网格化管理"，但实践中很多镇街的户外广告和招牌规范化设置监管并没有纳入基层网格化管理中。

2019 年 7 月，广州市住建局发布《广州市住房和城乡建设局关于防范物业管理区域高空坠物安全事故的通知》（穗建物业〔2019〕1275 号），要求各区住建部门、市物业管理行业协会、全市各物业服务企业增强责任意识和安全意识，开展好高空坠物的安全隐患排查整治工作，建立高空坠物安全隐患整治长效机制。其中特别提到，开展排查整治要"指派工作人员，排查安全隐患，杜绝潜在危险，特别是户外广告招牌等"。但调研中，镇街均表示，户外广告和招牌规范化设置监管中，物业服务企业并没有切实融入，未形成联动机制。

在对广州市户外广告行业协会的调研中发现，虽然社区掌握的招牌信息比协会多，但存在社区不配合的情况，在入户进行招牌登记备案工作中很难与镇街中的社区联动起来。这体现了镇街和社区居委之间割裂，镇街没有向社区传达配合协会的招牌登记备案工作的指示，忽视了镇街和社区联动的重要性，影响招牌的普查工作。

4. 联动机制的智能化程度有待加强

虽然《办法》已经明确规定了户外广告和招牌规范化设置监管过程中相关部门和镇街之间的职责，实践中，尽管相关部门介入程度不高，但区城管部门与镇街之间已经建立起有序的联动机制，但既有联动机制的智能化程度亟待提高。

《办法》第三十条明确规定"市城市管理主管部门应当会同市市场监督管理、交通运输、城乡规划、住房建设等部门建立户外广告和招牌管理电子政务系统"。但实践中，只有白云区通过白云区城市管理监控指挥平台，将巡查发现的问题交办给责任单位（镇街）。天河区、荔湾区和从化区虽然都有相应平台，但都没有将户外广告和招牌巡查纳入其中。黄埔区设置的政务平台办公流程烦琐，致使平台的使用率不高。"广州市户外广告和招牌数据展示综合管理平台"和"户外招牌备案小程序"虽然均已运行，但运行时间尚短，而且主要是用来进行基础数据登记和摸查，没有向其他相关联动主体开放，作为联动机制的数字化平台功能还有待强化。

户外广告和招牌管理电子政务系统尚未宣传和普及，以至于各区、镇街反映实际报备的户外广告招牌数量还较少。由于户外招牌采取的是报备制度，城管执法部门对不主动报备的户外招牌设置人并没有相应手段强制其报备。

整体而言，在户外广告和招牌规范化设置监管层面，统一的电子政务系统尚未设立，联动机制的智能化程度有待加强。

5. 公众对户外广告和招牌规范化设置不够了解

调查中，镇街工作人员普遍反映业主和商家对户外广告和招牌规范化设置不够了解、不够重视，不知道户外招牌要到镇街报备，不知道应该对户外广告和招牌的安全和规范化设置负责，甚至出现商家倒闭后户外招牌无人维护或是换店不换招牌的情况。而部分商家对存在安全隐患的户外广告和招牌抱有侥幸心理，有的则以生意不好为由，拒绝整改。

公众尤其是商家对户外广告和招牌规范化设置不了解也有宣传方面的原因。据了解，番禺区城管局曾经举办过针对企业户外广告设置规范的培训讲座，反响热烈，这也充分地说明有强烈的号召和宣传才能有积极的响应。

这种情况一定程度上说明，户外广告和招牌规范化设置监管联动机制存在缺失，相关责任主体部门没有向户外广告和招牌设置人宣传相关规范管理要求，这些进一步彰显出建立监管联动机制的重要性和紧迫性。

（三）户外广告和招牌规范化设置监管联动机制存在问题的原因分析

户外广告和招牌规范化设置监管联动机制是以城管部门为牵头部门，其他各部门通过一定的联系方式进行相互协调、合作响应，各服务环节互动交流、联动协作，以提升服务效率的机制。

1. 联动机制的顶层设计有待加强

通常而言，互不统属的部门之间联合工作存在较大困难，需要具有较高约束力的顶层制度设计方能实现。就户外广告和招牌规范化设置监管的联动机制而言，联动涉及市、区两级政府的相关行政部门，还涉及镇街与区政府的相关部门以及镇街与居委会、物业企业等多重主体。虽然《办法》明确规定了相关部门的联动职责，但其他相关部门缺乏联动的意识和积极性，尤其是在户外招牌的规范化设置监管方面。

在现实工作中，经常出现下级政府相关工作需要上级政府相关部门配合但上级政府部门不愿配合的情况。原因便在于，没有相关顶层设计的制度安排确保上级政府部门对下级政府需求作出回应。要应对这种状况便需要在既有的行政体制框架下进行机制创新，通过顶层制度设计来实现跨部门、下级政府与上级部门联动。为了解决这个问题，2017年北京市平谷区在金海湖镇尝试"街乡吹哨、部门报到"试点，解决乡镇和部门责任权力匹配不合理问题。但其前提是赋予乡镇党委四项权力：辖区重大事项意见建议权、综合事项统筹协调和督办权、区政府派出机构领导人员任免建议权、综合执法派驻人员日常管理考核权，不仅仅是给乡镇下放执法权，还赋予其相应的权能。类似的创新广州市也有尝试。2019年广州市委就构建"令行禁止、有呼必应"基层党建格局和共建共治共享社会治理格局进行部署。黄埔区率先响应市委号召，于2019年2月出台《黄埔区令行禁止、有呼必应工作主方案》，在充分授权基层发现问题时，还可以使用区级行政力量强化治理效果，取得较好成效。为认真落实构建"令行禁止、有呼必应"党建引领基层共建共治共享社会治理格局的工作部署，海珠区以"互联网＋治理"打通联系服务群众最后一公里，探索构建"网格呼、社区应，社区呼、街道应，街道呼、部门应，提级呼、领导应"的网格化服务新模式，一定程度上打破了"行政级别"的约束，建构以"问题解决为中心"的社会治理模式。

虽然北京市平谷区的"街乡吹哨、部门报到"和广州市黄埔区的"令行禁止、有呼必应"都不是为了解决户外广告和招牌规范化设置监管问题而尝试的，但它们试点成功很大程度上得益于区层面的顶层设计，赋权镇街，确保镇街可以有效地向区级部门借力，从而形成真正落地的行政执法联动机制。

2. 镇街执法事项多，执法力量不足

2021年下半年，广州市基本完成了城市综合执法改革，将大量执法权下放给镇街。自9月15日起，镇街需要承担的综合执法权达到506项。综合执法改革后，

虽然各区城管部门相应地将相关执法人员配备到镇街，但其他下放执法权的部门并没有同时下拨执法力量，导致镇街综合执法力量严重不足。以五山街为例，五山街综合执法办的公务员编制为 25 人，实际在岗仅有 9 人，到岗率只有 36%。虽然综合执法队伍还聘请了一些编外人员，但流动性较大，且受疫情影响，编外人员流失量很大，导致执法力量不足。

由于面临综合执法事项过多与执法力量不足的困境，镇街在实际工作中往往按照工作的重要程度和紧迫程度安排执法力量，例如维稳、治安、消防等事项排在前面，而户外广告和招牌规范化设置监管则排在较后，相应的执法力量便受到进一步削弱。

3. 联动机制的基层机制尚不健全

《办法》明确规定"镇政府、街道办事处负责本辖区户外广告和招牌设置的日常管理和监督检查"，但实践中，户外广告和招牌设置监管大多由镇街的执法队伍负责巡查和执法，原因便在于镇街与居委会、物业服务企业等组织的基层联动机制没有建立。综合执法改革后，镇街面临执法事项多、执法力量不足的困境，在只能依靠镇街执法队伍单方力量的情况下，很难完成规模庞大的户外广告和招牌规范化设置的监管重任。

居委会是城市基层群众自治性组织，也是党和政府联系人民群众的桥梁和纽带之一，在街道办事处的指导下展开工作，对居委内商业组织较为熟悉，理应成为协助镇街监管户外广告和招牌规范化设置的有力助手。物业服务企业承担物业业务，与物业业主和承租商关系密切，也应成为户外广告和招牌规范化设置监管的重要主体。

户外广告和招牌规范化设置对于城市市容美观、城市名片打造和城市安全维护至关重要。虽然可能存在较多具有潜在安全风险隐患的户外广告和招牌，但是整体上户外广告和招牌引发的安全事故还比较少。这种潜在风险较大但现实危害较小的特点，容易导致负责日常巡查和监管部门产生疏忽心理，忽视对潜在风险的防控，进而降低对"规范化设置监管"的要求，从而也进一步减弱了镇街与居委会和物业服务企业建立监管联动机制的内在动力。

四、国内外户外广告和招牌规范化设置监管联动机制的做法和经验借鉴

为了更好地了解国内外其他城市户外广告和招牌监管联动机制情况，课题组考

察了华北、西北、华中、华东和华南地区相关城市和四个直辖市、两个特别行政区户外广告和招牌规范化设置的相关政策文件、新闻报道等材料，考察分析当地户外广告和招牌管理面临的突出问题，政策文本中规定涉及的管理主体及其职责分工等。此外，还参考日本和美国等一些国家的相关规定和做法（详见表1）。

表1　国内外情况考察一览表

		国家 / 省 / 市
国内	华东地区	芜湖、青岛、济南、嘉兴
	西北地区	西安、乌鲁木齐、西宁
	华北地区	河北省、山西省、呼和浩特
	华中地区	长沙
	华南地区	福州、南宁、广州
	直辖市	北京、天津、上海、重庆
	特别行政区	香港、澳门
国外		日本、英国、美国、韩国等

（一）国内城市户外广告和招牌规范化设置监管联动机制的做法和经验

1. 内地城市户外广告和招牌规范化设置监管联动机制的做法

（1）户外广告和招牌监管职责分工。整体而言，内地相关城市户外广告和招牌设置监管工作均建立起以基本职责为基础的"主管部门—协管部门—地方政府"联动的户外广告和招牌设置监管联动机制，但各地主管部门和协管部门的设置有较大差异，主要有以下几种：

第一种，城市管理部门主管，其他部门协管。北京、重庆、长沙、南宁、芜湖、马鞍山、济南、嘉兴、西安等城市都建立起以城市管理部门为主管部门，规划、交通、园林、公安、建设、环保、质监、安全生产、发改、财政、住建、商务、气象、消防等部门协调分管的户外广告和招牌管理体制。同时，建立起区、县、街道等部门层级政府负责日常监督检查的监管机制。

第二种，建设行政部门主管，其他部门协管。福州市建立起以建设行政主管部门主管，城市管理综合行政执法机关和其他部门协管的户外广告和招牌管理体制，辖区内户外广告设置的日常监督工作由各区、街道负责。

第三种，市容环境部门主管，其他部门协管。上海（绿化市容部门）、天津、乌鲁木齐和西宁建立起以市容环境部门为主管部门，工商、规划、国土资源、建设、公安、园林、语言文字、行政综合执法、交通、环保、质量技术监督、安全生产等部门协调分管的户外广告和招牌管理体制。日常监管则由绿化市容环境部门、街道办事处和镇（乡）人民政府负责。

（2）户外广告和招牌监管联动机制。虽然各地主管部门有城市管理部门、建设行政部门和市容环境部门等差异，但整体上都建立起相关部门协调合作的监管联动机制，具体包括以下内容：由主管部门设置相关规划，报人民政府批准执行，由主管部门负责监督相关规划实施；由各级地方政府、主管部门和部分协管部门负责备案、注销等事项；由各级地方政府联合主管和分管部门负责户外广告和招牌的日常监管，由主管部门负责对违法、违规、危险户外广告和招牌进行查处、处罚和拆除工作。在实践中，各地根据本地实际情况，发展出极具本地特色的户外广告和招牌设置监管机制。

2. 港澳地区户外广告和招牌规范化设置监管联动机制的做法

在香港特别行政区，负责管理户外广告与招牌的是屋宇署，包括审批、监管、处罚。屋宇署是负责执行《建筑物条例》的部门，户外广告的安装管理则作为建筑物的附属物一并由《建筑物条例》规定；同时，屋宇署还出台了专门的招牌监管制度。安装招牌，应征求楼宇业主或业主法团同意，并先取得有关电力供应商的批准，还要核实有关招牌并无违反批地契约的条款。凡安装在《建筑物条例》中界定为建筑物或建筑工程的广告招牌，必须取得建筑事务监督的批准及同意。实践中，有二十几个政府部门的主管职责与待批建筑项目的申请有关系。对于设在海边、楼顶的霓虹灯广告牌，香港法律规定，此类广告不得安装有闪烁效果，以保证过往船只安全。如果广告招牌设置在路边或伸展的道路上，还要把设计图则送到运输所和路政所。如果可能影响到铁路，会把图纸送给铁路公司征求意见。

在澳门，澳门民政总署是户外广告签发的总主管部门，通常扮演的是协调部门的角色。当民政总署要审批有关的广告时，必须咨询有关部门的意见，与各政府部门之间合作，并尊重有关部门的意见指引（详见表 2）。

表2　澳门不同类型广告设计的局级审批部门

户外广告类型	涉及的审批部门
药物广告	卫生局
船身广告	港务局
热气球广告	民航局
博彩广告	博彩监察协调局和经济局
街道广告和招牌广告	文化局

在报纸刊登的广告由新闻局负责，而有关的士车身的广告是作为附加物，由交通运输部负责审批。申请在文化遗产附近的户外广告位置，除了要经过民政总署的批核，还要通过文化局的批准。若文化局、消防局及工务局等有关部门拒绝申请广告，申请就失败。

3. 内地城市户外广告和招牌规范化设置监管的经验借鉴

（1）引入第三方提高联动监管专业性。《南宁市户外广告管理条例》第五章第二十四条相关规定指出，户外广告设置期间发生倒塌、脱落、坠落，造成人身、财产损害的，设置人应当依法承担赔偿责任；检测单位有责任的，也应当依法承担相应的法律责任。在一年一次的检测中把相关单位的责任也纳入管理条例，在管理部门和个人之间又多了一层安全防护的保障。在政府监管不到位的情况下，商户广告招牌的检测部门也会作出相应提醒，减小了违章率和一定的安全隐患。

上海市的《户外招牌设置管理办法》提出"绿化市容部门、街道办事处和镇（乡）人民政府应当加强户外招牌安全检查，通过购买服务等方式，委托专业检测单位对户外招牌进行安全抽检；必要时，可以组织实施户外招牌的集中安全检查和整治。遇有恶劣天气的，街道办事处、镇（乡）人民政府应当启动相关应急预案，及时督促设置人采取相应的安全防范措施，消除安全隐患"。

（2）利用互联网平台提升联动治理能效。安徽芜湖、江苏徐州、山东济南、陕西西安等城市建立了户外广告经营者信用档案和管理信息系统，将城市容貌标准、户外广告设置规划、设置技术规范和设置批准、备案的有关信息等内容纳入该系统，方便设置人、利害关系人、社会公众和有关管理部门查询和监督，同时与设置人征信挂钩。

目前，常州市户外广告设施巡检监管系统集规划数据、审批管理、档案管理、巡查考评等 6 项功能于一体，首批纳入了常州 98 条省级城市管理示范道路和主要道路的店招、店牌审批信息，其中包括店招审批有效期、广告类型、材质、大小及审批效果图等。市城管局相关负责人表示，该巡检监管系统实现了横向部门之间、纵向市区两级之间的行政许可数据、城市管理基础数据、管理执法应用数据的无缝流转和共享互通及户外广告全生命周期管理，并通过物联信息的应用，对户外广告设置了不同的报警阈值，收集不同天气下的倾斜告警数据，提升倾斜告警装置的实用性。

上海市将全市户外招牌管理依托政务服务"一网通办"平台，为设置人办理户外招牌设置手续提供高效便捷的服务。同时，户外招牌管理纳入城市运行"一网统管"体系。依托政务服务"一网通办"平台，将各个部门职责"串联起来"，进行逐级审批的模式，网上审批，线下核查，提高了督察效率，建立和完善核心职能部门与边缘部门之间互动协作的信息共享平台，充分实现部门联动网络内部各部门之间的充分沟通，根据不同的户外广告类型的管理主体和分工，构建不同部门小团体，发挥部门之间的"中心—辐射"型联动模式，确立部门与部门之间的线性联动关系。

（3）建立户外广告和招牌监管征信制度。《福州市户外广告管理制度》中提出了建立户外广告设置不良记录制度，对多次违规安置广告招牌的商家或者个人将在广告设置不良记录中进行登记，城市管理局的工作人员将重点排查，对于无不良记录的商家或者店铺，可以进行两年一查或者三年一查等措施，提高了检查的针对性和效率。

4. 港澳地区户外广告和招牌监管联动机制的经验借鉴

（1）加大户外广告和招牌违法处罚力度。港澳地区的户外广告管理一直广受好评，香港的户外广告更是成为城市一大特色。能够在保持户外广告的美观性、多样性的同时规范管理、保证安全性，是其户外广告管理的重要目标。

港澳户外广告治理有一个共同的特点就是执法力度大。依据法律强制执行，有效清除违规设施，同时也起到宣传示范效应，降低违规率。香港屋宇署对违规广告设施提出清除要求，若不执行则属于犯罪。一方面，屋宇署可指示政府承建商清除违规建筑，并向设置者追讨有关工程费用；另一方面，可依据香港《建筑物条例》，处罚罚款或者监禁。在澳门，根据第 7/89/M 号法律及《公共地方总规章》的相关规定，凡于房地产、车辆或任何建筑物上装设从公共地方可见或听到的广告信息，均必须事先向民政总署申请，获取合法准照后才可安装。如发现未获批准安装的广告物或招牌，市政厅负责订定搬离广告的期限及条件，违法者最高可被罚款 12 000 澳门元及须清拆违法之广告物，如违法者逾期未履行上述命令，民政总署可直接或通过第三人移除有关违例广告物或招牌，有关人士须承担所需之费用。

（2）加强业务部门和市场主体之间的监管联动。在香港，户外广告和招牌涉及二十几个政府部门，除了主要负责的屋宇署外，涉及相关领域的部门均需介入审批和监管。例如，广告招牌设置在路边或伸展的道路上，要把设计图则送到运输所和路政所；如果可能影响到铁路，会把图纸送给铁路公司征求意见；在建筑物条例中界定为建筑物或建筑工程的广告招牌，必须取得建筑事务监督的批准及同意。此外，市场主体在户外广告和招牌设置监管中发挥重要作用，例如，设置户外招牌需要征得楼宇业主或业主法团和电力供应商的批准，还要核实有关招牌并无违反批地契约的条款。

在澳门，不同类型的广告由所涉及的不同部门进行审批。澳门民政总署虽为总主管部门，但在审批时必须咨询有关部门的意见，发挥协调作用。若文化局、消防局及工务局等有关部门拒绝申请广告，则广告主无法获得户外广告设置权。

（二）国外户外广告和招牌设置监管联动机制的做法和经验

国外在户外广告和招牌设置的监管方面涉及的部门联动虽然相对较少，但是大多都有明确的法律规定依据处理，且部门在执法上力度比较大，有很强的执法力量。

1. 以政府部门监管为主，行业协会协管为辅

在日本，东京都的户外广告采取两级管理方式：东京都负责制定条例，各区市町负责具体的审批、监督和管理事务。除此之外，广告协会实行自律管理。日本的广告协会就各自负责的广告从内容、形式到结构都作了严格的限定。全日本广告联盟制定的《广告伦理纲领》是日本广告界必须遵守的最高标准。而美国联邦政府直接立法规定了户外广告的地点、尺寸和内容。美国的户外广告发布商除了要遵守广告发布的通行规则之外，还要遵守本行业的一些特殊法律法规，进行广告的自我管理。

2. 管理责任下放到广告所在位置部门

在英国，户外广告的审批和管理根据地区的不同而有所不同，通常为区自治会、郡议会等。展示于国家公园或城市开发区内的广告分别由国家公园管理部门和城市开发公司负责管理。如果管理部门拒绝了户外广告的设置申请或者要求移除户外广告，该户外广告的申请人或所有人有权向英国社区与地方政府事务国务大臣上诉。

这种户外广告设置监管的办法类似于我国的属地管理。

3. 法律严格监管，行业高度自律

在美国，除了纽约第五大道外，各大城市的户外广告并不铺天盖地。户外广告业的有序发展，得益于美国相关法律监管严和行业自律性高。美国的户外广告发布商要遵守相关的法律法规，联邦政府也出台了多部相关法律。此外，户外广告商还有自律组织——成立于 1891 年的户外广告协会，美国户外广告业 90% 的收入来自该协会的会员公司。

在韩国，首尔市为了实现"没有行政宣传广告牌的清洁的首尔"的目标，近年来共提出 7 个具体方案。首先，广告公司由原来的申报制改为注册制，进行严格的资格审批。其次，严格审查户外广告的内容，对于影响城市美观、侵害公众利益和人们身心健康的户外广告进行清理和惩罚。对于违反户外广告法的公司，根据情节轻重，罚款 300 万韩元（约 2.4 万元人民币）至 1 000 万韩元（约 8 万元人民币），严重的要判处一年以下有期徒刑，并吊销营业执照。

4. 建立专门的审查机构，兼顾发布审查与日常监督

在国外广告管理中，审查制起着举足轻重的作用。它就是通过专门的审查机构，在广告发布前就对其真实性、道德性进行核实，从而确保消费者的选择权、认知权、安全权与呼吁权。审查机构对内容有问题或违法的广告，劝广告主更正或作出修改；对严重违法的广告，予以驳回；而对符合法规及自律准则的广告，则予以核准并加注已审查标志。企业只有通过审查，才能借助媒介发布广告。显而易见，广告审查制不同于其他广告管理手段，它是一种事先的管理控制，目的就是防患于未然，因而它在较大程度上可杜绝虚假、欺诈广告的出现。正因为如此，世界各国都设立了不同类型的审查机构：有的就是政府审查机关，如以色列、加拿大、土耳其、墨西哥；有的就是行业自律审查机关，如瑞士、澳大利亚、英国、美国等；还有的就是半官方的审查机构，如法国。

5. 加强广告自律组织作用

由于广告自律组织的功能主要就是配合政府加强对广告的管理，维护广告业的信誉，因此，各国政府对行业自律都非常重视，注意发挥行业自律的积极作用。同时，自律组织也日益形成了一套完善的自律处理程序，从而使其成为国际上广告管理的中坚力量。从各国自律组织对违法广告的处理来看，一般可分为如下几个阶段：第一，受理投诉。若有消费者投诉或发现违法广告，自律组织即通知广告主应诉，

并提供内容真实可靠的证据与答辩书。第二，评审。对广告主递交的答辩书与证据进行审核，必要时还可进一步调查，直到事实清楚、证据充分。第三，决定及制裁。自律组织在所有证据及事实弄清之后，即依据有关法规与自律准则，作出决定，并通知有关当事人。此外，根据实际情况需要，还可举行听证会，以征求各方意见。自律组织如果判定某广告有违法内容，首先会警告广告主撤回该广告。若广告主拒不接受，自律组织就可联合采取行动，拒绝发布有关的广告。自律组织如对某些案件不能处理，则可将其递交政府或由司法程序解决，这种情况以日、英、澳等国较为典型。第四，公布案件。英国、日本等国家都有"案件报告"制度。自律组织也有其专门刊物，每期都公布投诉调查结果，除投诉者身份保密外，其他当事人的名字都将见诸刊物。同检查一样，自律组织最后将检查违法广告就是否已按要求做出修改或予以撤回。

五、广州市户外广告和招牌规范化设置监管联动机制建构

基于整体性治理和协同式治理理论，根据户外广告和招牌设置监管相关法律法规的规定和新时代智慧化治理的时代要求，本文提出以"整体性治理为理念，协同式治理为目标，数字化治理为抓手，蜂窝式治理为内容"的广州市户外广告和招牌规范化设置监管联动机制的整体架构。具体路径体现为以市、区政府及其职能部门职责明晰为前提，以市、区政府顶层设计为基础，强化数字化治理，建立起同级部门间横向联动、上下级政府和部门间纵向联动、不同级别政府与部门间斜向联动以及镇街与居委会、物业服务企业之间联动的蜂窝式联动机制。

（一）监管联动主体的相关职责

户外广告和招牌规范化设置监管联动机制涉及市、区两级政府，市、区两级政府相关部门，镇街，居委会，物业服务企业和第三方行业机构等多重主体，它们之间监管联动机制的建立首先要明确各自的职责范围。

1. 市、区政府职责

市、区两级政府是户外广告和招牌规范化设置监管联动机制建立的关键所在，《办法》已经规定了相关行政部门在户外广告和招牌规范化设置监管中的相关职责和介入方式。当前联动机制运行不够顺畅的重要原因便是，在户外广告和招牌规范化设置监管领域，没有相关顶层设计的制度安排确保本级政府不同部门之间、上级政府部门对下级政府及其部门的需求作出回应。北京市平谷区的"街乡吹哨、部门

报到"改革和广州市委构建"令行禁止、有呼必应"的部署能够获得良好效果，其不可或缺的重要原因便在于市、区政府从政府层面赋予"吹哨"或"呼叫"机构（镇街）以权力，同时要求"报到"和"回应"部门对其事项做出回应。

广州市户外广告和招牌规范化设置监管联动机制的建立，有必要从加强基层治理体系现代化和治理效能提升的高度，市、区两级政府要明确要求市直、区直相关部门配合市、区两级城管部门以及镇街在户外广告和招牌规范化设置监管工作领域的相关工作要求，并赋权给市、区两级城管部门和镇街，使其"能够"调动相关部门力量，使联动机制真正"动"起来。

2.　市、区相关部门职责

根据《办法》《广州市住房和城乡建设局关于防范物业管理区域高空坠物安全事故的通知》《中华人民共和国安全生产法》的相关规定，各级城市管理主管部门负责本行政区域内户外广告和招牌设置的监督管理工作，城乡规划、住房建设、交通运输、市场监督管理、生态环境、财政、气象、公安机关和应急管理部门应当按照各自职责，做好户外广告和招牌设置相关工作，镇政府、街道办事处负责本辖区户外广告和招牌设置的日常管理和监督检查。各联动主体相关职责如下：

（1）城市管理主管部门。依《办法》要求组织编制户外广告和招牌专项规划、设置规范，按《办法》规定公开、征求意见、公示后报市政府批准后公布实施。会同市财政部门制定特定载体公开出让户外广告的相关办法并组织实施。

依《办法》规定受理申请办理《户外广告设置证》和《户外广告设置证（临时）》。依据《办法》审核涉及建筑结构安全的户外广告和招牌的设计和施工单位资质，向户外广告和招牌设置人宣传户外广告和招牌维护、管理的安全责任内容，向建（构）筑物所有权人宣传其应担的相应责任。

应当会同交通运输、住房建设、应急管理等部门开展户外广告设施的安全监督检查，会同市场监督管理部门建立健全户外广告和招牌设置信用管理制度。

对违反《办法》规定，在本市其他区域设置的户外广告和招牌依法予以处罚。按《办法》第三十五条、三十六条、三十七条、三十八条和三十九条规定，对相关情形予以责令整改、处理和处罚。

（2）宣传部门。审核或者提供户外广告设施空置期间公益广告的内容。审查与招商广告一同发布的公益广告规范性。

（3）交通运输部门。在公路及公路用地范围内、封闭式城市快速路及其附属设施设置户外广告的，由交通运输部门依照《广东省公路条例》《广州市市政设施管理条例》等相关规定实施许可。依法处罚违反《办法》规定，在公路及公路用地范围内、封闭式城市快速路及其附属设施设置的户外广告和招牌。

（4）气象部门、航空管制部门。利用系留气球、无人驾驶自由气球、飞艇等进行户外广告宣传的，依照《施放气球管理办法》《通用航空飞行管制条例》办理设置人的申请办理许可。

（5）规制部门。规制部门在设计城市规划、对新建改建和扩建建筑物进行合规性（符合规划）审批环节，将建筑物是否考虑设计户外广告和招牌特定位置作为审查内容。从源头上规范建筑物上的大型广告和招牌设置。

（6）住建部门。《公益广告促进和管理暂行办法》明确规定"住房城乡建设部门负责城市户外广告设施设置、建筑工地围挡、风景名胜区公益广告刊播活动的指导和管理"（第四条）。2019 年 7 月，广州市住建局发布《广州市住房和城乡建设局关于防范物业管理区域高空坠物安全事故的通知》，要求各区住建部门、市物业管理行业协会、全市各物业服务企业增强责任意识和安全意识，开展好高空坠物的安全隐患排查整治工作，建立高空坠物安全隐患整治长效机制。其中特别提到，开展排查整治要"指派工作人员，排查安全隐患，杜绝潜在危险，特别是户外广告招牌等"。《办法》也明确指出城市管理主管部门在对户外广告设施安全监管抽查时，应会同住房建设部门一同实施。

广州市户外广告和招牌规范化设置监管联动机制，要切实落实相关法规对住建部门的工作要求，由住建部门根据规定要求落实区住建部门和全市物业服务企业的排查情况和长效机制建构情况，与城管部门建立联动机制。

（7）应急管理部门。2021 年 6 月，修改颁布的《中华人民共和国安全生产法》（下文简称《安全生产法》）明确规定："安全生产工作应当实行管行业必须管安全、管业务必须管安全、管生产经营必须管安全，强化和落实生产经营单位的主体责任与政府监管责任，建立生产经营单位负责、职工参与、政府监管、行业自律和社会监督的机制。"《安全生产法》第十条明确规定"县级以上地方各级人民政府应急管理部门依照本法，对本行政区域内安全生产工作实施综合监督管理"。《办法》也明确指出，城市管理主管部门在对户外广告设施安全监管抽查时，应会同应急部门一同实施。市、区两级应急管理部门依法负有对本辖区内安全生产工作实施综合监督管理职责，依法告知生产经营者对户外广告和招牌安全设置的主体责任。

3. 镇政府、街道办事处

《办法》规定镇街接受招牌设置人向其备案，负责招牌安全双随机抽查和日常巡查机制，对户外广告和招牌设置实行网格化管理，督促户外广告和招牌设置人履行维护管理责任。对巡查出的相关问题需要限期整改和处罚的，及时告知城市管理主管部门。镇街应该在政府强势赋能的条件下，切实履行属地管理职责，联合社区居委会、物业服务企业和第三方机构加强对户外广告和招牌设置人进行规范化设置的宣传，明确其对户外广告和招牌规范化设置的主体责任；还需要对户外广告和招牌附着物的业主进行加强宣传，及时提醒变更的户外广告和招牌设置人明确主体责任。

镇街还应该主动联系区城管部门、第三方专业机构对镇街内部科室、执法队伍以及辖区内户外广告和招牌设置人、居委会人员、物业服务企业人员进行户外广告和招牌规范化设置的业务培训，提高其专业水平。

4. 居委会、物业服务企业和第三方机构

在当前的管理格局中，居委会和物业服务企业与辖区和服务区域内的户外广告和招牌设置人或户外广告和招牌附属建（构）筑物所有权人关联密切。居民委员会是城市居民自我管理、自我教育、自我服务的基层群众性自治组织。根据《中华人民共和国城市居民委员会组织法》，居民委员会有义务宣传宪法、法律、法规和国家的政策，维护居民的合法权益，教育居民履行依法应尽的义务；要协助人民政府或者它的派出机关做好与居民利益有关的工作，向人民政府或者它的派出机关反映居民的意见、要求和提出建议。因此，居民委员会有协助镇街向居民宣传、巡查和监管户外广告和招牌规范化设置的义务。

在当前镇街执法项目多执法力量不足的情况下，第三方机构是承接户外广告和招牌数字化备案、日常监管服务的重要力量。广州市户外广告协会便承接了广州市城市管理和综合执法局市容景观处委托的关于户外广告和招牌的摸查工作。番禺区沙湾街道和桥南街道还聘请了广州市户外广告协会负责现场宣传、登记备案和调查招牌情况，整体效果良好。类似广州市户外广告协会这样的第三方机构应积极参与相关公共服务，充分发挥其行业性、专业性的特点，助力户外广告和招牌规范化监管工作的顺利展开。

（二）强化顶层设计，树立整体性治理意识

整体性治理倡导以公民需求为导向，以问题解决为中心，通过重塑政府部门间

的职能关系，来避免各自为政的现象，从而实现问题的整体性解决。在当前政府的条块结构下，要实现整体性治理理念下广州市户外广告和招牌规范化设置监管的联动机制，需要着力从以下几方面着手。

1. 政府赋能，打破层级壁垒

我国政府结构是条块并行的结构，条是指不同层级政府同类部门之间的上下级业务指导关系，而块则是指同级政府部门归本级政府统属。在这样的结构下，不同部门间的跨级沟通、下级政府（及其派出机构）与上级部门的沟通便没有那么顺畅。在不改变既有行政结构的情况下，要实现整体性治理理念便需要适当的行政创新，由统领本级部门的政府赋权下级政府，使其具有与本级政府部门有效协商的能力，同时要求本级部门对下级政府或部门的正当要求给予配合，在辖区内形成上下一盘棋、左右一条心的治理状态。

城市景观关乎城市形象。作为城市景观中的一种重要人文景观，户外广告和招牌设置的规范化和美观性对整个市容环境产生越来越重要的影响。广州作为国际化大都市和国家中心城市，历来重视市容景观的建设和维护。广州市委"1+1+4"工作举措是未来一段时间内广州市的工作重心。其中两个"1"的目的都是要实现"老城市新活力"，一个"4"具体包括综合城市功能、城市文化综合实力、现代服务业、现代化国际化营商环境方面出新出彩，而户外广告和招牌的规范化设置与这四个方面和"老城市新活力"的实现都密切相关。

户外广告和招牌规范化设置监管涉及众多政府部门和社会组织，当前联动机制运行不畅的重要原因之一便是缺乏市、区两级政府的顶层设计介入。市委"1+1+4"工作举措要通过完善"令行禁止、有呼必应"党建引领基层共建共治共享社会治理格局来实现。户外广告和招牌规范化设置监管主体应落在基层，尤其是对户外招牌的规范化设置监管。

但"令行禁止、有呼必应"这种打破既有行政级别界限的部署还没有在每个区落地，即使是落地的区也还没有将户外广告和招牌规范化设置监管纳入"呼应"范畴。应该借助市委"1+1+4"工作举措落实的有利契机，积极推动"令行禁止、有呼必应"在市、区两级落地，并将户外广告和招牌设置规范化监管纳入"呼应"范畴，打破城管部门独力支撑的局面，树立以整体性理念而不是以孤立性观念解决户外广告和招牌规范化设置监管联动机制的构建问题。

2. 部门开门，破除本位主义

整体性治理的目标是通过部门间关系的整合，来解决政府部门间割裂状态以及由此所引发的碎片化问题。户外广告和招牌规范化设置监管是一项复杂的系统工程，内容繁杂，涉及城管、宣传、交通、住建等具有行政管理权的职能部门。而在当前精简机构、精减人员而又要提质增效的背景下，各部门都有各自紧迫的工作任务需要完成，这样就难免不积极参与那些配合性工作。正是这种状态导致很多工作的联动机制"联而不动"，甚至是部分主体"失联"，呈现出割裂化甚至是碎片化的工作状态。

实践中的一些行政管理创新在不断尝试打破这种状态，例如由"单向发力"到"联合驱动"，由"点式承压"到"网式兜底"，再如由"有形覆盖"到"有效赋能"。这些创新的有效运行除了需要在顶层设计方面有效赋能基层的同时，还需要相关政府部门积极配合，开门办公，破除部门本位壁垒，真正地形成合力。在户外广告和招牌规范化设置监管工作中，要切实履行《办法》中的相关要求，积极配合城管部门或镇街的相关工作，切实实现联动。

3. 镇街能动，借势主动作为

政府赋能镇街以对话协商市区相关部门的能力，相关部门开门办公积极配合镇街的工作，打通了政府"顶层设计"与镇街"基层堡垒"之间的渠道。但这不等于说镇街政府就可以放轻松、不作为，遇到事情就可以上下寻呼、左右吹哨，将自身的本职工作交由市区职能部门或是居委会、业主委员会办理，自己当甩手掌柜。政府赋能、部门配合更多的应该是赋镇街以一种"政治势能"，明确其在迫不得已的情况下可以有最后的抓手加以解决，是一种协助而不是代替。镇街应该将顶层设计作为对户外广告和招牌规范化监管主体责任落实和联动机制发起者的有力抓手和凭借。镇街"依托"顶层设计但又不完全"依靠"顶层设计，更多的是借助顶层设计的"政治势能"，利用数字化治理的抓手，切实将辖区内户外广告和招牌设置和监管规范化起来，建立起户外广告和招牌常态化的设置和监管机制。

（三）打造网络平台，确立数字化治理抓手

1. 建立数字化监管平台

2021 年 11 月 3 日，在 2021 腾讯数字生态大会上，由腾讯研究院联手腾讯云发布的《数字化转型指数报告 2021》显示，广东数字化转型领先全国，而深圳、广州更是领衔珠三角城市群数字化转型。户外广告和招牌规范化设置监管联动机制建构，应充分利用广州市数字化转型领先地位的基础优势，既可以建立独立的数字化户外广告和招牌规范化设置监管平台，也可以将相关监管内容纳入其他服务平台，还可以升级既有的数字化平台或使其与其他相关综合管理服务平台相衔接。各级相关部门、镇街职能科室以及户外广告和招牌设置人均纳入数字化管理平台。

依托数字化治理平台，为全市所有户外广告和招牌建档立卡。根据《广州市户外广告和招牌设置规范》的相关规定标准，所有户外广告和招牌设置人在数字化管理平台上登录相关信息并及时更新，设置相关检查的时限规定，对逾期不填报、不更新的亮灯警告。

2. 各主体间数字化联动

各主体间数字化联动主要体现在数字化治理平台上不同部门的介入顺序和权限。根据《办法》《广州市住房和城乡建设局关于防范物业管理区域高空坠物安全事故的通知》和《安全生产法》等法律法规的相关规定，各级城市管理主管部门，城乡规划、住房建设、交通运输、市场监督管理、生态环境、财政、气象、公安、安监和应急等部门在数字化治理平台上按不同监管类别顺序介入。相关部门配备专职或兼职人员负责处理，各级城市管理主管部门相关负责人负责对相关部门介入情况进行监督和提醒。

可以借鉴"有呼必应"机制的做法和新《安全生产法》的要求，城管部门牵头，如遇城管部门无法有效执法的情况，可通过平台发布任务并设置完成期限，"呼叫"相关职能部门协助执法。涉及公路、铁路辖区范围内的呼叫交通管理部门，药店、饭店等商户可根据实际情况呼叫市场监管部门。数字化信息平台实现信息公开，能避免有关职能部门拖延、不作为，还可实现信息云储存，用作年末绩效评价的依据，改进相关职能部门工作质量。

（四）梳理监管脉络，构建蜂窝式协同联动机制

1. 横向治理结构及联动机制

户外广告和招牌的横向治理结构主要指各级城管部门和其他部门以及镇街在户外广告和招牌设置和监管中内部机构间的职责分工结构；此外，还包括在属地管理过程中，镇街与居委会、物业服务企业的职责分工结构。横向联动机制主要指具有横向关系主体间的联动机制。

（1）政府部门之间横向联动机制。政府部门间横向联动机制主要指市、区两级的相关政府部门，根据各自在户外广告和招牌规范化设置监管中的相关职责，建

立联动机制。

第一，规制部门源头联动。规制部门在设计城市规划、对新建改建和扩建建筑物进行合规性（符合规划）审批环节，将建筑物是否考虑设计户外广告和招牌特定位置作为审查内容，从源头上规范建筑物上的大型广告和招牌设置。

第二，联动建立户外广告和招牌设置信用管理制度。《办法》第三十二条规定，城市管理、市场监督管理等部门应当建立健全户外广告和招牌设置信用管理制度，将户外广告和招牌设置人、广告主、广告经营者、广告发布者的信用信息纳入公共信用信息管理，实行守信联合激励和失信联合惩戒措施。市、区两级城市管理和市场监督管理部门应该依照《办法》规定，建立健全户外广告和招牌设置信用管理制度，制定守信联合激励和失信联合惩戒的相关措施，明确信用管理在户外广告和招牌和设置规范化监管中的激励和约束作用。

第三，联动开展监督检查。《办法》第三十一条明确规定，城市管理主管部门应当会同交通运输、住房建设、应急管理等部门开展户外广告设施的安全监督检查。

《广州市住房和城乡建设局关于防范物业管理区域高空坠物安全事故的通知》要求各区住建部门、市物业管理行业协会、全市各物业服务企业增强责任意识和安全意识，开展好高空坠物的安全隐患排查整治工作，建立高空坠物安全隐患整治长效机制，并要求"指派工作人员，排查安全隐患，杜绝潜在危险，特别是户外广告招牌等"。住建部门应该将户外广告和招牌纳入安全隐患排查范围，将排查结果告知户外广告和招牌设置人的同时告知城市管理部门。

《安全生产法》第十条明确规定"县级以上地方各级人民政府应急管理部门依照本法，对本行政区域内安全生产工作实施综合监督管理"。市、区两级应急管理部门依法负有对本辖区内安全生产工作实施综合监督管理职责。因此，市、区两级应急管理部门应当将户外广告和招牌纳入安全生产综合监督管理范围，将排查结果告知户外广告和招牌设置人的同时告知城市管理部门。

《安全生产法》明确规定"安全生产工作实行管行业必须管安全、管业务必须管安全、管生产经营必须管安全，强化和落实生产经营单位主体责任与政府监管责任"。依照《安全生产法》的规定，市场监督管理部门、食品安全部门、水务电力部门等管行业、管业务和管生产经营的相关政府部门均有责任将户外广告和招牌作为潜在安全隐患，纳入监管范畴。

第四，联动建立协商平台。各部门可依托数字化交流平台、联席会议等渠道，就户外广告和招牌监管治理问题达成共识。通过交流平台充分了解部门间工作的难点、优势及各部门的工作目标、重心，理清实际工作中模糊和遗漏的环节，有利于对责任职责、监管治理流程进行梳理，对各部门现有的人力、物力等资源状况进行汇总，以便在遇到工作难题时能够统筹各部门合理调动资源，及时解决。

（2）镇街属地管理横向联动机制。《办法》明确规定，镇街要建立日常巡查机制，对户外广告和招牌设置实行网格化管理，督促户外广告和招牌设置人履行维护管理责任。实践中，镇街的户外招牌备案工作由其城管办负责，而户外广告和招牌的巡查、检查、查处由综合执法办负责。由于执法事项过多，而执法人员较少，出现了户外广告和招牌监管业务没有专门人员的情况。实际上，根据《广州市住房和城乡建设局关于防范物业管理区域高空坠物安全事故的通知》和《安全生产法》的相关要求，综合执法办中负责住建、物业、安全生产、应急管理的相关人员可以与户外广告和招牌业务联合起来，具体包括以下内容。

第一，镇街内部业务科室间联动机制。城管办要在既有的户外广告和招牌备案制度的基础上，限期排查辖区内所有户外广告和招牌情况，待全市户外广告和招牌数字化管理系统建成后，敦促辖区内所有户外广告和招牌责任人到系统登录相关信息，并将相关信息与执法办共享，尤其是向其提供需要重点巡查的户外广告和招牌信息，提高风险防范信息供给的精准性。

综合执法办要根据《广州市住房和城乡建设局关于防范物业管理区域高空坠物安全事故的通知》和《安全生产法》的相关要求，负责与住建、物业、安全生产、应急管理部门与户外广告和招牌相关业务联合起来，形成合力，摆脱户外广告和招牌规范化设置监管没有专人负责的困境。

各科室合作，联合加强宣传。在向户外广告和招牌设置人进行规范化设置宣传的同时，加强对户外广告和招牌附着物业主的宣传，定期向辖区内商家和业主发放宣传单。严格落实招牌设置人在招牌设置后7个工作日内报备制度，推行招牌所在物业业主提交"招牌设置和维护安全告知承诺书"制度。业主需要及时提醒招牌设置人注意户外广告和招牌规范化设置，尤其是招牌设置人变更时。

第二，镇街与其他机构联动机制。镇街除了强化内部业务科室间联动机制外，还需要加强与辖区内物业服务企业、居委会和第三方机构的联系，建立巡查联动机制。

首先是与物业服务企业。根据《广州市住房和城乡建设局关于防范物业管理区域高空坠物安全事故的通知》，物业服务企业负有高空坠物的安全隐患排查责任。

镇街城管办和综合执法办应加强与物业服务企业的联系，敦促物业服务企业对服务对象的户外广告和招牌开展排查工作，并建立高空坠物安全隐患排查长效机制。

其次是与居委会。镇街城管办和综合执法办应加强与辖区居委会的联系，就综合执法相关事宜与居委会建立联宣、联查、联防、联控机制，将户外广告和招牌规范化设置与社区安全防范、安全生产和应急风险防控工作结合起来。

最后是与第三方机构。户外广告与招牌规范化设置监管联动机制的斜向联动机制还包括管理部门购买第三方服务。区城市主管部门负责户外广告特别是大型户外广告的监管工作，可以购买专业第三方检测机构的服务。镇街负责辖区范围内的招牌备案、巡查、监管等活动，由于招牌体量大，镇街人力不足，可购买第三方的服务。目前，沙湾街道和桥南街道聘请了广州市户外广告协会负责现场宣传、登记备案和调查招牌情况。户外广告协会还提供预审服务，可有效降低镇街工作人员工作量。

为解决街道执法人员数量少、招牌存量大、工作任务重的问题，街道可从设置人和业主入手开展工作。可以会同户外广告协会，通过讲座、线上会议等方式对户外广告和招牌监督标准、细则进行培训、宣传。在提高行业协会、设置人、业主的相关监管意识的同时，促进街道与企业的良性互动。从设置端对户外广告和招牌进行管控，并吸收群众力量共同参与监管治理工作。

2. 纵向治理结构及联动机制

户外广告和招牌的纵向治理结构主要指各级城市管理部门和其他部门之间以及市、区和镇街之间的纵向职责分工。

户外广告和招牌规范化设置监管的纵向联动机制，主要是顺畅市、区两级政府和部门间的信息沟通。市政府及其相关部门，在明确各自在户外广告和招牌规范化设置监管中的相关职责的基础上，通过上下级政府间的领导关系和上下级部门间的业务指导关系，明确要求区政府及其相关部门树立各自在户外广告和招牌监管中的相关目标和责任，做好各自主管范围内的户外广告和招牌规范化设置监管工作，避免推诿、"甩锅"现象出现。

3. 斜向治理结构及联动机制

户外广告和招牌规范化设置监管的斜向联动机制，是指在镇街对户外广告和招牌备案、巡查、责令整改等监管行为的基础上，将相关工作进度告知相关部门，将整改情况按不同程度与相关部门的惩处措施相连接，主要解决镇街执法手段不足导致的户外广告和招牌设置人拒不履行整改义务的问题，利用相关职能部门的审批和监管权，对户外广告和招牌设置人施压，从而促使其整改。例如，在镇街执法队伍一次提醒无效的情况下，情节较轻的由市场监管部门提醒，情节较重的由应急管理部门提醒等。其工作机制类似于北京市平谷区的"街乡吹哨、部门报到"机制，即街乡在巡查中发现问题后，"吹哨"告知相关部门，相关部门在收到"吹哨"后响应街乡，实施联合执法。广州市黄埔区设置了"令行禁止、有呼必应"的绩效评价指标，建立镇街和职能部门的双向联系，强化互动反馈，实现由"单打独斗"到"协同合作"的转换。黄埔区2 600多个党组织、156个党群服务中心、43 000多名党员深度融入平台，综合执法、重点工作、重大项目、民生服务、应急处置等六大重点领域的61个事项纳入"有呼必应"问题清单，推动基层问题迅速解决。

（1）镇街搜集整理相关信息。城管办负责户外广告和招牌设置备案工作，综合物业服务企业和社区居委会的相关信息，对辖区内户外广告和招牌规范化设置情况设置台账，明确辖区内户外广告和招牌规范化设置情况。

（2）镇街执法机构发起联动机制。镇街执法队伍负责开展巡查和排查，对设置不规范的户外广告和招牌展开执法程序，对拒不配合执法的户外广告和招牌设置商户进行亮灯等级提醒，例如按照不配合程度设置黄灯、蓝灯和红灯警告，不同颜色的警告对应不同部门介入程度。

（3）区相关职能部门介入展开联动。亮灯警告后，按照不同警告程度由不同的市、区级部门介入，利用其相关审批和管理权限向不规范户外广告和招牌设置人做出提醒，并明确户外广告和招牌设置人如拒不配合可能带来的行政处罚及其后果。

（4）镇街执法机构跟进完成联动。在提醒期满后，由镇街执法人员对整改情况进行跟踪排查：对已经整改的可以办结；对仍不整改或整改不完善的，启动继续提醒机制，提高亮灯提醒等级，加大处罚力度。

（5）与征信体系挂钩加强保障。将户外广告和招牌规范化设置整改情况记入户外广告和招牌设置人征信记录，根据不同征信程度调整亮灯提醒等级。

（五）明确监管步骤，启动各环节联动机制

广州市户外广告的主管部门是市级及各区城市管理部门，负责本行政区域内户外广告设置的监督管理工作。对于户外广告监管工作，可分为事前、事中、事后三步，各部门合力形成"规划源头入手、严格备案审批、强效监督管理"的监管联动机制（具体流程见图3）。

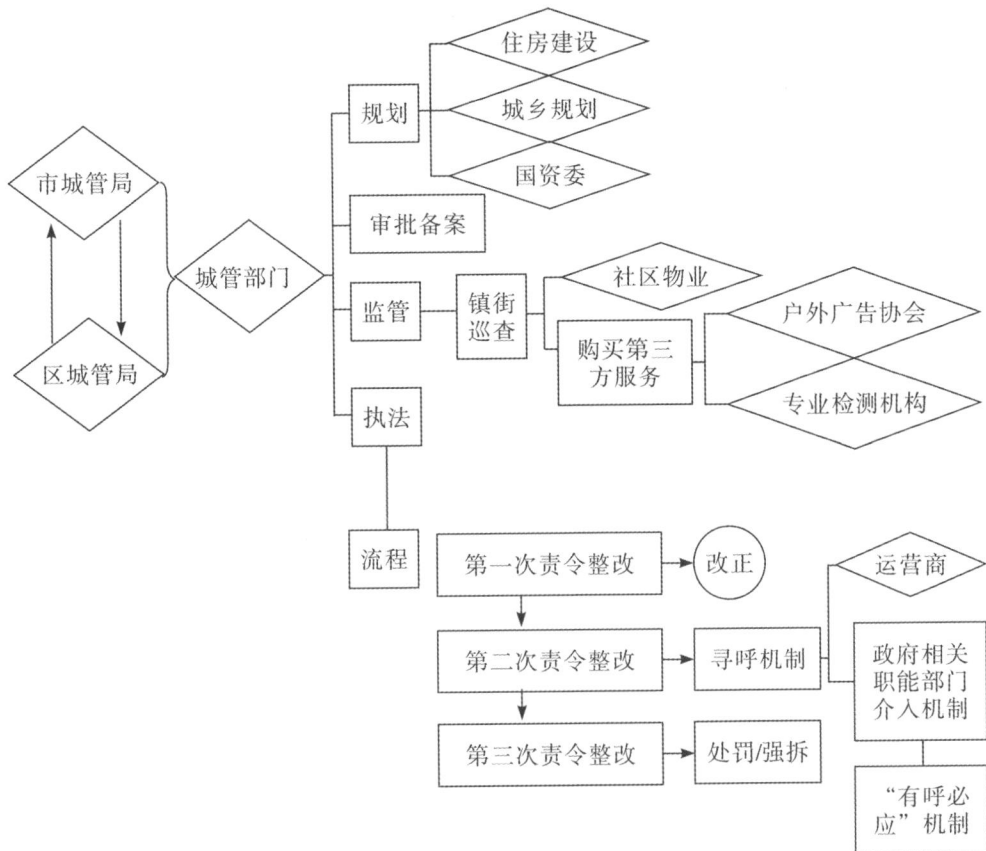

图 3　户外广告规范化设置监管联动机制各环节

1. 事前——避免规划重复，减少工作负担

针对户外广告监管工作任务繁重，人力、资金投入不足的问题，在规划建设环节就应将户外广告切实面临的问题纳入规划考虑范围内。户外广告设置专项规划和设置规划应由市区城管部门协同城乡规划、住房建设、交通运输、市场监管等部门共同完成。各区城管局与区相关职能部门应依据辖区内具体情况共同参与规划户外广告的设置区域与设置要求。

例如，主管部门应会同规制部门，对附着在建筑物外立面的户外广告规划达成一致，避免重复规划，加大监管工作量；主管部门应与国资委对公共财产房屋的户外广告出租达成一致，将公共财产房屋的出租与其户外广告的出租合并进行，简化出租流程，减少日常监管难度。

2. 事中——严格备案审批，把好安全关

（1）市、区主管部门。市、区级城市管理部门应严格受理户外广告的许可申请及审批。

（2）镇政府、街道办事处及社区居委会。作为属地政府和街道办事处，需要从源头落实好招牌登记备案的工作。社区是一个聚居在一定地域范围内的人们所组成的社会生活共同体，社区居委会工作人员与居民之间有更加密切的社会交往，同时掌握招牌位置和数量的信息更为详细具体，因此社区居委会的参与具有必要性。在镇街内部的联动中，经济部门需要参与其中，其他业务也可以根据需要相互配合。

（3）第三方力量。通过购买第三方服务来解决镇街繁重的招牌登记备案工作。广州市户外广告协会是 3A 级的社会组织，是由广州市户外广告行业经济组织自愿结成，并经社团登记管理机关核准登记、具有法人资格的非营利性的地方性、行业性社会团体。目前协会承接了黄埔区和番禺区部分街道的招牌登记备案数据普查项目，两个项目均已结束。第三方组织的参与提供专业的服务，更具有专业性。

应与检测公司进行联动。由于不同的检测需求发起人需要的和提供的资料不同，不同检测公司会针对发起人的要求提供不同的检测数据，虽然不同数据与检测质量无关，但容易造成存在质量差异的误解。市、区城市管理主管部门需在对检测公司的监督管理方面与市监局联动，规范招牌的检测方式、检测标准和收费标准，避免因数据呈现差异带来误解。

同时，为更好地提高设置人的安全意识、责任意识，明晰设置人相关权责、提高其配合度，各区级主管部门可会同相关行业协会、企业对户外广告和招牌设置及备案相关政策、要求开展宣传讲座。

3. 事后——高效监督管理，提高执法韧性

（1）监督管理环节。根据《办法》中的要求规定，镇政府、街道办事处应当建立日常巡查机制和招牌安全双随机抽查机制，每年抽检数量不得低于备案数量的 10%。镇街的巡查机制分为一级的镇街常态化巡查和二级的城管局随机巡查。

在日常巡查中，街道可购买第三方服务以减轻户外广告监管巡查的工作压力。如向户外广告协会购买巡查、监管服务；户外广告特别是大型户外广告的安全检测，可以购买第三方专业检测机构服务，确保监管质量及水平。

同时为避免监管错漏，抓实日常监管，主管部门应与社区、物业联动，抓牢户外广告监管最小单元，协同推进日常监管工作。主管部门应将设置在停车场升降杆、

小区门禁栏等处的户外广告纳入监管范围。

（2）监督执法环节。首先，各区级政府可依托数字化平台，积极建立推广"有呼必应"机制。以街道为支点调动各部门资源，集中力量办大事，高效处理亟待解决的户外广告相关问题。其次，户外广告是设置人进行正常生产经营活动不可或缺的一部分。依照新《安全生产法》"管行业必须管安全、管业务必须管安全、管生产经营必须管安全"的要求，对于户外广告的安全监管问题，负责相关生产、业务、行业日常管理的部门应切实参与进来。如食品药品相关户外广告若出现问题可会同食药监局进行管理；公路及其相关范围内的户外广告违规、违建行为，应由交通运输部门参与进行监管处罚；城管部门可会同市场监管、交通运输等部门建立信息交流平台，公开信息，统筹各部门协作治理，避免模糊缺漏。

对于监管过程中发现的问题，采用"一劝""二呼""三拆"的执法方式，以系统化的执法彰显主管部门执法能力和执法韧性。"一劝"一方面是指镇街的执法队在日常的巡查中发现个体户的招牌不合规范，有权力和责任劝其整改；另一方面是指在发现问题后，以主管部门为执法主体，通知户外广告违规设置人，要求其对违规户外广告进行整改。若整改态度不端正，则由街道、社区介入对其进行规劝。"二呼"是指镇街执法队伍在二次巡查中发现不合规范的招牌尚未得到整改时，则寻呼叫其他部门对其进行二次劝告和执行惩罚措施。主管部门与运营商合作，将一次通告拆除不执行的设置人联系电话加入寻呼系统，并以"有呼必应"机制为基础联动各有关部门，从户外广告、生产经营多方面入手对其进行警告。对此环节中参与的联动部门主要为市场监督管理局和应急管理局。"三拆"是指对经过二次劝告且有严重安全隐患的广告、招牌进行强制拆除。一般在此环节中是由城管部门来执行拆除工作，但如果遇到的阻力较大，可与公安联合执法。

参考文献

［1］卢原义信.街道的美学［M］.尹培桐，译.武汉：华中理工大学出版社，1989.

［2］卡伦.城市景观艺术［M］.刘杰，周湘津，译.天津：天津大学出版社，1992.

［3］袁钦.我国近年来城市户外广告设施设置规划体系与方法探讨［J］.规划师，2008，24（S1）：51-53.

［4］黄渊.城市户外广告设置规划的方法体系［J］.规划师，2006（10）：38–40.

［5］陈翔.上海数字化城市管理运行机制建设研究［D］.上海：上海师范大学，2017.

［6］翁士洪.整体性治理及其在非结构化社会问题方面的运用：以西藏林芝地区"希望工程"政策运作为例［J］.甘肃行政学院学报，2009（5）：71–79.

［7］竺乾威.从新公共管理到整体性治理［J］.中国行政管理，2008（10）：52–58.

［8］郑容坤.整体性治理理论的演进及意蕴探析［J］.行政科学论坛，2018（11）：51–56.

［9］谢微，张锐昕.整体性治理的理论基础及其实现策略［J］.上海行政学院学报，2017，18（6）：31–37.

［10］丁煌，高峻.整体性治理的实践探索：深圳一体化大交通管理体制改革案例分析［J］.行政论坛，2011，18（6）：5–9.

［11］赵石强.数字时代的整体性治理理论及其启示［J］.重庆科技学院学报（社会科学版），2011（15）：39–41.

［12］周庆智.当前的中国社区治理与未来转型［J］.国家治理，2016（2）：30–34.

［13］赫尔曼·哈肯.协同学：大自然构成的奥秘［M］.凌复华，译.上海：上海译文出版社，2005.

［14］赫尔曼·哈肯.高等协同学［M］.郭治安，译.北京：科学出版社，1989.

［15］李汉卿.协同治理理论探析［J］.理论月刊，2014（1）：138–142.

［16］詹姆斯·N.罗西瑙.没有政府的治理［M］.张胜军，刘小林，等译.南昌：江西人民出版社，2001.

［17］R.A.W.罗茨.新的治理［J］.木易，编译.马克思主义与现实，1999（5）：42–48.

［18］KOOIM. J. Modern governance: new government–society interactions［M］. London: Sage Press, 1993.

［19］陈振明.公共管理学：一种不同于传统行政学的研究途径［M］.2版.北京：中国人民大学出版社，2003.

［20］全球治理委员会.我们的全球伙伴关系［R］.牛津大学出版社，1995.转引自俞可平主编.治理与善治［C］.社会科学文献出版社，2000.

广州市燃气工程政府监管流程研究

彭铭刚　黄吉英　陈键城[*]

【摘　要】燃气作为生产生活的必需品，是城市基础设施建设的重要组成部分，关系城市安全和谐、人民生活稳定。近年来安全监管与科学发展已成为广州市燃气行业管理最重要的两大主线，然而随着市政府机构改革的不断深入，燃气工程的政府监管出现了诸多问题。为此，课题组在完成燃气行业监管的文献研究、政策研究的基础上，通过座谈会、一对一访谈、实地观察等形式对广州市城市管理和综合执法局（市燃气事务中心）、广州市住房和城乡建设局、广州市水务局、广州市交通运输局（道路事务中心）、广州市燃气集团等单位展开了调研。与此同时，课题组走访、调研武汉关于燃气工程政府监管的具体做法与成功经验。结合理论讨论、政策文本和调研数据，本文从燃气工程建设政府监管的认知框架、政府监管流程、政府监管的多重监管难题、燃气工程长效监管体系化建设的政策建议四个部分深入探讨广州市燃气工程政府监管流程优化及体系化建设。

【关键词】燃气工程；政府监管；流程优化与体系化建设

---

　　*　彭铭刚，广州大学公共管理学院副教授，主要从事环境政策与地方环境治理研究；黄吉英、陈键城，广州大学公共管理学院行政管理专业硕士研究生。

燃气具有独特的准公共物品属性，为了优化资源配置，保证产品和服务的有效供给和安全规范，政府需要对燃气公司进行监管，引导其合理经营，快速发展。城市燃气是城市基础设施建设的重要组成部分，完善燃气工程政府监督是深入贯彻习近平总书记关于住房和城乡建设工作重要批示精神，落实全国住房和城乡建设工作会议要求的需要，有利于保证民生需要，保障燃气行业的日常安全监管，优化城市营商环境，提升城市发展品质。近年来安全监管与科学发展已成为广州市燃气行业管理最重要的两大主线，然而随着市政府机构改革的不断深入，燃气工程的政府监管权限经历了从市住建部门转归入市城市管理和综合执法局的过程，政府监管流程的法律政策标准、审批流程规范性、监管机制以及技术工作等方面离"本质化、品质化、标准化、精细化、智能化"理念尚有不小差距，监管主体责任不明晰、监管流程形式化、监管过程梗阻化、监管机制不顺畅等问题依然存在。在此背景下，紧扣安全监管与科学发展的两大主线研究，广州市燃气工程政府监管流程研究正当其时。

本文具体研究以下两个问题：第一，当前广州市燃气工程政府监管的流程如何？第二，当前监管流程中出现了什么问题？同时，围绕燃气工程政府监管流程，提出广州市燃气工程长效监管体系化建设的政策建议。

本文尝试理顺和规范燃气工程监管流程，厘清监管工作具体的监管事项与职责，同时有效增强政府监管的有效性和持续性，兼顾广州市燃气事业的科学发展与安全，有效服务广州实现老城市新活力"四个出新出彩"的决策以及全面提升城市营商环境的部署。

一、燃气工程建设政府监管的认知框架

本文根据城镇燃气服务自然垄断性、准公共性和外部性的特征，结合整体政府理论以及政府流程再造理论的核心观点，提出燃气工程建设政府监管三个认知框架。

（一）围绕"安全监管与科学发展"的政府监管思路

为了加强燃气管理，规范燃气经营和使用行为，防范化解城镇燃气运营安全风险，保障公共安全和公共利益，广州市建构了以《广州市燃气管理办法》为主轴的政府监管政策体系。与此同时，为了全面改善能源结构、节能减排，优化提高市域公共服务水平，促进行业统筹、科学、高效的发展，广州市建构了以《广州市城市燃气发展规划》为主轴的行业科学发展规划体系。无论是策略还是发展格局的谋划，"安全与发展"的监管思路将从总体上指导本文现状评估以及政府监管流程优化的

写作。

（二）全流程的政府监管设计

在燃气工程政府监管的过程中，审批、管理、执法是三个彼此独立但又相互联系的政府行为，如何解决多重困境与提升管理效能成为问题解决的关键。审批流程设计又是整体监管流程的核心。因此本文将运用整体政府理论与政府流程再造理论，研究当前广州市燃气工程监管各环节出现的困境，旨在通过运用新型理念优化当前监管流程（尤其是审批流程），提出全流程的监管流程，以达到提高政府组织绩效和监管效率、提供高效优质的燃气服务、保障城镇燃气安全的目的。

（三）燃气工程建设项目长效监管体系化建设的前瞻眼光

除了研究监管各流程与各环节以外，本文还会涉及现有监管体系构成燃气工程监管行为的结构性约束条件，其中法律和政策是否科学、体制是否顺畅、机制是否灵活、政策工具是否多元、组织资源是否足够等都会制约着监管主体的效能发挥。精准定位监管难题的治理体系诱因是构建燃气工程政府长效监管的关键。在清楚描述当前燃气工程监管的多重困境、精准透视监管活动中的制约因素的基础上，燃气工程的长效监管需在政策与标准、监管体制、监管机制、技术工具等多个方面同步推进，借力政府规制机制、行业治理机制、社会治理机制的综合运用，构建安全有序、科学发展的平衡型全流程长效监管体系。

二、当前广州市燃气工程建设政府监管流程

本文所研究的广州市燃气工程政府监管流程主要为市本级受理的燃气工程建设项目审批服务流程，所指的燃气工程建设项目为燃气设施及其附属配套设施（含用房）的新建、改建、扩建工程。燃气设施是人工煤气生产厂和燃气储配站、门站、气化站、混气站、加气站、灌装站、供应站、调压站、市政燃气管网等的总称，包括市政燃气设施、庭院燃气设施、共用燃气设施以及户内燃气设施等。

（一）广州市燃气工程建设政府监管的法律及政策依据

广州市燃气工程建设政府监管的主要依据为全国性法律、国务院条例、行政主管部门的管理办法以及标准等。由于燃气工程建设项目的政府监管涉及燃气行业、土地利用、工程建设等多个方面，因此所涉法律、条例及政策依据也较为众多，如表 1 所示。根据课题组调研信息，相关的行政主管部门在具体审批监管实践中也会参照《广州市人民政府关于印发广州市工程建设项目审批制度改革试点实施方案的

通知》（穗府〔2018〕12号）、《广州市进一步深化工程建设项目审批制度改革实施方案》（穗府函〔2019〕194号）中关于线性工程以及政府投资类项目的审批流程，并兼顾工程建设以及燃气行业的管理条例的部分规定，实施行政审批流程。

表1　广州市燃气工程建设政府监管的部分法律及政策依据

依据名称	实施时间	制定部门
与燃气行业相关的法律及政策依据		
《城镇燃气管理条例》	2011年3月	国务院
《中华人民共和国消防法》	2009年10月	国务院
《中华人民共和国特种设备安全法》	2014年1月	国务院
《特种设备安全监察条例》	2003年6月	国务院
《广东省燃气管理条例》	2010年9月	原广东省建设委员会
《广东省实施〈中华人民共和国消防法〉办法》	2010年10月	广东省公安消防部门
《广东省特种设备安全条例》	2015年10月	原广东省建设委员会
《广州市燃气管理办法》	2013年6月	广州市城管执法局
《广州市燃气经营许可管理办法》	2020年10月	广州市城管执法局
《广州市压力管道安全管理办法》	2015年12月	广州市质监部门
《特种设备安全监察条例》	2009年5月	广州市质监部门
《广州市安全生产条例》	2008年3月	广州市安监部门
《广州市突发事件危险源和危险区域管理规定》	2012年4月	广州市人民政府
与建设工程相关的法律及政策依据		
《中华人民共和国建筑法》	1998年3月	国务院
《建设工程质量管理条例》	2000年1月	国务院
《建设工程安全生产管理条例》	2004年2月	国务院
《建设工程勘察设计管理条例》	2000年9月	国务院
《工程设计资质标准》	2007年4月	住房和城乡建设部
《国务院办公厅关于全面开展工程建设项目审批制度改革的实施意见》（国办发〔2019〕11号）	2019年3月	国务院
《广东省全面开展工程建设项目审批制度改革实施方案》（粤府〔2019〕49号）	2019年5月	广东省人民政府

（续上表）

依据名称	实施时间	制定部门
《广州市人民政府关于印发广州市工程建设项目审批制度改革试点实施方案的通知》（穗府〔2018〕12 号）	2018 年 8 月	广州市人民政府
《广州市进一步深化工程建设项目审批制度改革实施方案》（穗府函〔2019〕194 号）	2019 年 8 月	广州市人民政府
《广东省大中型建设工程初步设计管理办法》	2008 年 4 月	省建设部门编制
《广东省建设工程勘察设计管理条例》	2007 年 6 月	省建设部门编制
与规划及用地有关的法律和条例		
《中华人民共和国城乡规划法》	2008 年 1 月	国务院
《中华人民共和国土地管理法》	1987 年 1 月	国务院
《广东省土地利用总体规划条例》	2009 年 3 月	广东省人民政府

资料来源：①表格为课题组自制；②部分法律法规存在多次修订的情况。

（二）广州市燃气工程监管主体及职责分工

在 2015 年，原广州市住房和建设委员会的"燃气设施建设监督管理职责"划入原城市管理委员会。由于当时组织资源等，部分监督管理职责与行政审批权限仍由市建设行政主管部门（市住建局）协助"托底承担"。广州市机构改革进入全面实施阶段以后，原广州市城市管理委员会改革组建为广州市城市管理和综合执法局，并由该局燃气管理处和市燃气事务中心分工履行燃气行业监督管理工作。市城市管理和综合执法局成为市燃气行政主管部门，并"负责城镇燃气行业监督管理，制定城镇燃气发展规划，拟定城镇燃气技术标准规范，统筹协调城镇燃气供应保障、安全生产、经营秩序、设施运营、服务质量、设施保护的监督管理"以及"城镇燃气行业设施建成接收后日常管理和维护"。在具体的燃气工程建设政府监督管理中，市城管执法局负责市政燃气工程建设的行业监督管理工作，以及燃气工程的设计、建设（含安装、改造、维修）、验收、检验检测、应急救援的监督管理。由于燃气服务属于公用事业服务的范畴，因此其工程建设的各个环节还涉及其他行政主管部门的监督管理权限。

在燃气工程建设项目行政审批流程中，市发改委负责项目审批、核准、备案以及可行性报告审批等事项。项目生成以后，燃气工程建设项目涉及房屋建筑的报建审批、小区庭院管网及户内燃气设施作为主体房屋建筑工程的附属设施参照房屋建筑等，由市住房与城乡建设局负责监督管理；属国务院特种设备目录范围内的燃气压力容器和压力管道元件的生产、经营、使用登记和检验检测的监督管理工作由市市场监管局监督管理；涉及项目用地预审、建设用地规划许可以及一系列的用地手续审批工作则由市规划和自然资源局监督管理；涉及城市道路或者公路占道开挖专项许可由市交通运输局监督管理；涉及消防安全以及应急管理则由市应急管理、消防、住建等相关部门监督管理。与此同时，市生态环境局、林业园林部门以及一系列的中介机构会涉及相关行政审批服务环节。

由于燃气工程建设项目审批环节所涉的全国性和地方性的法律、法规、地方管理办法众多，所涉行政主管部门较广，监管事项、职责、界限也较为复杂，因此政府具体审批过程出现了标准不清晰、职责理解存在分歧、行政部门审批协同困境、审批过程梗阻等问题。

（三）广州市燃气工程政府审批流程实施现状

为了贯彻落实党中央、国务院关于深化"放管服"改革和优化营商环境的部署要求，巩固改革成效，进一步改革深化，广州市在 2018 年颁布了《广州市人民政府关于印发广州市工程建设项目审批制度改革试点实施方案的通知》（以下简称"12 号文"），在 2019 年颁布了《广州市进一步深化工程建设项目审批制度改革实施方案》（以下简称"194 号文"），改革覆盖工程建设项目审批全过程，包括从立项到竣工验收和公共设施接入服务。在"12 号文"和"194 号文"中，工程建设项目分为政府投资类与社会投资类两个类别。然而，燃气工程建设项目并未清晰纳入相关类别。课题组通过对广州市城市管理和综合执法局（市燃气事务中心）、广州市住房和城乡建设局、广州市交通运输局（道路事务中心）、广州市燃气集团等单位的调研，获得当前广州市燃气工程建设项目政府行政审批的现状信息。

1. 立项用地规划阶段

燃气建设项目生成立项后进入立项用地规划阶段。行政审批主线主要涉及用地预审、选址 / 选线意见书，主要由市规划和自然资源局审批管理。上述环节完成后进入建设用地规划许可环节。对于不涉及地上建筑用地征用的线性管网工程而言，一般不需要通过用地预审、选址 / 选线意见书；但对于涉及地上站场等中大型燃气工程项目审批而言，用地预审、选址 / 选线意见书是前置条件，这个环节审批事项对后续施工许可阶段的施工许可证审批有重要的影响。课题组发现，许多燃气工程建设项目在行政审批辅线中的建设用地规划许可（以及后续的建设用地批准书）环节出现了缺位，导致了后续施工许可证审批的梗阻。在立项用地规划阶段中，行政审批辅线还涉及社会风险稳定性评价、安全预评价、节能审查、职业病危害评价、水土保持等工程设计的各类评价和环节。

2. 工程建设许可阶段

在这一阶段，初步设计审查和概算评审是审批流程的核心。建设单位先通过管线工程设计方案审查，获得建设工程规划许可，再进行初步设计审批工作。在调研过程中，原住建局工作人员透露由于缺乏相关政策文件依据，对于初步设计（含概算）的审批标准不明晰。建设单位起初认为其项目属于社会类投资建设项目，故初步设计和概算环节提交的材料按照企业投资项目的标准进行编制。根据原住建局工作人员的反馈，他们依据政府类投资项目的标准，对中大型燃气建设工程进行初步设计审查和财政投资项目评审（概算）工作，并经过多次协商会议，促使建设单位提供满足审批深度需要材料。事实上，如何确定燃气工程的规模（即大、中、小型工程），其标准的依据，关系到这个环节的审批模式。在行政审批辅线中，该阶段还涉及管线工程设计方案审查、消防设计备案 / 审核以及招标投标备案等环节。在技术审查主线中，该阶段涉及施工图文件审查等工作。

3. 施工许可阶段

这一阶段的审批管理核心为施工许可证审批工作，也是整个审批管理流程的难点阶段。为了解决施工许可的问题，当时的行政主管部门（2015 年以前原市住建委为主管部门，2015 年以后委托市住建局托底代管）相应地开具临时施工复函作为一种"变通"做法。除了施工许可证环节（行政审批主线）是审批管理的痛点以外，行政审批辅线中的市政设施建设类审批以及其他许可也是审批流程的痛点。组织施工前相关方需要进行施工沿线各权属单位（公路、电信、水务、村镇用地以及地铁等）意见征询环节；具体的实践过程还涉及权属单位借地协议书获取以及占道挖掘公路 / 城市道路的审批，才能进入组织施工。在这个环节上，由于没有实行联审决策的模式，往往导致意见征询和协商时间过长。针对没有获得权属单位借地协议书的工程而言，行政主管部门则采用出具"建设单位的情况说明"等"承诺制"方式进行审批处理。这个阶段对于市燃气事务中心而言，技术审查主线中的市政燃气压力管道安装告知（监督检验）也是审批管理的重要工作。

4. 竣工验收阶段

竣工验收是将燃气工程合法化的过程，如果没有经过竣工验收便直接投入使用，其安全责任归属问题难以界定。一般而言，施工许可证是竣工验收的前置条件，缺少施工许可证的工程不具备竣工验收资格。在竣工验收阶段，理论上由负责施工许可审批的单位对项目进行验收备案，采用联合验收的方式，对规划条件、消防、环保、防雷和建设用地等方面进行核验，以精简验收流程。然而在具体的实践中，验收并没有采用联合验收的方式进行，而是各行政主管部门分别验收，采取"谁审批、谁验收"的审批方式。对于缺乏施工许可证就进入验收阶段的工程项目，建设单位（燃气公司）最终"自行验收"，这给责任归属界定带来隐忧。由于燃气工程涉及压力管道的工程，在行政审批辅线中，该阶段还涉及特种设备使用登记证的审批，由市市场监管局审批管理。

三、广州市燃气工程政府监管的多重监管难题

课题组通过对市城管执法局（燃气处、市燃气事务中心）、市住建局、市道路事务中心、市水务局、市燃气集团等机构和单位的深入访谈，进一步了解当前广州市燃气工程政府审批流程以及具体的监管实践，并总结了以下四个多重监管难题。

（一）审批标准不一致导致的流程困境

首先，项目类型的划分标准存在争议。在"12号文"中，工程改革项目分为政府投资类和企业投资类项目，但未对燃气工程建设项目属于何种项目作出明确界定。在工程建设许可阶段，是否需要进行概算评审、参照哪种标准成为流程困境的诱发因素。根据《政府投资条例》的规定，"项目单位应当编制项目建议书、可行性研究报告、初步设计"（第九条），其中，可行性研究报告和项目建议书是政府投资项目立项之前对项目的必要性和可行性进行审批。《政府投资条例》规定"初步设计及其提出的投资概算是否符合可行性研究报告批复以及国家有关标准和规范的要求"（第十一条），因此政府投资项目的初步设计审查和概算批复基于可研批复的具体数据，其数据编制深度更大，投资估算更需精准。而社会类和企业类投资工程多为核准、备案制，编制概算内容的数据深度不大。课题组调研发现，燃气工程项目在初步设计审查阶段，原住建局参照政府投资类项目的标准进行评审和审批，而市燃气集团参照社会类投资项目提交的初步设计概算材料深度不足，按照政府投资类项目的标准未能通过概算审查。原住建局通过与市燃气集团召开4次沟通协调会进行补充资料，最后才通过概算审查，同时在初步设计审查之前，市燃气集团并不了解初步设计的参照标准。

其次，燃气工程规模的界定标准也存在一定争议。这涉及初步设计和概算评审环节需要对燃气工程的规模进行核定。课题组调研中发现，部分工作人员拟采用投资金额（800 万元以上）的标准界定大型工程项目。而根据《工程设计资质标准》市政行业建设项目设计规模划分表，大于等于 10 000 万立方米 / 年的城市燃气配送系统为大型，小于 10 000 万立方米 / 年为中型，小区管网及户内管为小型。究竟按照投资金额还是设计输气规模来界定规模存在争议，这导致初步设计和概算评审工作缺乏清晰明确的标准指引，不利于审批管理工作的有序开展。因此，在审批过程中参照哪种标准需要结合国家、省、市的专项政策及改革方案，根据燃气工程的特点进行比对参照。

（二）各部门间、层级间存在审批协同与联动困境

首先，在当前实践中并联审批、联审决策模式并未实施。在立项用地规划许可、施工许可以及竣工验收阶段均需要各部门间的审批协同。以施工许可阶段为例，组织施工前的末端审批涉及多部门审批权限，部门间协同程度低，受理审批过程较慢。末端审批过程并非简单的资料归类，而是其他部门相互协商审批的过程。燃气工程建设项目需要获取交通管理部门、其他管线管理及权属部门等审批权限或同意意见，导致审批时间拖沓。如燃气管道工程施工对交通产生影响，交通疏导方案需要征求交警部门的意见，但交警部门的审批权限归属于公安机关交通部门，交通部门的审批时间存在不可控性。同时道路事务中心与产权单位之间并非行政隶属关系，道路中心行政审批还需要征求其他养护产权单位的意见，因此受理审批过程较慢。为破解从受理到审批过程慢的难题，相关部门也采取了一些措施，如取消养护协议，以承诺和协议的方式进行、取消开挖范围有管线征求管线单位意见等工作。在市政道路挖掘许可环节，各区（镇、工业园、管委会等）要求和标准不一，协商难度较高，导致审批流程的耗时过长。市政道路开挖许可环节需要协调城乡建设部、公路公司、交警以及养护单位等责任主体和权属单位意见，导致道路开挖所需时间被延长，要求和标准不统一。此外，在组织施工前，施工单位需要逐一征询沿线各权属单位（公路、电信、水务、村镇用地以及地铁等）的意见，以获取相关权属单位的同意以及临时借地用地手续，但各主体单位的意见往往难以达成一致，导致意见征询和协商时间过长，时间成本较高。

其次，市、区层级属地权限缺乏联动审批制度。燃气工程项目可能同时跨越多种管理主体的道路（市管、区管、国道公路等），针对施工许可阶段的占用、挖掘

道路审批事项，市级和区级道路占用的审批内容一致，但审批标准主要按照城市的主次道路、占道范围大小对市级和区级的项目审批进行划分；按照城市主次道路划分，主干道由市级管理，次干道由区级管理；若管线同时跨市和区干道，则各自申报。当该项目都占到市管和区管道路的一定比例时，则由市和区级分工各自审批。与此同时，市区管的道路与国道、公路的审批标准不一致。

最后，施工期与中介机构服务提供期的匹配度有待提高。施工方在组织施工时往往处于相对较短的施工时限，但压力管道监督检验工作需要在办理占道开挖（施工许可证）之后才能开展。在压力管道监督检验阶段，承压院需要监督检查的内容和种类繁多，且人手有限，导致部分紧急工程（如随路敷设）监检单位（承压院）不能及时约检，预约时间和实际监督检查时间间隔较大，进而施工时间被缩短。

（三）权责不清导致部分审批流程缺乏规范性

在整个燃气工程建设项目政府审批流程中，权责不清问题主要体现在施工许可证的审批环节。由于原住建部门权责属性，燃气工程项目主要以房建工程总包下的子项进行施工，不倾向于单独审批燃气工程施工许可证。据市燃气集团的工作人员透露，高压工程的站场可能占用土地，涉及改变用地性质问题，建设用地规划许可以及《建设用地批准书》办理难度较大、时间较长，因此前置条件的存在使得办理施工许可证的难度相对较高，许多燃气工程项目缺少施工许可证，审批流程规范性有待提高。由于燃气工程的施工许可由"临时施工复函"替代，因此施工许可的前置条件，如施工图设计文件及其审查合格证明、施工图文件审查以及其他各类中介论证审查服务、行政主管部门的程序性审查等均无法确保其有效落实。

审批流程缺乏规范性还表现在竣工验收阶段。根据《建设工程质量管理条例》《城镇燃气管理条例》等的规定，各相关的行政主管部门需要对建设工程以及燃气设施建设工程竣工进行验收和备案。在"谁审批、谁验收"的方式下，前期施工许可、建设用地规划许可环节的缺位，导致建设单位（燃气公司）在竣工验收阶段实行"自行验收"，竣工验收阶段政府监管功能严重缺位，给建设工程安全责任归属界定带来诸多不确定性。

（四）审批过程出现"信息孤岛"

燃气工程建设项目审批过程涉及多部门的审批平台，审批过程存在信息壁垒，审批平台信息共享有待提升。据了解，当前燃气工程建设项目审批至少需要经历四个审批系统平台的申报。在项目立项和立项用地规划，发展和改革部门采用"广东省投资项目在线审批监管平台"进行批复、核准或者备案。原住建部门对施工许可、质量安全登记等使用住建自有的统一审批系统平台。在施工许可阶段，建设项目除了需要通过组织施工前的施工许可环节外，还需通过各类市政设施建设类审批、涉供水、排水、污水设施审核，城市绿地和树木审批以及开工前的其他许可，涉及部门的多样性导致多个审批系统同时使用情况。如建设项目的占道施工行政审批，主要分成城市道路与公路两条线。在占道审批时，城市道路占道开挖审批是通过广州市的政务服务网进行网上申办申报；公路占道审批主要有两种方式，可以通过政务服务中心的窗口送件进行现场办理，也可以通过广州市政务服务网进行申请；城市道路和公路的占道开挖审批，需要在不同平台进行申报，未能打通部门壁垒，审批过程受到技术平台壁垒的影响。与此同时，市城市管理和综合执法局尚未建立相应的燃气工程建设项目审批平台或者审批模块、情景，无法对接和实时共享其他数据平台的信息，对整体审批流程的进度无法进行有效把控。

四、广州市燃气工程长效监管体系化建设的政策建议

课题组通过上述分析，发现当前燃气工程建设项目审批流程暂未定型，这对建设项目政府监管的有效性带来挑战。本部分基于表 2 中列举的燃气行业、建设工程、规划用地审批、特种设备等法律法规以及行业部门规章制度，结合流程再造的思路，提出燃气工程建设项目的事项清单、审批标准、审批形式等内容建议。在此基础上，以"12 号文"中关于"政府投资类工程建设项目审批流程服务图（线性工程类）"的内容为蓝图，结合燃气工程建设项目的具体特征，梳理出相关的审批服务节点，拟定广州市燃气工程建设项目审批服务流程图（见图 1）。（审批服务流程图主要为市本级受理的燃气工程建设项目审批服务流程，区级的审批服务流程可参照市本级。）

此外，本部分还针对审批机制推行、企业主体责任制度的强化以及审批数据整合等方面提出整体性的优化建议，促进燃气工程长效监管体系的建设。

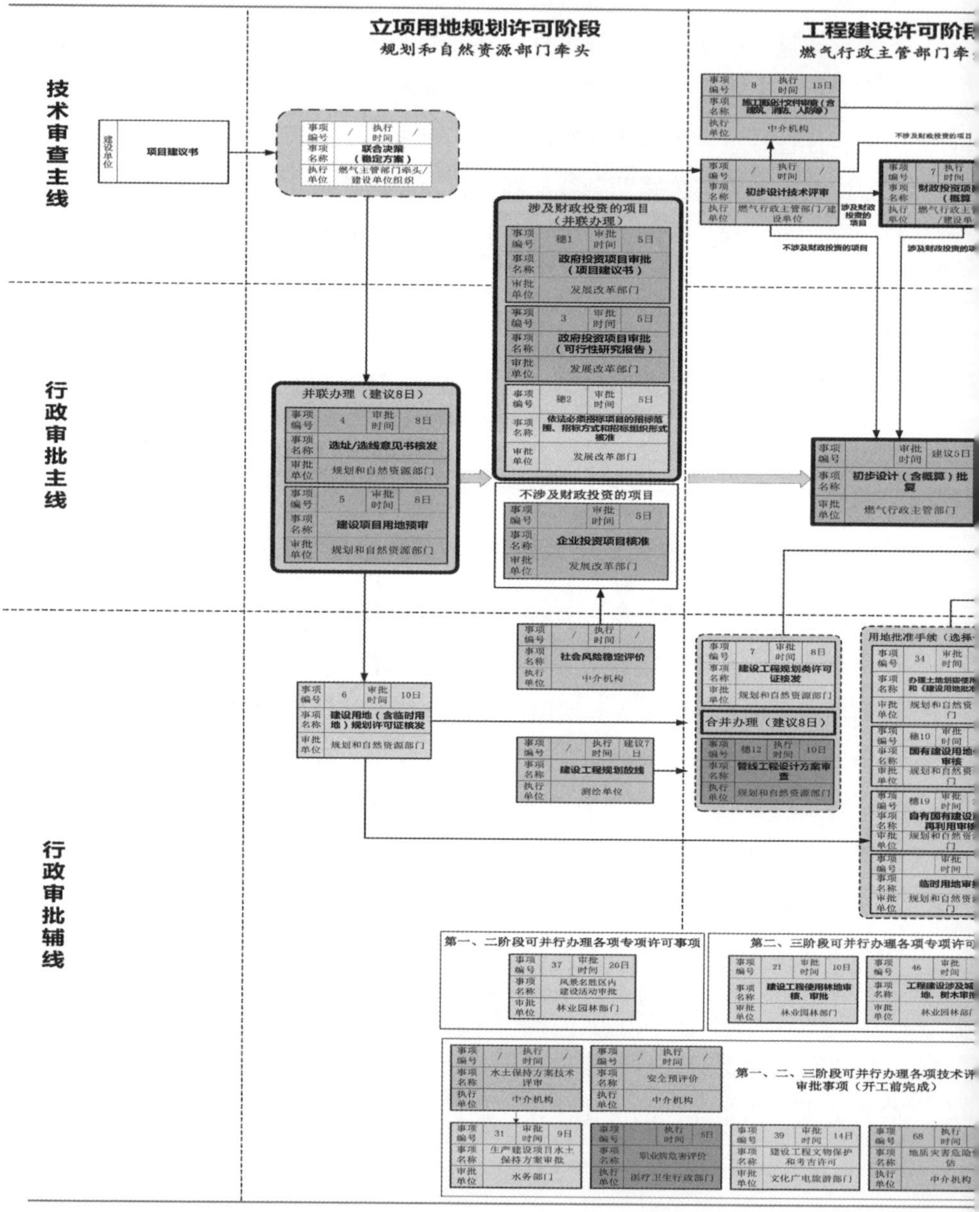

立项用地规划许可阶段
规划和自然资源部门牵头

工程建设许可阶段
燃气行政主管部门牵...

技术审查主线

行政审批主线

行政审批辅线

建设单位　项目建议书

事项编号	/	执行时间	/
事项名称	联合决策（稳定方案）		
执行单位	燃气主管部门牵头/建设单位组织		

涉及财政投资的项目
（并联办理）

事项编号	1	审批时间	5日
事项名称	政府投资项目审批（项目建议书）		
审批单位	发展改革部门		

事项编号	3	审批时间	5日
事项名称	政府投资项目审批（可行性研究报告）		
审批单位	发展改革部门		

事项编号	穗2	审批时间	8日
事项名称	依法必须招标项目的招标范围、招标方式和招标组织形式核准		
审批单位	发展改革部门		

不涉及财政投资的项目

事项编号	/	审批时间	5日
事项名称	企业投资项目核准		
审批单位	发展改革部门		

并联办理（建议8日）

事项编号	4	审批时间	8日
事项名称	选址/流线意见书核发		
审批单位	规划和自然资源部门		

事项编号	5	审批时间	8日
事项名称	建设项目用地预审		
审批单位	规划和自然资源部门		

事项编号	8	执行时间	15日
事项名称	施工图设计文件审查（含消防、人防等）		
执行单位	中介机构		

不涉及财政投资的项目

事项编号	/	执行时间	/
事项名称	初步设计技术评审		
执行单位	燃气行政主管部门/建设单位		

不涉及财政投资的项目　　涉及财政投资的项目

事项编号	/	执行时间	/
事项名称	财政投资评审（概算）		
执行单位	燃气行政主管部门/建设单位		

事项编号	/	审批时间	建议5日
事项名称	初步设计（含概算）批复		
审批单位	燃气行政主管部门		

事项编号	/	执行时间	/
事项名称	社会风险稳定评价		
执行单位	中介机构		

事项编号	6	审批时间	10日
事项名称	建设用地（含临时用地）规划许可证核发		
审批单位	规划和自然资源部门		

事项编号	7	审批时间	8日
事项名称	建设工程规划许可证核发		
审批单位	规划和自然资源部门		

用地批准手续（选择...

事项编号	34	审批时间	/
事项名称	办理土地划拨用地和（建设用地批准书）...		
审批单位	规划和自然资...		

事项编号	/	执行时间	建议/日
事项名称	建设工程规划放线		
执行单位	测绘单位		

合并办理（建议8日）

事项编号	穗12	执行时间	10日
事项名称	管线工程设计方案审查		
执行单位	规划和自然资源部门		

事项编号	穗10	审批时间	/
事项名称	国有建设用地审核		
审批单位	规划和自然资...		

事项编号	穗19	审批时间	/
事项名称	自有用地和建设用地再利用用地审...		
审批单位	规划和自然资...		

事项编号	/	审批时间	/
事项名称	临时用地审批		
审批单位	规划和自然资...		

第一、二阶段可并行办理各项专项许可事项

事项编号	37	审批时间	20日
事项名称	风景名胜区内建设活动审批		
审批单位	林业园林部门		

第二、三阶段可并行办理各项专项许可事项

事项编号	21	审批时间	10日
事项名称	建设工程使用林地征...		
审批单位	林业园林部门		

事项编号	46	审批时间	/
事项名称	工程建设涉及绿地、树木审...		
审批单位	林业园...		

第一、二、三阶段可并行办理各项技术评审批事项（开工前完成）

事项编号	/	执行时间	/
事项名称	水土保持方案技术评审		
执行单位	中介机构		

事项编号	/	执行时间	/
事项名称	安全预评价		
执行单位	中介机构		

事项编号	31	审批时间	9日
事项名称	生产建设项目水土保持方案审批		
审批单位	水务部门		

事项编号	/	执行时间	8日
事项名称	职业病危害评价		
执行单位	医疗卫生行政部门		

事项编号	39	审批时间	14日
事项名称	建设工程文物保护和考古许可		
审批单位	文化广电旅游部门		

事项编号	68	执行时间	/
事项名称	地质灾害危险性评...		
执行单位	中介机构		

图1　广州市燃气工程建设项目审批服务流程图（建议）

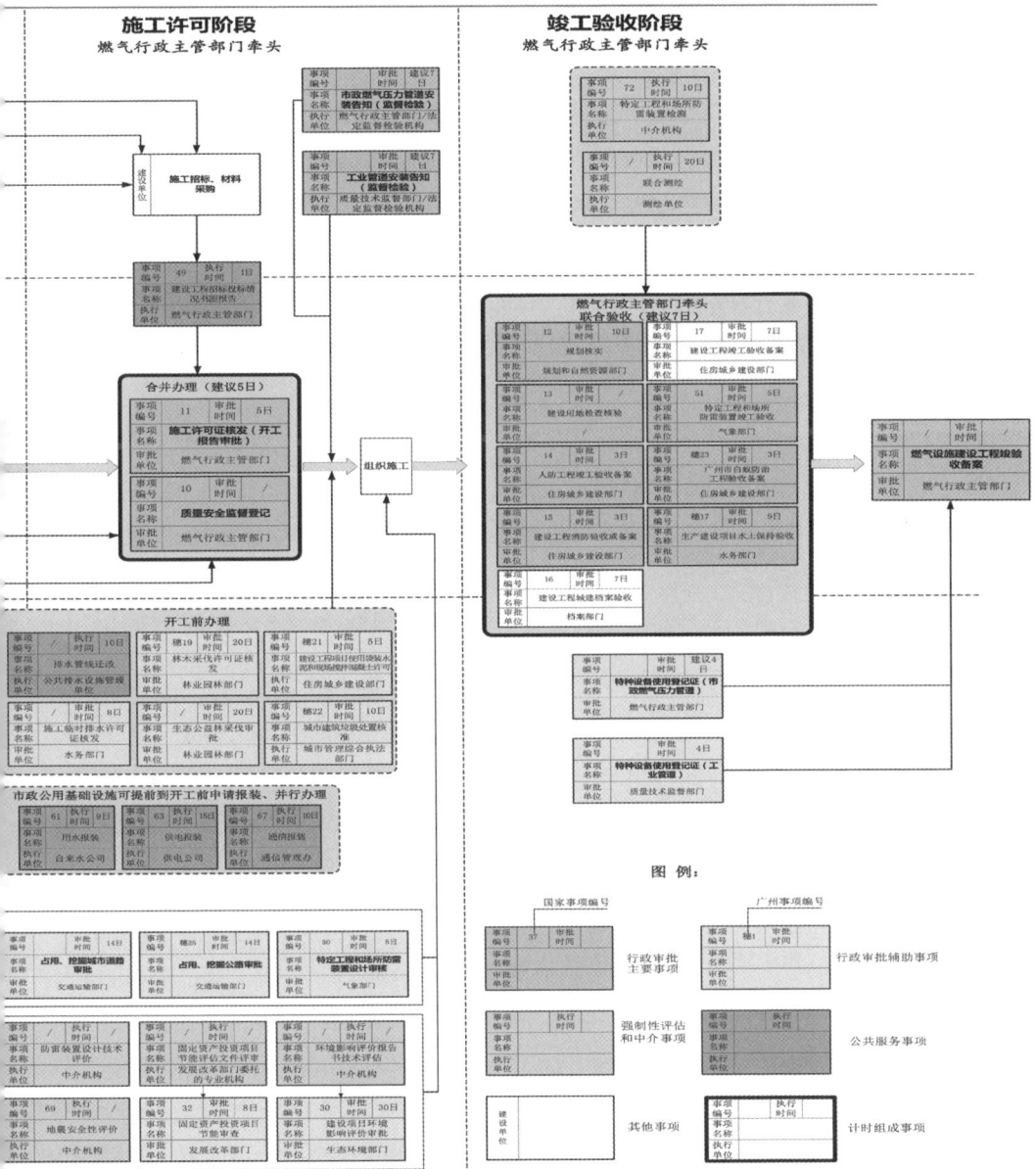

施工许可阶段
燃气行政主管部门牵头

竣工验收阶段
燃气行政主管部门牵头

建设单位

施工招标、材料采购

事项编号	/	审批时间	建议7日
事项名称	市政燃气压力管道安装告知（监督检验）		
执行单位	燃气行政主管部门/法定监督检验机构		

事项编号	/	审批时间	建议7日
事项名称	工业管道安装告知（监督检验）		
执行单位	质量技术监督部门/法定监督检验机构		

事项编号	49	执行时间	1日
事项名称	建设工程招标投标情况书面报告		
执行单位	燃气行政主管部门		

合并办理（建议5日）

事项编号	11	审批时间	5日
事项名称	施工许可证核发（开工报告审批）		
审批单位	燃气行政主管部门		

事项编号	10	审批时间	
事项名称	质量安全监督登记		
审批单位	燃气行政主管部门		

组织施工

开工前办理

事项编号	/	执行时间	10日
事项名称	排水管线迁改		
执行单位	公共排水设施管理单位		

事项编号	穗19	审批时间	20日
事项名称	林木采伐许可证核发		
审批单位	林业园林部门		

事项编号	穗21	审批时间	5日
事项名称	建设工程施工使用城镇燃气水泥和混凝土搅拌站临时建设		
审批单位	住房城乡建设部门		

事项编号	/	审批时间	20日
事项名称	施工临时排水许可证核发		
审批单位	水务部门		

事项编号	穗22	审批时间	5日
事项名称	生态公益林采伐审核		
审批单位	林业园林部门		

事项编号	/	审批时间	
事项名称	城市建筑垃圾处置核准		
执行单位	城市管理综合执法部门		

市政公用基础设施许可提前到开工前申请报装、并行办理

事项编号	61	执行时间	10日
事项名称	用水报装		
执行单位	自来水公司		

事项编号	63	执行时间	18日
事项名称	供电报装		
执行单位	供电公司		

事项编号	67	执行时间	10日
事项名称	通信报装		
执行单位	通信管理办		

事项编号	/	审批时间	14日
事项名称	占用、挖掘城市道路审批		
审批单位	交通运输部门		

事项编号	穗35	审批时间	14日
事项名称	占用、挖掘公路审批		
审批单位	交通运输部门		

事项编号	50	审批时间	8日
事项名称	特定工程和场所防雷装置设计审核		
审批单位	气象部门		

事项编号	/	执行时间	
事项名称	防雷装置设计技术评价		
执行单位	中介机构		

事项编号	/	执行时间	
事项名称	固定资产投资项目节能评估技术评审		
执行单位	发展改革部门委托的专业机构		

事项编号	/	执行时间	
事项名称	环境影响报告书技术评估		
执行单位	中介机构		

事项编号	69	执行时间	
事项名称	地震安全性评价		
执行单位	中介机构		

事项编号	32	审批时间	8日
事项名称	固定资产投资项目节能审查		
审批单位	发展改革部门		

事项编号	30	审批时间	30日
事项名称	环境影响评价审批		
审批单位	生态环境部门		

事项编号	72	执行时间	10日
事项名称	特定工程和场所防雷装置检测		
执行单位	中介机构		

事项编号	/	执行时间	20日
事项名称	联合测绘		
执行单位	测绘单位		

燃气行政主管部门牵头 联合验收（建议7日）

事项编号	12	审批时间	10日
事项名称	规划核实		
审批单位	规划和自然资源部门		

事项编号	17	审批时间	7日
事项名称	建设工程竣工验收备案		
审批单位	住房城乡建设部门		

事项编号	13	审批时间	
事项名称	建设用地核查核验		
审批单位			

事项编号	51	审批时间	5日
事项名称	特定工程和场所防雷装置竣工验收		
审批单位	气象部门		

事项编号	14	审批时间	3日
事项名称	人防工程建设验收备案		
审批单位	住房城乡建设部门		

事项编号	穗23	审批时间	3日
事项名称	广州市白蚁防治工程验收备案		
审批单位	住房城乡建设部门		

事项编号	15	审批时间	
事项名称	建设工程的验收备案		
审批单位	住房城乡建设部门		

事项编号	穗17	审批时间	9日
事项名称	生产建设项目水土保持验收		
审批单位	水务部门		

事项编号	16	审批时间	7日
事项名称	建设工程城建档案验收		
审批单位	档案部门		

事项编号	/	审批时间	燃气设施建设工程竣工验收备案
事项名称	燃气设施建设工程竣工验收备案		
审批单位	燃气行政主管部门		

事项编号	/	审批时间	建议4
事项名称	特种设备使用登记证（市政燃气压力管道）		
审批单位	燃气行政主管部门		

事项编号	/	审批时间	4日
事项名称	特种设备使用登记证（工业管道）		
审批单位	质量技术监督部门		

图例：

事项编号	37	审批时间	
事项名称			
审批单位			

行政审批主要事项

事项编号	穗01	审批时间	
事项名称			
审批单位			

行政审批辅助事项

事项编号		执行时间	
事项名称			
执行单位			

强制性评估和中介事项

事项编号		执行时间	
事项名称			
执行单位			

公共服务事项

建设单位			

其他事项

事项编号		执行时间	
事项名称			
执行单位			

计时组成事项

表2　部分优化、调整及删减的审批服务事项

审批阶段 / 环节	审批服务事项	建议
立项用地规划许可（行政审批主线）	建设用地预审和规划选址选线意见书	建议合并办理
立项用地规划许可（行政审批主线）	项目建议书和可行性报告	该事项仅针对涉及预算内财政资金投入的项目，建议合并办理
立项用地规划许可（行政审批辅线）	建设工程验线	简化手续，与工程防线同步进行检查确认，不作单独行政许可事项
工程建设许可（技术审查主线）	概算评审	如不涉及预算内财政资金投入的项目建议可不单独进行
工程建设许可（技术审查主线）	消防、人防等技术审查	建议并入施工图设计文件审查，不再单独审查审批
工程建设许可（技术审查主线）	施工图设计文件审查备案	建议取消，相关部门按法定职责进行事中事后监管
组织施工前（行政审批辅线）	环境影响评价、节能评价、安全性评价等事项	建议不再作为项目审批条件，在开工前完成，部分事项可由建设单位自主把关或者委托中介服务按照规范设计论证，行政主管部门进行程序性审查
施工许可（技术审查主线）	施工招标的前置要件	如项目涉及用地手续，建议用地批准书或者国有土地使用证调整为用地预审意见书或者建设用地规划许可证
施工许可（技术审查主线）	施工招标的前置要件	建议建设工程规划许可证调整为设计方案审查复函或者联合评审相关书面文件
施工许可（技术审查主线）	招标文件事前备案	建议取消，由招标人对招标文件的合法性负责
施工许可（行政审批主线）	施工许可证	建议根据项目特征执行分阶段报建施工或整体办理；建议采用开工报告的模式取代施工许可
施工许可（行政审批主线）	质量安全监督登记	建议与施工许可合并办理，"一次申报，同步审核"
组织施工前（行政审批辅线）	市政设施类行政审批手续	在工程设计稳定后即可申请，建议可采用容缺受理或者告知承诺等方式办理
竣工验收（行政审批主线）	各类验收手续	建议实施建设工程联合验收机制，建议由燃气行政主管部门牵头，统一出具验收意见
竣工验收（行政审批主线）	燃气设施建设工程竣工验收备案	建议备案机关或通过信息系统将备案情况及相关资料向燃气行政主管部门共享

资料来源：课题组自制。

（一）推动流程再造，形成专业审批服务体系

广州市燃气工程建设项目审批服务流程主要包括四个重要的阶段（依照"12号文"和"194 号文"），分别是立项用地规划许可阶段、工程建设许可阶段、施工许可阶段、竣工验收阶段。四个阶段均有技术流程关键节点"技术审查主线""行政审批主线"和"行政审批辅线"。审批服务流程图详见图 1。

立项用地规划许可阶段由规划和自然资源部门牵头。课题组建议采用联审评议 / 决策的模式，帮助建设单位稳定方案；同时建议由燃气行政主管部门牵头形成联审评议和决策机制，建设单位组织，会同多个相关行政主管部门和专家，对项目建设内容、建设标准、建设规模、合规性、管网布局等情况进行联合评议和决策，征求相关主体意见，以缩短后续审批流程所需要的征集主体间意见以及跨部门并联审批事项的成本及时间。在"行政审批主线"环节，方案稳定后进入建设项目用地预审和选址、选线意见的并联办理环节。根据改革精神，建议两个审批环节并联审批。在主线环节，建设项目审批核准有两种分类审批途径。根据《政府投资条例》的规定，如建设项目涉及政府直接投资或者财政资金注入方式投资的项目，发改部门对项目进行政府投资项目审批的项目建议书和可行性研究报告审批。如项目不涉及财政资金投入，发改部门可进行企业投资项目核准。"行政审批辅线"环节包含建设用地（含临时用地）规划许可环节、社会风险稳评以及建设工程规划放线等事项。

工程建设许可阶段由燃气行政主管部门牵头。建设单位在"技术审查主线"环节可进行初步设计、概算评审和施工图文件联合审查环节。根据广州市的改革精神，在办理选址意见书或者用地预审意见的项目时，建设单位可先行进行初步设计（概算）等技术评审工作。燃气行政主管部门可以统一建立初步设计评审专家库审核咨询单位库，建设单位从专家库或者委托技术评审机构库中摇珠选取中介机构、专家，并由相关主体进行初步设计评审，评审结果交由燃气行政主管部门进行初步设计批复。课题组建议对于大中型燃气工程由燃气行政主管部门（市燃气事务中心）组织初步设计评审，燃气行政主管部门进行初步设计审批；而对于小型的燃气工程项目，可由建设单位组织审查并出具技术审查意见，无须报燃气行政主管部门，造价部分由建设单位从上述专家机构库中摇珠选取的审核咨询单位审核，审核结果报燃气行政主管部门备案；对于概算评审而言，根据《政府投资条例》以及"12 号文"改革精神，课题组建议如涉及财政资金投入的建设项目，需进行财政投资项目评审（概算），其他项目可把概算内容编制纳入初步设计评审，不再单独进行概算评审。根

据《关于印发广东省工程建设项目审批流程图示范文本和主要审批事项清单的函》（粤建改办〔2019〕24号）以及"12号文"施工图文件联合审查环节，由建设单位委托同一家施工图审查机构对规划、建筑、消防、人防等进行联合技术审查，建议推行以政府购买服务方式开展施工图设计文件审查，取消施工图设计文件审查备案。"行政审批辅线"环节由建设工程规划许可与管线工程设计方案审查组成，并合并办理上述两事项。

施工许可阶段由燃气行政主管部门牵头。"技术评审主线"环节包括施工招标以及在项目开工前的管道安装告知监督检验（工业管道、市政燃气压力管道）。根据行政主管部门分工，市政燃气压力管道安装告知（监督检验）由燃气行政主管部门（市燃气事务中心）负责，工业管道安装告知（监督检验）由市质量技术监督部门负责。根据广州市的改革意见，在施工招标前置要件中，线性工程类建设规划许可证调整为设计方案审查复函或者工程方案通过联合评审的相关书面文件，取消招标文件事前备案，建议由招标人对招标文件的合法性负责。招标人在确定中标人后，向相关行政主管部门提交施工招标投标情况的书面报告。"行政审批主线"包含施工许可，合并办理质量安全监督登记。课题组建议燃气工程项目可根据改革精神，对于需要占用土地建设场站的建设工程而言，可采用分（阶）段发放施工许可，或参照水务工程项目，采用开工报告审批的方式取代施工许可。同时根据"12号文"的精神，广州市的重点项目绿色通道管理办法，如燃气工程明确纳入绿色通道，在用地、规划、设计方案稳定后，可先行施工许可。针对"行政审批辅线"中的用地审批手续办理，根据水务工程的经验，可采用（四选一）的合适方式，即自有国有建设用地再利用审核、办理土地划拨使用手续和《建设用地批准书》、国有建设用地供地审核、临时用地审批。针对无须新增建设用地的部分管线工程，开工前的用地手续可能会涉及各种主体的借地手续以及各类临时用地的补偿方案及手续。为了实现施工招标后的"真开工"条件，建设单位可以在施工许可证前（或者完成实施招标前）完成占用、开挖道路，涉林木采伐等相关许可手续。道路挖掘等专项许可事项可分段或者分阶段进行申报审批，在办理上述许可的过程中，如需要提供施工单位的相关资料，采用"容缺"受理或者"告知承诺"的方式处理。"行政审批辅线"还包括组织施工前的环境评价、安全预评价、节能审查、职业病危害评价、水土保持等事项，建议在方案稳定后开始开工前完成，部分事项可由建设单位自主把关或者委托中介服务按照规范设计论证，行政主管部门进行程序性审查。

竣工验收阶段由燃气行政主管部门牵头。在"行政审批主线"中的联合验收环节，建议由燃气行政主管部门牵头，各相关行政主管部门和单位联合验收，建议合并办理建设工程竣工验收备案、建设工程城建档案验收等事项，并由燃气行政主管部门统一出具联合验收意见。根据《城镇燃气管理条例》与广州市的改革精神，建设工程项目办理建设工程竣工联合验收后，由备案机关或通过信息系统将备案情况及相关资料向燃气行政主管部门共享进行燃气设施建设工程竣工验收备案，建设单位无须再另向城镇燃气行政主管部门单独备案。根据《特种设备安全监察条例》以及相关目录清单，相关行政主管部门对市政燃气管压力管道、工业管道进行特种设备使用登记。

上述的流程环节，体现以下流程再造的特点。第一，优化审批流程，梳理审批环节。流程整合审批事项，在各个阶段实行单一部门牵头，其他部门配合的方式，明确责任，督导事项办理；梳理审批环节，精简前置条件，取消无前后审批需要的各行政事项的串联审批，杜绝无意义的互为前置的审批流程。第二，推行行政审批和技术审查相分离的原则。根据"12 号文"的改革精神，"采取行政审批和技术审查相对分离的运行模式，后续审批部门提前介入进行技术审查，待前置审批手续办结后即予批复"。第三，优化完善中后期监督体系的架构。工程建设项目从建设方的角度而言，它是整体的、有延续性的完整项目，其他各参建单位如设计方、监理方、施工方等都是作为这一个项目的组成体，不断参与到项目的体系中。

（二）实行联审决策、联合验收等协同审批机制

课题组认为，由于燃气工程建设项目审批服务流程涉及多个行政主管部门以及单位、利益相关方，建议由燃气行政主管部门牵头，通过召集其他相关部门召开联席会议的方式进行联审决策，征求相关主体的意见，缩短征询权属单位意见时间，提高审批效率，缩短决策周期。燃气工程从立项用地规划、工程建设许可、施工许可到最后的竣工验收阶段，涉及多个部门，联审决策机制可弥补建设项目在审批流程过程出现征询公路、电信、水务、村镇用地以及地铁等权属单位意见损耗时间过长的问题。在工程建设许可阶段，建设工程规划许可证核发时可一并进行设计方案审查，并采用联合评议的方式统一征询各行政主管部门和权属单位的意见，可采用限时答复方式。在验收阶段，课题组建议由燃气行政主管部门牵头，各相关行政主管部门和单位联合验收，并由燃气行政主管部门统一出具联合验收意见。同时，课题组建议参考水务工程建设的经验，涉及竣工验收可采取在线平台网上办理与现场工作结合的模式，依托在线平台，对竣工联合验收工作实行网上监督、实时预警。

在具体操作中，相关方可通过联合验收系统在线提交验收材料，各方材料检视后再进行现场查看，以提高联合验收的效率。

（三）科学制定审批标准，推进分类监管模式

针对规模的标准认定问题，存在不同的划分维度。如按照类型划分，可划分为城市燃气输配系统、人工气源站、城市液化汽油储备站等类型。同时根据"12号文"中关于政府投资类工程项目，其规模认定是根据建筑面积和投资金额来核定的。综合上述认定标准，针对初步设计审查的审批受理范围，课题组建议大中型燃气工程的范围按照国家建设部《工程设计资质标准》（建市〔2007〕86号）中市政行业建设项目设计规模划分表，大于等于10 000万立方米/年的城市燃气配送系统为大型，小于10 000万立方米/年为中型，小区管网及户内管为小型；针对施工许可以及质量安全监督登记环节，课题组建议受理范围为城市门站后的高压（含次高压）燃气输配系统工程、跨区建设的城镇中压燃气输配系统工程。根据《城镇燃气设计规范》规定，高压（含次高压）管道压力范围为大于0.4 MPa，中压管道压力范围为大于等于0.01 MPa且小于等于0.4 MPa。其中，工程投资额在100万元以下（含100万元）或者建筑面积在500平方米以下（含500平方米）的房屋建筑和市政基础设施工程，可以不申请办理施工许可证。

针对初步设计和概算审批标准问题，根据《政府投资条例》的规定，"政府投资，是指在中国境内使用预算安排的资金进行固定资产投资建设活动，包括新建、扩建、改建、技术改造等"（第二条），以及"初步设计及其提出的投资概算是否符合可行性研究报告批复以及国家有关标准和规范的要求"（第十一条），课题组建议如燃气工程建设项目涉及预算内安排的财政资金投入，需进行单独财政投资项目评审（概算）和审批工作；如建设项目资金来源于企业自筹和（或）银行贷款，不涉及财政资金投入，其概算内容编制纳入初步设计评审，不再单独进行概算评审。

（四）推行分段报建施工，推行容缺审批机制

由于线性工程涉及的区域范围和利益主体较为广泛，课题组建议在符合安全监管原则以及改革精神下，参照"容缺审批"制度进行规划审批路径。例如对于燃气工程建设项目，施工许可证审批门槛较高，施工许可证可分多阶段发放。根据住建局的经验，施工许可证可采用"三阶段"办理、"两阶段"办理和整体办理三种模式。在"三阶段"办理时，建设单位首先获得规划设计条件先发施工许可证进行开挖，在总体规划都稳定后发第二阶段施工许可证，在用地规划的工规证、建规证等所有

手续全部办齐，发第三阶段施工许可证；在"两阶段"办理时，工程项目正负零以下阶段发放一张施工许可证，正负零以上阶段发放一张施工许可证；在整体办理时，建设项目所有前置条件手续准备齐全后，只发一张施工许可证直到施工封顶。由于燃气工程建设项目的设计较为多元，课题组建议可根据建设项目情况、不同布线管网及站场设计，选择不同的施工许可证审批发放模式，缩短建设项目的建设周期。

（五）完善企业主体责任制度，强化利用道德信用评价体系

首先，燃气行政主管部门及其他行政主管部门应加强巡查和处罚，增强部门联合检查的压力，促使燃气企业落实主体责任。课题组建议燃气行政主管部门严抓企业安全生产主体责任落实，强化燃气企业依法施工建设的意识。其次，除了政府承担监管主体以外，建设单位和施工单位同样要坚守企业主体责任。尤其施工单位可能为赶工期，在施工建设过程中出现不符合规范行为，容易诱发安全隐患。课题组建议建立施工单位红黑名单制度，实行信用分级分类管理，并且联合信用广州、信用广东以及信用中国等信用评价平台，对于失信企业和从业人员进行严格监管，将施工单位和从业人员违法违规、不履行承诺的失信行为纳入审批管理系统，形成全社会对信用管理的制约机制。最后，加快建立施工单位与建设单位之间形成监管机制。建议督促燃气企业开展自律性监测，主动公开信息，接受社会监督，督促其安装和完善在线监控措施，加强监控平台建设和值班值守，及时发现和处置问题。

（六）建立以"数据整合"驱动的燃气工程联合审批平台

针对当前燃气工程建设项目审批申报至少涉及四个不同的审批业务平台、部门间审批信息缺乏整合、部门间存在信息壁垒的现象，课题组建议充分利用现有"广州市工程建设项目联合审批平台"，加入燃气工程建设项目审批的模块。平台可横向连通市规划和自然资源、发改、住建、交通、水务、园林等 11 个相关审批部门及其他市政公用服务单位的专业系统，支撑跨部门联合审批和技术审查信息、信用信息、中介服务信息在审批过程中共享调用，纵向连通各层级燃气工程项目审批系统的枢纽节点，共享省市各类系统信息、电子证照、电子图纸，减少资料的重复提交。通过平台模块的引入，建立以"数据整合"为驱动的审批流程；通过联合审批系统业务系统、并联审批、联合验收、统计分析以及监督管理等功能，实施立项、规划、建设、验收的全流程管理和跟踪督办，实现跨部门的政务协同，提高行政效率。

参考文献

［1］曾维和.后新公共管理时代的跨部门协同：评希克斯的整体政府理论［J］. 社会科学，2012（5）：36-47.

［2］曾凡军.政府组织功能碎片化与整体性治理［J］.武汉理工大学学报（社 会科学版），2013，26（2）：235-240.

［3］吕俊平.整体政府理论探析［D］.济南：山东大学，2011.

［4］尤金·巴达赫.跨部门合作：管理"巧匠"的理论与实践［M］.周志忍， 张弦，译.北京：北京大学出版社，2008.

［5］斯蒂芬·戈德史密斯，威廉·埃格斯.网络化治理：公共部门的新形态［M］. 孙迎春，译.北京：北京大学出版社，2008.

［6］张立荣，曾维和.当代西方"整体政府"公共服务模式及借鉴［J］.中国 行政管理，2008（7）：108-111.

［7］胡宁生.服务型政府建构中政府流程再造的维度、阶段和类型［J］.南京 社会科学，2011（2）：89-94.

［8］刘晓洋.思维与技术：大数据支持下的政府流程再造［J］.新疆师范大学 学报（哲学社会科学版），2016，37（2）：118-125.

［9］明茨伯格.卓有成效的组织［M］.魏青江，等译，北京：中国人民大学 出版社，2007.

［10］戴维·奥斯本，特德·盖布勒.改革政府：企业家精神如何改革着公共 部门［M］.周敦仁，等译.上海：上海译文出版社，2012.

［11］戴维·奥斯本，彼得·普拉斯特里克.再造政府［M］.谭功荣，刘霞， 译.北京：中国人民大学出版社，2010.

［12］赵勇.推进流程再造与建设"整体性政府"：大城市政府构建权力清单 制度的目标指向［J］.上海行政学院学报，2019，20（1）：14-25.

广州市公共厕所长效管养机制研究

曾秀兰 李晓玲 梁仙敏 *

【摘　要】"小厕所"连着"大民生"。近年来,习近平总书记两次对"厕所革命"作出重要指示。本文对公共厕所的内涵进行"狭义""中义""广义"的界定,文章定位为对"狭义"公共厕所的研究;对广州市公共厕所的三种管养模式进行归类;总结广州市"厕所革命"取得的成效;分析广州市公共厕所管养中存在的问题及原因;借鉴国内其他城市和国外一些城市公共厕所管养的做法、成效及经验。在此基础上本文总结认为,公共厕所长效管养,加大公厕管养的经费投入是基础;政府多层推动、社会广泛参与是关键;专业化、标准化、市场化是必由之路;国有企业接管为主进行管养是可行路径;数字化、人性化、特色化是未来走向。

【关键词】公共厕所;长效机制;协同治理

---

* 曾秀兰,仲恺农业工程学院人文与社会科学学院教授、院长,主要从事城乡基层社会治理研究;李晓玲、梁仙敏,仲恺农业工程学院经贸学院 2020 级硕士研究生。

一、问题的提出及相关概念

（一）问题的提出

"小厕所"连着"大民生"，"小细节"展现"大文明"。2015年4月，习近平总书记对"厕所革命"作出重要指示。2017年11月，习近平总书记再次就旅游系统推进"厕所革命"工作取得的成效作出重要指示，并进一步强调"厕所问题不是小事情，是城乡文明建设的重要方面，不但景区、城市要抓，农村也要抓，要把这项工作作为乡村振兴战略的一项具体工作来推进，努力补齐这块影响群众生活品质的短板"。这充分体现了习近平总书记对百姓民生、城乡文明的高度关切，充分彰显了从小处着眼、从实处入手的务实作风。城市公厕管养水平在一定程度上反映了一个城市的治理水平和治理能力。研究广州市公共厕所管养机制有助于提升广州市城市文明程度，提升广州市民的幸福感，亦可助推城市治理能力现代化，提升城市治理效能。广州市近年来把"厕所革命"作为城乡文明建设重要方面抓紧抓严抓实抓细，将之与乡村振兴战略结合，推动实现老城市新活力，采取一系列措施不断增加公共厕所的数量和改善公共厕所的环境，取得卓越的成果。但是广州作为国际现代大都市，外来人员较多，且多地人流密集，给公共厕所的管养带来巨大的压力。如何巩固"厕所革命"取得的成效并构建长效管养机制，进一步提升广州市公共厕所的形象就显得尤为迫切。

（二）相关概念

1. 公共厕所

公共厕所起源于人类的聚居、城市的产生和社会的进化。公共厕所是指提供城市居民和流动人口完成生理排泄的公共场所。[1]《公共厕所设计导则》将公共厕所定义为在道路两旁或公共场所等处设置的厕所，服务对象是所有社会公民，具有强烈的社会属性。从社会功能上看，公共厕所是为公众的如厕行为提供轻松舒适的私密空间的场所，同时也是收集排泄物并做无害化处理、防止疾病传播的服务场所。日常生活中，公共厕所也被称为公共卫生间，一方面，它是以满足人的生理排泄需求为主的一种城市基础设施；另一方面，它也是一种体现人文关怀和城市精神的服务性基础设施。其同时具有公共性与私密性的特征。[2]公共性指布局需要满足合理方便寻找，同时卫生洁净，为人提供便利的如厕服务。私密性则指需要为如厕行为提供私密空间，增加人的心理安全感。

2. 公共厕所的"狭义""中义""广义"

公共厕所含义大致可分为狭义、中义、广义。狭义的公共厕所指由政府主管并直接投入资金建设，由市容环卫部门进行日常维护、管理的公厕，即环卫公厕。中义的公共厕所不仅包含政府直接出资并建设的公共厕所，还包含社会单位和其他投入建设的公共厕所，管养单位一般为政府的事业单位，如交通运输局建设管养的高速服务站公厕、客运站公厕；文化广电旅游局建设管养的旅游公厕；商业局建设管养的专业市场公厕；林业园林局建设管养的公园公厕；体育局建设管养的体育馆公厕等。广义的公共厕所指除了家庭私人厕所以外所有公共场所的公厕，包括建在城市道路旁、广场、车站、公园、高速服务站、乡村、地铁站、电影院、展览馆、私人餐馆等公共场所附近，或附建在公共建筑之内的公厕，是向公众提供方便和服务的设施。本文研究的公共厕所界定范围为狭义的公共厕所，即环卫公厕。

二、广州市公厕管养现状

（一）广州市公厕及管养模式

截至 2021 年 9 月 20 日，广州全市有 1 714 座市政府及其职能部门直接建设和管理的公共厕所，分别为越秀区 192 座、荔湾区 191 座、海珠区 196 座、天河区 178 座、黄埔区 267 座、白云区 266 座、番禺区 132 座、南沙区 84 座、从化区 34 座、花都区 116 座、增城区 58 座，仍有少数公厕在改造和新建中。

如今，依据其直接管养单位划分，广州市环卫公厕主要可划分为三种管养模式。

第一种模式为区城管局直属专门单位管养。此种模式下管养经费由区财政局直接拨款，公厕管养人员一般由少数事业编人员和多数合同制人员组成。城管局自聘人员，组成公厕维修队、巡检组、抽粪组、保洁员组等对公厕进行管养，其中保洁员占大多数。保洁员多为"夫妻档"驻点形式对公厕进行养护，即夫妻同时住在公厕旁的员工休息室，妻子负责女厕所的保洁，丈夫负责男厕所的保洁，人员结构较稳定，忠诚度也较高。公厕管养人员由区城管局垂直管理，责任划分明确，对公厕突发事件响应速度较快，但同时此种模式也存在公厕管养人员数量不足、专业化管养水平不高、用工成本较高等问题。越秀区、海珠区、天河区、黄埔区应用此种模式。

第二种模式为区城管局将管养下放到镇街环卫站、市政所。区城管局不对公厕进行直接管养，只负责公厕管养标准规范制度的传达，并对公厕的管养情况进行抽检、监督。管养经费由区财政局拨款到镇、街道，由镇、街道的市政所或者环卫站聘请人员对公厕进行管养，或者将道路清洁、垃圾分类、垃圾运输、公厕保洁等按区域公开招标环卫企业，由中标的环卫企业根据双方协议内容对公共厕所进行管养，一般情况下协议为2～5年。实地调研发现由市政所或环卫站管养公厕的占少数，大多数镇街都是购买环卫企业的公厕管养服务。此种模式下，对公厕的管养由环卫企业来运行，其更加注重员工工作效率的提高和管养成本的控制，节约公厕管养成本，同时，专业管养水平也较高。但此种模式下企业都是以盈利为目的，只根据承包协议内容的责任对公厕进行管养，应对协议责任外的情况，存在责任不清、不响应或响应速度慢的情况。同时，中标环卫企业每轮承包时间为2～5年，时间段较短，企业一般不采购费用高、科技含量高的公厕管养设施，严重限制了公厕管养水平的提高。白云区、花都区、南沙区、增城区应用此种模式。

　　第三种模式为区城管局直接管养和管养权限下放到镇街环卫站、市政所相结合。如荔湾区有3座景区公厕由区城管局直接管养，其余下放到镇街属地管养；番禺区有13座大夫山森林公园的公厕由区城管局直接管养，其余下放到镇街属地管养；从化区有3个街道的14座公厕由城管局事业单位直接管养，其余下放到镇街属地管养。此种模式兼具第一种、第二种模式的特点。

表1　广州市现有公厕管养三种模式比较表

公厕管养模式	公厕直接管养单位	管养经费来源	优点	缺点	模式应用区
区城管局直属部门管养模式	区城管局辖属部门	区财政局拨款到城管局辖属部门	人员结构稳定、员工忠诚度较高、责任落实到个人、能迅速响应突发事件	管养成本较高，人员数量较少，调配灵活度低	越秀区海珠区天河区黄埔区
区城管局下放到镇街管养模式	属地镇街的环卫站、市政所管养或者由镇街购买企业的公厕管养服务	区财政局拨款到镇街及镇街出资	企业化管养注重工作效率、管养人力成本较低、专业管养水平较高	突发事件责任不清，不响应或响应速度慢，严格控制成本，管养设施设备投入不足	白云区花都区南沙区增城区
前两种模式相结合的管养模式	区城管局辖属部门管养和属地镇街管养	区财政局拨款到城管局辖属部门和镇街	兼具两种模式的优点	兼具前两种模式的缺点	荔湾区番禺区从化区

（二）广州市公厕调查问卷分析

本次调查问卷主要采取线下与线上的方式，问卷总共发放 295 份，其中回收有效问卷 238 份，无效问卷 57 份。在所有的受调查人员中，87 名为男性，151 名为女性，年龄主要分布在 18～40 岁，41～48 岁、49～65 岁分别仅占比 10.92%、13.03%。

1. "六小件"配备情况

对于"您最常使用的公共厕所是否配备厕所'六小件'？"问卷结果，如图 1 所示，75.63% 的受调查者认为部分有配备，而"六小件"都有配备的仅占 20.59%，这说明公厕在物件配备上仍需改进。

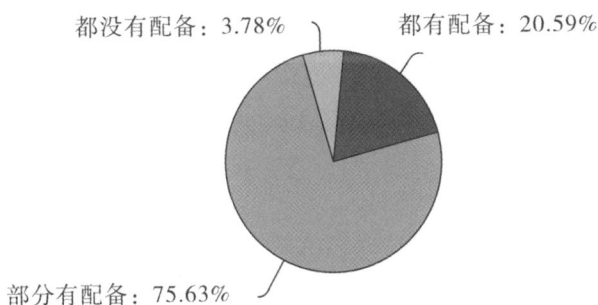

都没有配备：3.78%　　都有配备：20.59%

部分有配备：75.63%

图 1　"您最常使用的公共厕所是否配备厕所'六小件'？"问卷结果

2. 卫生状况存在问题

对于"您认为广州公共厕所卫生状况存在什么问题？"问卷结果，如图 2 所示，238 名受调查人中有 135 人觉得气味难闻，占 56.72%，其中同样有 115 人认为厕位没清理干净，占 48.32%，其次认为地面又脏又湿的有 94 人，认为垃圾多的有 59 人。由此可见，公共厕所卫生是困扰公众的主要问题。

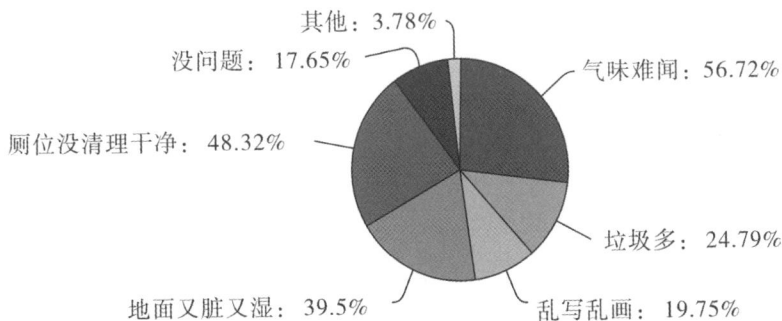

其他：3.78%

没问题：17.65%　　气味难闻：56.72%

厕位没清理干净：48.32%

垃圾多：24.79%

地面又脏又湿：39.5%　　乱写乱画：19.75%

图 2　"您认为广州公共厕所卫生状况存在什么问题？"问卷结果

3. 卫生存在问题的原因

对于"您认为广州市公共厕所卫生状况存在问题的主要原因是什么？"这个问题，问卷结果如图3所示。受调查对象认为人流量过大难以控制、公民素质不高、保洁员清理不及时是三大主要原因，分别占56.3%、50%、48.32%。此外，管理人员管理不到位占32.35%。由此可见，广州市公厕卫生状况不佳是多因素造成的。

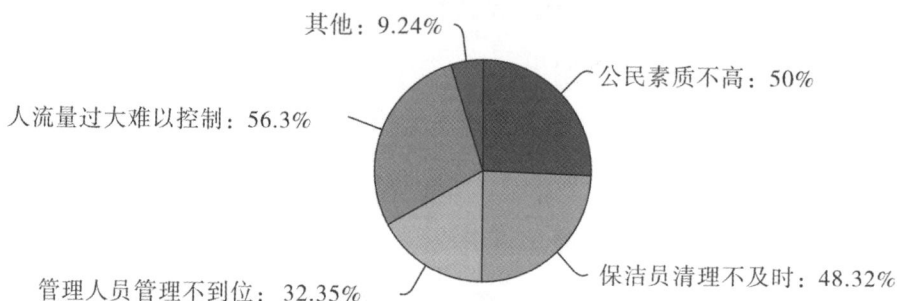

其他：9.24%

公民素质不高：50%

人流量过大难以控制：56.3%

保洁员清理不及时：48.32%

管理人员管理不到位：32.35%

图3　"您认为广州市公共厕所卫生状况存在问题的主要原因是什么？"问卷结果（多选）

4. 设施设备完好情况

对于"您使用广州市公共厕所时经常遇到的设施问题有哪些？"问卷结果，如图4所示，最严重的是缺厕纸，占66.39%。缺少洗手液、门锁无法关上、无法冲水也是困扰公厕使用者的主要问题，18.07%的受调查者认为缺少垃圾篓。

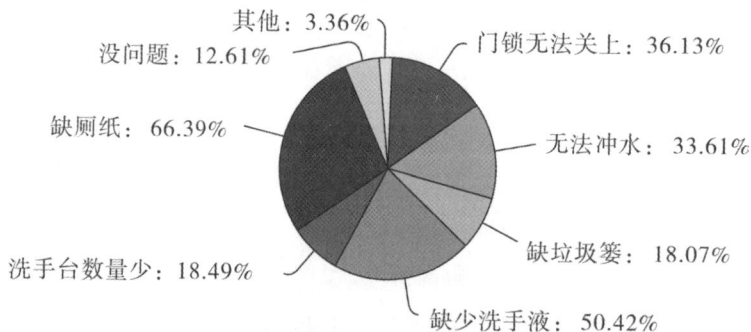

其他：3.36%

没问题：12.61%

门锁无法关上：36.13%

缺厕纸：66.39%

无法冲水：33.61%

缺垃圾篓：18.07%

洗手台数量少：18.49%

缺少洗手液：50.42%

图4　"您使用广州市公共厕所时经常遇到的设施问题有哪些？"问卷结果（多选）

5. 商业行为接受程度

对于"您可以接受公共厕所有广告、自动售货机等商业行为吗？"问卷结果，如图5所示，不接受公厕内含有广告行为的占17.23%，据调查所知，原因主要是受调查对象对于公厕的广告行为大多数还停留在门后、墙上手写或张贴广告的印象，认为会影响厕内整体环境。完全可以接受公厕内含有商业广告的受调查对象占

29.41%，勉强可以接受的占 38.24%，两者总占比为 67.65%，说明大部分人能够接受公厕内含有广告、自动售货机等商业行为。

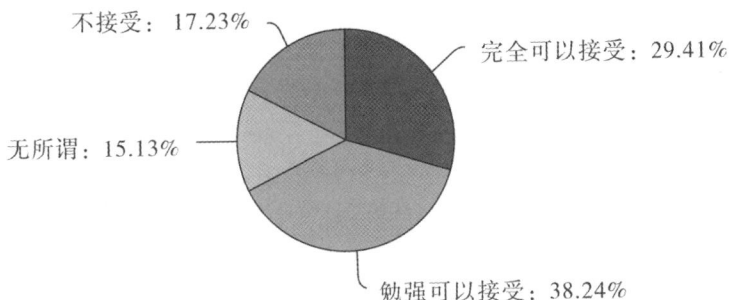

不接受：17.23%　　完全可以接受：29.41%
无所谓：15.13%
勉强可以接受：38.24%

图 5　"您可以接受公共厕所有广告、自动售货机等商业行为吗？"问卷结果

6. 寻厕花费时间

对于"请问您在广州寻找公厕一般需要多长时间？"问卷结果，如图 6 所示，几乎一半的人认为只需花 6～10 分钟即可在广州市找到公厕，29.41% 的受调查对象认为只需 1～5 分钟。由此可见，广州市公厕的数量及布局能够基本解决民众的需求。

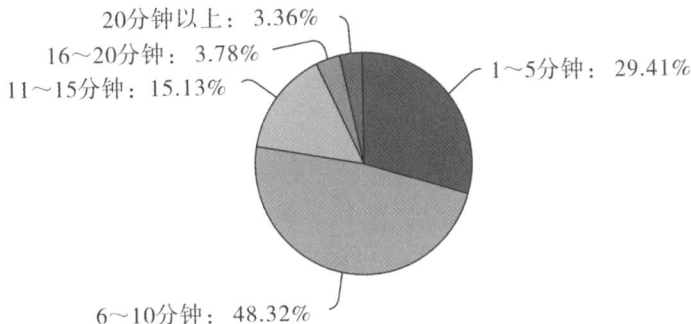

20分钟以上：3.36%
16～20分钟：3.78%
11～15分钟：15.13%
1～5分钟：29.41%
6～10分钟：48.32%

图 6　"请问您在广州寻找公厕一般需要多长时间？"问卷结果

7. 民众总体印象

如图 7 所示，在所有的受调查对象当中，对广州市公厕的总体印象满意的占 54.2%，认为一般的占 40.34%，不满意的仅占 2.52%。这说明广州市"厕所革命"的成效得到社会民众的认可。

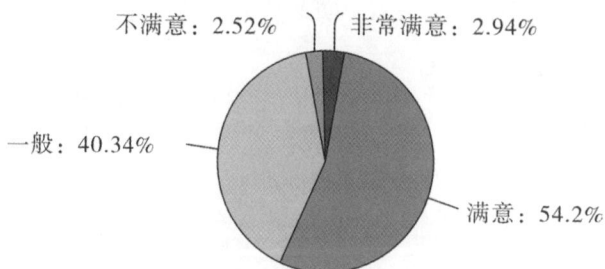

图7　"请问您对广州市公厕的总体印象是怎样的？"问卷结果

8. 公厕可改进之处

如图8所示，社会民众认为公厕环境方面，如地面干净、灯光明亮、通风透气等是最需要改进的地方，此部分受调查对象占70.17%；其次是设施诸如洗手台、吹风机、镜子等齐全，占39.5%。

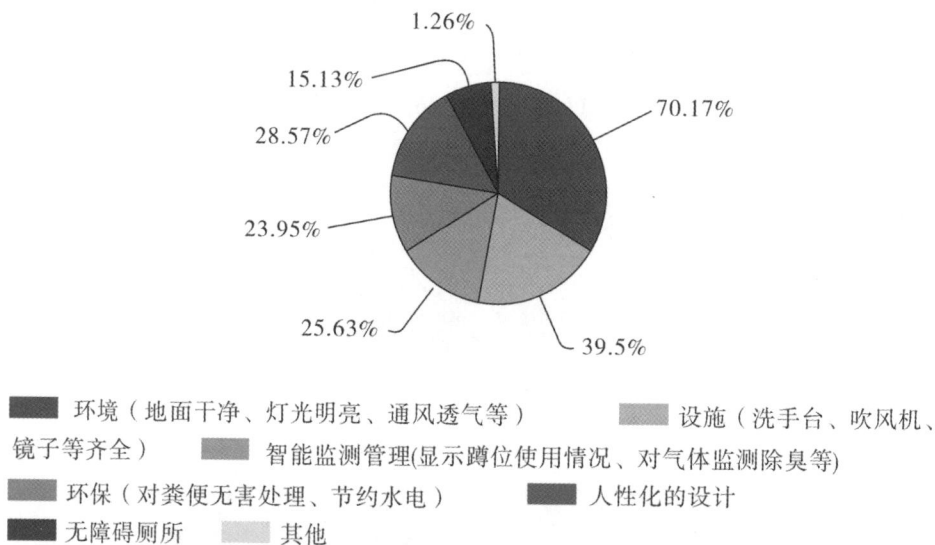

■ 环境（地面干净、灯光明亮、通风透气等）　■ 设施（洗手台、吹风机、镜子等齐全）　■ 智能监测管理(显示蹲位使用情况、对气体监测除臭等)　■ 环保（对粪便无害处理、节约水电）　■ 人性化的设计　■ 无障碍厕所　■ 其他

图8　"您最希望广州公共厕所在哪方面做得更好？"问卷结果(多选)

9. 心目中的广州公厕

根据"您心目中广州市公厕是什么样的？"问卷结果，如图9所示，95.38%的受调查对象认为心目中的广州公厕首选是明亮通风、干净卫生，有85.29%的受调查对象希望有纸巾、洗手液、除臭剂。除了能够基本保证使用之外，33.19%的受调查对象还希望有智能监测系统可以实时监测人流、气味、人脸识别取纸、蹲位情况和具备冷气、热水和取暖设备。

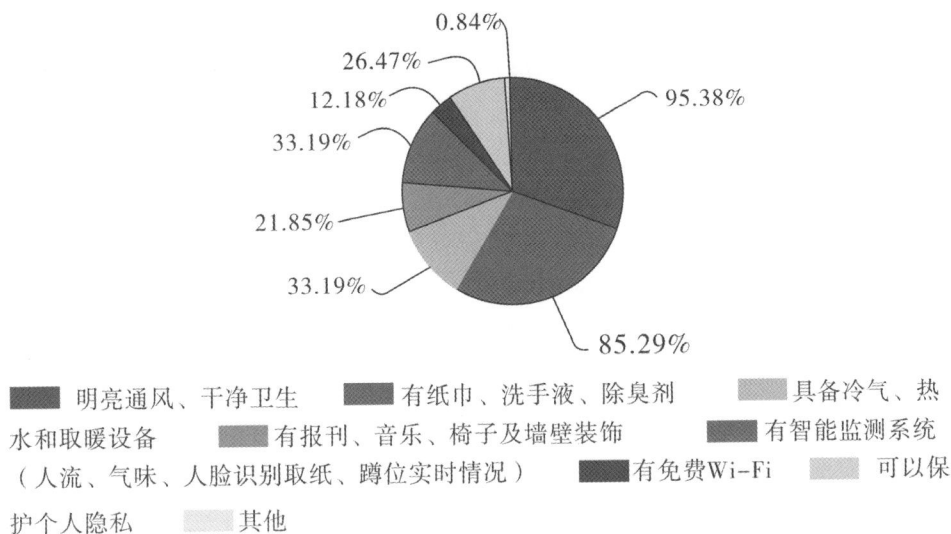

图9　"您心目中广州市公厕是什么样的？"问卷调查（多选）

三、广州市"厕所革命"取得的成绩

（一）公厕数量增幅较大

"厕所革命"是建设健康广州、美丽广州的关键一环。2018 年，广州市提出"厕所革命"走在全国前列的目标，制订 2018—2020 年"厕所革命"三年行动计划，计划完成 2 240 座公厕的建设，其中包括新建 654 座，升级改造 1 586 座。截至 2019 年 10 月底，全市共投入专项经费 6.5 亿元，实现投入最大、数量最多、进度最快、品质领先的预期目标，完成新建改扩建 2 840 座各类公厕。截至 2020 年 11 月，广州市已完成 4 133 座的建设任务，超额完成 1 893 座，完成率高达 184.5%，全面实现"三年计划两年完成"的工作目标，公共厕所数量增幅较大。

（二）公厕环境明显改善

广州市"厕所革命"三年行动计划中建设和升级改造的公厕外观明显改善，巧妙融入岭南文化特色、园林景观、城市现代风格等文化因素，形成独特的公共厕所。为集思广益，打造更洁净、更舒适、更环保的创新公共厕所，2018 年，广州市城市管理委员会更是举办了"厕所革命"设计大赛，鼓励广大设计爱好者为广州公共厕所出谋划策。分为室内设计组和建筑景观设计组两个组别向社会公开征集设计方案，优秀的获奖设计作品将优先采纳作为实施方案。历经 2 个月的作品征集期，大赛组委会共收到 283 件参赛作品，共 81 件参赛作品进入终审阶段。截至 2019 年，广州市共有 32 座公共厕所被评为 "最美公厕"，其中包括 6 座最美环境公厕，分别为天河区黄村东公厕、越秀区宏城公园公厕、市文化广电旅游局宝墨园光景楼公厕、番禺区城北公园南门公厕、白云区同德公园公厕、黄埔区创业公园公厕。

（三）公厕管理服务水平不断提升

广州市 "厕所革命" 取得成效，不仅表现在数量的增加，也表现在公厕服务质量不断升级，在全国起到良好的表率作用。在公共厕所的建设和改造升级中，其秉承建设和管理服务双重推进的理念和思路，更加注重人性化功能服务；提高了女性厕位的数量和比例，92% 的公厕男女厕位比例达到 2∶3 以上；每座公厕增加无障碍设施、扶手、挂钩、纸巾、洗手液等；针对有条件的公厕还分别单独设置了第三卫生间、母婴室，母婴室配备有婴儿床和独立洗手台、烧水器等。在新建公厕落地困难的地方，创新性使用装配式公厕，最大限度满足群众在公共场合的用厕需求。装配式公厕是一种新型、节能、环保的公厕，与传统的公厕相比，具有较强的优势。在选址避让耕地不占用基本农田的情况下免序报规和用地审批，有效破解公厕建设用地难的问题。其绝大部分都在工厂车间完成，现场主体安装的时间大大缩短，采用轻钢装配式建筑，建设公厕就像搭积木，把各种制作好的建筑部件运到现场进行拼装即可完成建造。装配式公厕在功能设计上，也非常注重细节和人性化，可按需增加女厕的数量，建设第三卫生间、残疾人扶手、救助按钮、烘干机、洗手台等。广州市因地制宜积极推进装配式公厕的建设，截至 2019 年 11 月 6 日，广州市的装配式公厕建设完成情况：完成 119 座，建设面积 5 084 平方米；在建 61 座，建设面积 3 421 平方米；完成和在建共 180 座，累计建设面积 8 505 平方米；待开工厕所 62 座，建设面积 4 230 平方米。

（四）出台广州市公厕建设与管理的地方标准

"厕所革命" 不仅仅是建设公共厕所，更重要的是要建立长效的管养机制，狠抓公共厕所的管理评价工作。为此，广州市制定出台了《广州市 "厕所革命" 三年行动计划（2018—2020）》《广州市公共厕所建设与管理规范》《广州市公厕日常管养预算指标》《广州市 "厕所革命" 评价办法》等规范性文件，确保广州市公共厕所的建设管理有规可依、有章可循。

（五）建设广州市公厕云平台管理系统

广州市利用信息化手段，解决市民群众和游客 "如厕难、难如厕" 等问题，建设广州市公厕云平台，该平台能够提供公厕分布、位置导航、公厕状态查看、问题投诉等内容。市民群众及游客可通过手机的定位功能，使用微信小程序"广州市公厕云平台""广州城管"微信公众号等，便捷地找到附近的公共厕所。据统计，广州已完成公厕数据普查，现已接入平台的公厕数量达 1 万座以上，其中，白云区、番禺区、天河区均完成了 800 座以上公厕"上图"工作。

（六）盘活社会厕所对外开放

广州市由于用地紧张和邻避效应，新建一座公厕十分困难，盘活一座具备对外公开的社会公厕就相当于新建了一座公厕。盘活社会现有公厕不仅节约资源，而且能进一步优化广州公厕的布局，弥补公厕数量不足的短板，从根本上解决市民群众和游客"如厕难，难如厕"等问题，为此广州市各区持续积极动员街道周边机关、企事业单位、服务业窗口等财政供养单位一楼内设厕所免费向市民群众开放，探索社会厕所开放共享新模式。与此同时，广州市统一了对外开放公厕的标志"OTG"（Opening Toilet of Guangzhou）标志由现代建筑 BOX 建筑形态、浪花及字母 O、T、G 等元素组成，是一个蓝色、近似六边形的标志。市民群众及游客见到此标志即可放心入内如厕。截至 2019 年 6 月底，全市已免费开放机关团体单位内设厕所 2 047 座，已有 1 763 座悬挂了对外开放标志。其中，越秀区（503 座）、天河区（324 座）、白云区（270 座）工作成效显著。

四、广州市公厕管养中存在的问题及原因

（一）广州市公厕管养中存在的问题

广州市自 2018 年开展"厕所革命"三年行动计划以来，民众对公共厕所的总体满意度不断提高，公厕卫生状况得到改良，某些地区的公厕数量、配件设施增加等，公共厕所的建设、管养水平与人性化在一定程度上得到了提高，但是由于没有系统科学的管养规范以及管养主体力量薄弱等，依然存在不少亟待解决的问题。

1. 管养主体人员不平衡不充分

通过走访发现，目前广州市的公厕管养主要存在三种模式：区城管局直属部门管养、区城管局下放到镇街环卫站、市政所管养以及前两者相结合。在这些模式下展现的问题主要有两点，一是公厕专职管理人员不足，一人多职。如增城区城管局中仅有一位公厕专职管理人员，南沙区城管局则管理力量薄弱、无公厕专职人员，事务繁多难以兼顾，管理难免有所疏忽，而且在后期维护不够及时，管养水平不高。

二是保洁人员缺口大。按照广州市《公共厕所建设与管理规范》中对于不同类别公共厕所保洁时长的要求，无论是哪种模式都存在环卫工人严重不足、大部分一类公厕保洁时长不足 16 小时、二类公厕保洁时长不足 12 小时的现象。以天河区为例，天河区一共 178 座公厕，按照 8 小时上班制，保洁时长为 16 小时，即每座公厕定人定岗每天需要 2 名保洁员，共需要 365 名保洁员。如果考虑保洁员的节假日调休需要替补人员则需要更多保洁员，而实际上天河区公共厕所管养单位——公共卫生间管理所，包含办公室人员、公厕维修班、巡检组、抽粪组一共才 265 人，其中保洁员人数只有 220 人左右，因此保洁员存在 145 人的缺口。公厕保洁人员的不足导致公厕的保洁服务质量难以保证，且个别公厕开放时间未达到标准要求，民众夜间如厕存在困难。如果要达到保洁与开放要求，保洁人员加班情况就会变多，涉及经费投入。

2. 企业民众管养参与度低

目前，管养单位主要是政府部门，除了街镇外包模式下由中标企业进行管养之外，有少数几个企业或地方物业参与养护进行"以厕养厕"新思路的拓展，而民众很少参与到公共厕所的管养当中。公厕养护中标企业在管养的时候只会统一标准，完成合同任务即可，如同机械作业，一旦出现新的状况一时难以协调，应急响应慢。在"以厕养厕"的案例中，中标企业都是为了提升企业或地方物业的利润价值才参与公厕的管养，民众几乎是很少涉及管养，他们更多的是仅使用公厕，只需要公厕能够缓人之急、方便快捷，在这个程度上民众对于公厕的管养没有参与感。

3. 脏乱差臭现象依旧存在

根据调查问卷结果显示，大部分的人认为公共厕所存在气味难闻、厕位没清理干净、地面又脏又湿、垃圾多等现象。很多人不注意文明如厕，例如在女厕内有使用者认为马桶极不卫生，双脚蹲在马桶上方便；不注意下蹲的位置，使尿液四溅、便出池外；将女性卫生用品掷入便池内；乱扔便后厕纸甚至便后不冲水等。在男厕内有使用者往便池内扔烟头，尿到便池外，在马桶上小便，便后不冲水等。除以上个例，男女厕所均存在以下共有的不文明行为，如：破坏公厕设施；顺手牵羊，带走厕所内部分公共用品；在公厕内随意涂鸦；乱张贴小广告；洗手后不关水龙头；洗手时，将水开得过大，使水花溅到池外或地下，有碍清洁卫生；在公厕内随地吐痰；利用公厕水资源洗车、洗澡；等等。

4. 部分保洁员缺乏积极性

保洁员对工作普遍缺乏积极性。除去保洁厕所是脏活、累活的客观原因，管理上不存在多劳多得的制度，导致保洁员普遍缺乏积极性和责任心，只干好眼前的活，到点就走，对工作没有满足感、认同感和收获感。并且保洁员素质有限，对于公厕的养护不重视；部分保洁人员素质极差，对待用户态度恶劣，清理工具随意堆置；没有认真、仔细、尽责地清洁公厕，出现工作怠慢等情况。由于保洁员相关的种种原因，部分地区存在的卫生问题仍旧比较严重。尤其在人流量大的地区，厕所不能保持整洁，环境欠佳，经常脏、乱、臭等，也存在脏污、地上积水没有及时清洁，废纸没有入篓等现象。

5. 人性化服务程度有待提高

"厕所革命"以来，公厕的设施配套及功能分区越来越人性化，特殊、弱势群体的如厕问题得到了很大改善，但是部分公厕仍未能充分考虑特殊、弱势群体的需求，即使设置了相应的设备，却形同虚设，对于实际解决问题作用不大。如部分公厕外树木太多，导致阴暗潮湿，老人感觉坐厕偏冷；部分母婴室或无障碍卫生间锁上门，不能及时缓人所急；携带异性小孩如厕现象依旧存在。部分公厕的标志过于隐蔽，尽管有公厕的标志，但由于所建之处过于隐蔽，行人难以找到，或者公厕不符合标志所指示的位置，后期建成没有加以完善，导致公厕难以被人找到并使用。部分新设备体验感不佳。如在免费供纸设施上，部分民众尤其是中老年人担心人脸识别的方式可能会泄露隐私，甚至部分老人不知道如何使用。男女厕位的数量比例不科学。事实上，女性对于厕所的需求量更大，需要在往后的厕所建设中对男女厕位数量进行结构性调整。根据访谈过程中收获的部分意见，公园以及景区的公厕在人流量大的时候会不分男女，这不利于保护民众的个人隐私，造成不良好的社会风尚，增加女厕数量迫在眉睫。

（二）广州市公厕管养中问题存在的原因

根据问卷结果及实地调研情况显示，人流量过大难以控制、公民素质不高、保洁员清理不及时、管理人员管理不到位是广州市公共厕所问题存在的主要原因。由此可见，在今后的管养中，还应当增加基层人员的管理设置及宣传教育等。

1. 公厕管养缺乏规划监督不力

"厕所革命"以前受传统思想的长期影响，厕所问题一直不被重视，管理者对城市的规划缺乏整体意识，很少将厕所建设及管养纳入城市规划中来。管理者公共服务意识淡薄、管理理念的偏差引发公厕数量不足、布局不合理、华而不实等诸多问题。再者，个别管养单位不重视人员调配的制度安排。在访谈中笔者发现，部分保洁员认为上级没有具体地了解下级的工作情况，因此在分配工作任务时有所偏颇，比如管理人员没有根据各地厕所的实际人流量合理安排上班时间、工作人数。上级也没有适当采取鼓励措施促使保洁员发挥保持厕所整洁的积极性，在人流量大的时候，保洁人员很难保证厕所的干净和整洁，然而管理人员只是要看到结果并按照制度机械地安排每个时间段固定人数，这不仅增加了保洁员的工作负担更削弱了其对工作的积极性。此外，后期管理维护不及时的现象层出不穷。管养单位虽有巡查监督小组对每座公厕进行日常清洁、设施配件等的监督检查，但是上报之后各地物件配备不统一、采购需耗费一定时间，导致维护人员未能及时到位。

2.　财政经费投入严重不足

财政经费投入严重不足是调研中反映较强烈的问题。调研组走访了广州市 11 个区发现，除了南沙区、天河区经费相对充足之外，其他区财政对公厕管养的投入严重不足。要按照广州市出台的标准进行公厕管养，经费缺少接近一半，在笔者进行调研的广州市黄埔区环卫美化服务中心当中有 75 座环卫公厕，管养经费每年共拨款 600 万～ 750 万元，每座公厕平均 8 万～ 10 万元进行分摊，按照保洁标准至少需要 150 名保洁员，按照最低工资标准 2 520 元 / 月，加上五险一金、加班费等至少需要 4 000 元每个月，每人每年约 48 000 元，总人工费用就占了 720 万元，几乎已经占用了拨款的全部，剩余经费难以支撑水电费、低值易耗品费用、维修费用、污水处理及抽粪费用等。

在中国，公共服务尤其是基础设施类公共服务，大部分由政府供给。公厕作为基础公共服务设施的一种，供给资金主要来源于地方政府的财政预算支出，市场投资较少，融资渠道狭窄。中国目前总体上是一种经济建设型财政体制，财政支出主要集中在经济建设方面，公共服务方面的支出占财政总支出的比重偏小。政府单一供给模式以及财政资金投入的不足，严重影响了公共厕所的管养质量。现阶段我国中央和地方政府对于"厕所革命"的财政支持较弱，没有建立专项资金进行支持，尤其是经济发展水平较低的地区，由于地方政府缺乏管养资金，对"厕所革命"有心无力，导致公厕管养存在地区间发展不平衡问题。此外，政府财政资金投入不足直接导致公厕后期运维资金的短缺。一方面，公厕管理人员的工资难以支付，导致公厕保洁人员配备不到位，卫生状况不佳。另一方面，公厕建成后维修、养护资金的匮乏，导致损坏的设施不能及时得到维修，影响使用者的如厕体验。

3.　管养体制机制不完善

部分地区对于公厕的日常监管形同虚设，轻视监督考核现象较为突出。一方面，公厕管理内部监督机制不健全。上级部门对下级部门的监督不能落到实处，同级之间也睁一只眼闭一只眼，导致打扫时间不规范，垃圾不能及时清扫，公厕设备维修不及时。在访谈过程中，部分保洁员反映上级不重视人员的调配，不理解以及不了解他们所负责的工作，没有严格按照人员分配制度对公共厕所进行管理。在目前调研的过程中，发现下级与上级的关系普遍存在一些问题，如下级不理解、不服气上级的安排以及任务指标，上级认为下级没有很好地完成自己定的指标等。所以，管理人员与保洁人员的关系值得重视，只有良好的上下级关系才能更好地为建设和发展广州公厕助力。而由于管养单位懈怠，没有对包括保洁员在内的员工采取适当的激励机制，导致他们工作态度不积极，只是做好"分内事"。在进行监督检查时，较多出现应付式检查。另一方面，社会监督机制不健全。在走访中有民众反映没有使用反馈渠道去诉说自己在使用公共厕所时遇到的困境及改进的建议。民众监督渠道不通畅，监督投诉电话有的形同虚设，导致民众常常投诉无门有苦难言。此外，社会媒体对公厕的关注度不高，相关报道多为"厕所革命"取得的成就，不能有效地起到社会舆论监督的作用。[3]

4. 专业人才与人力资源薄弱

大家仍习惯性地把与"厕所"有关的职业划定为社会底层工作，认为就该是"没文化""卖苦力"的人该干的事。职业本就没有高低贵贱，再加上公众的抱怨，折射就业歧视链仍在，公厕专职管理人员十分稀缺。

随着物质生活的提高，人们渐渐开始认识到厕所给生活品质带来的影响，也对厕所的卫生、环境等方面要求越来越高。但由于全民的厕所卫生意识尚有一定的局限性，所以大多数人还是认为厕所是一个"肮脏"的地方，是一个"难登大雅之堂"的污垢之处。很多家长会对孩子说"不好好读书，将来只能扫厕所"之类的话，认为清洁厕所的工作是低人一等的。没有多少人愿意去从事这样一类的工作，与之相关的厕所清洁活动也少有人倡导。因此，保洁人员相当缺乏且大多数保洁人员都是外地人。

5. 宣教力度弱且部分民众素养不高

如厕虽小事，也要讲素质。小小的厕所，最能反映一个国家、一个民族、一个社会、一个团体的文明程度。厕所是一扇小小的窗口，但它能最真实地检验公民的文明素养。人流密集区和景区如厕人员流动性较大且来自不同地方，同时也不乏部分如厕人员素养不高，这是公共厕所脏乱差现象存在的一个不可忽视的原因。

民众的如厕习惯根深蒂固，一时难以改变，加之目前对于民众文明如厕的引导仅限于标语以及人们内心思想的推动，文明如厕宣传教育十分不足，包括宣传普及面不广、思想教育力度弱，难以使得民众达到自觉维护公共产品的高度。媒体、学校、社区、单位等对这方面的宣传和教育工作也做得相对较少，"文明如厕"的卫生意识尚未得到注重及培养，大家还没有充分地认识到，厕所的卫生清洁是需要大家共同来维护、保持和重视的。

五、国内外公共厕所管养成功经验借鉴

他山之石，可以攻玉。国外的美国、日本、德国、韩国、新加坡等国在公共厕所管养方面作了较好的探索，可提供一定的经验借鉴。

一是充分利用社会团体普及厕所文化。日本和德国的很多地方就有对儿童关于文明如厕方面的教育，日本甚至每年还会举办"少儿厕所研讨会"，韩国设立了卫生间文化市民联盟，新加坡设立了洗手间协会，充分利用社会团体组织推进厕所文化建设。

二是公厕设计体现人性关怀、绿色生态。如为马桶使用者提供马桶消毒纸巾、提供免费的厕纸和洗手液，儿童有专门的小号坐便器等，为公众提供更好的如厕体验。[3] 充分利用科技为生活服务，尤其是日本和德国，还设计出了能测量血压和心跳的马桶，自动智能化开门及冲洗装置，极大地提升了如厕舒适度。

三是制定严格的法律保障公厕有效供给。如韩国制定了《厕所法》，以立法的形式保障了公厕的建设和管理，使其有法可依。新加坡通过制定严格的法律来规范公民的如厕行为。德国通过立法保护弱势群体的如厕权利。美国《宪法》将保护和促进公共卫生基本法律责任授予各州。[3]

四是专门部门定期巡查服务和如厕情况。美国"州公共卫生法律示范项目"是一份法规技术文件，要求所有公厕都要由指定的公共卫生部门监督检查；新加坡的环境卫生管理部门通过定期便服巡查，不仅提升服务水平，还能够增强民众文明意识与公厕管养参与感。

国内的北京、上海、株洲、宁夏在公共厕所管养方面进行了较多的探索。上海和株洲的人性化服务，北京的市场化运作、智能化管理，宁夏的党委和政府高位推动等，都呈现出显著的效果，这些经验可为我国公共厕所建设及管养提供有益参考。

六、广州市公共厕所长效管养之路径探讨及建议

课题组认为，加大公厕管养的经费投入是基础；政府多层推动社会广泛参与是关键；专业化、标准化、市场化是必由之路；国有企业接管为主进行管养是可行路径；数字化、人性化、特色化是未来走向。

（一）全方位加大管养经费投入

加大公厕管养的经费投入是基础，要多渠道筹措公厕管养经费。

第一，政府应足额拨款公厕的日常管养经费。严格按 2018 年出台的《广州市公厕日常管理经费预算指标》中规定的一类公厕专人定岗保洁 14 184.78 元每厕位 / 年、二类公厕专人定岗保洁 12 055.89 元每厕位 / 年、三类专业保洁队伍巡回保洁的 6 542.56 元每厕位 / 年足额拨款。另外，也应在人流集中的公厕加大环卫智能设备的投入，比如运用自动冲水装置、空气质量智能监测系统、自动开启照明、除臭系统、智能占位显示系统等。同时，应结合广州的物价水平提高环卫工人的薪资待遇，并积极开展各种节假日环卫慰问等活动，提高环卫工人的工作热情和职业荣誉感，确保环卫工作保质保量完成。

第二，探索允许环卫公厕内外设置广告及商业经营，将厕所广告位进行拍卖。广告收入投入公厕管养经费。为了弥补公厕管养经费的不足，需大胆探索"以厕养厕"的新路子、新办法。可积极探索环卫公厕内外允许设置广告和进行适度经营，广告和经营收入专款专用到公厕管养中，弥补公厕管养费用不足的缺口，为公厕管养提供一定的经费保障。如今，非政府管养的厕所，如广州部分商场、餐饮场所的内设厕所，已有一定的商业经营行为，比如在镜子内设置电子屏幕以容纳商业广告，设自动售卖机贩卖各种小商品等。环卫公厕可大胆进行探索，走出城市公厕管养的新路子。

第三，发动有实力的企业主动承担公厕管养的社会责任。一方面，可以多企业就近认领同一个公共厕所进行管养，对其进行日常管理、后期维护等；另一方面，公共厕所相关消耗产品生产企业可以通过打广告的方式提供免费的相关消耗产品，减轻财政负担。此外，还可鼓励实力雄厚的企业家自愿捐赠。

（二）政府多层推动社会广泛参与

政府自上而下的推动是关键。公厕长效管养是一个系统工程，需要政府主导，相关部门齐抓共管，发挥社会和企业的作用，共建共治共管。

第一，以政府为主体成立公厕管养领导小组，完善相关管理办法，加强各层级的监督。建立部门联席会议机制，全程指导资金运用与后期管养，并制定好厕所长效管养行动方案，纳入政府为民办实事年度计划。要完善公厕管养的相关管理办法，规范和指导相关工作。此外，需建立数字化公厕管理法规条例，助力智慧公厕发展。

第二，推广越秀区管养公厕的成功经验，设置所长制三级管理模式。由区城管局辖属的公厕管养单位领导任所长，再将整个区划分为若干片区，设立二级片长，片区下再分成若干队，设立三级班长，班长直接管理所管辖公厕的保洁人员，形成三级所长制，班长向片长负责，片长向所长负责的金字塔模型，责任和义务层层压实到个人，落实公厕"分管责任、巡管责任、执行责任"三级责任人。

第三，建立专门的非营利性的社会团体，强化非营利性社会组织基础建设。大力推进非营利性社会组织孵化中心的建设，培育一批为社会直接提供服务的社会组织和拥有巨大社会潜在价值的非营利性社会组织，如公共厕所协会、公共卫生间协会等，通过这些机构团体对公共厕所进行一部分的管理与经费投入。

（三）落实专业化、标准化、市场化运作

公厕长效管养，专业化、标准化、市场化是必由之路。

第一，要搭建公厕管养专业人才队伍。公厕管养也需要专业化，专业化才能有助于达到标准化。有关部门要组织公厕管养专业人员定期参加技术培训，定期开展公共厕所管养交流研讨会等，探索出一套符合公共厕所管养特色的人才培养体系。要通过积分入户、积分享受购房补贴、子女入学等举措激励管养人员创新公厕管养模式，提升管养效能。

第二，要建立健全公共厕所管养的标准体系。要求保洁员对公厕的保洁频次、质量标准等作业都依据一套量化指标。如公厕应达到"四净三无两通一明"（地面净、墙壁净、厕位净、周边净，无溢流、无蚊蝇、无臭味，水通、电通，灯明）标准。要求保洁公司制定严密的作业规范，多举措加强辖区公厕精细化管理水平，确保服务到位。同时，硬件设施与软件应用统一标准，从源头开始对公共厕所进行标准化管理，为后面的管理与养护奠定基础。

第三，积极探索市场化模式。公厕管养的市场化有助于达到专业化和标准化。从长远来看，专业化、标准化、市场化是必由之路。就目前来说，公厕管养有三种模式，其中也包含了市场化模式。市场化是可行路径，关键是如何走市场化以及如何完善市场化的路径。从多年走过的市场化路径看，公厕管养委托给第三方来承包

（即市场化）总体思路是对的，但承包的市场主体太多不利于监管，应集中少量的有实力的市场主体。另外，可进一步探索"以厕养厕"；可积极探讨公厕"1+N 驿站"新模式，即以公共厕所为主体，根据实际空间的大小及人流量情况设立"N"个驿站，如在公共厕所内设立自助贩卖机、充电宝机柜、共享雨伞、健康驿站等，最大程度增强公共厕所的社会功能，给市民、游客带来便利和舒适的同时，也可为公厕管养筹备部分资金。

（四）有条件地以国有企业接管为主进行管养

公厕管养的市场化已经有多年的探索。但具体运作存在不少问题。主要是市场主体太多，中标企业实力不足，为了节省成本，管养不规范，难于监管。为此，研究认为，国有企业接管为主进行管养是一条可行路径。可以引入 PPP 模式，通过签订合同等手段，明确双方的权责，使双方合理分担风险，共享收益，实现双赢。也可实行环卫一体化。广州市可探索由广州环保投资集团有限公司或者是实力强的社会企业承担管养。这些大企业专业性强，能够长期进行管养，可以达到公厕运营与管养标准统一、质量统一的效果。要创新管理模式，将市场机制引入基础设施和公共产品及其服务，提高服务质量和效率，通过采购公共服务将公共厕所的运营与管养授权给国企通过合同形成的长期合作关系，为社会提供基础设施以及公共产品和服务，并在二者之间进行合理的风险分配，使提供的公共产品和服务比传统的政府采购模式更具优势，实现利益共享。[4]

（五）迈向数字化、人性化、特色化的管养之路

第一，运用大数据技术，打造智能化管理应用场景。充分利用大数据、人工智能、云计算和区块链等数字技术，形成与公共厕所匹配的数字化分析、营销、管理、维护等全方位的多向性的互动，推进业务一体化融合，进行数字化改造，加强数字公厕建设，促进社区交往、信息和资源的交换与共享。

第二，进一步提高人性化服务水平。践行以人民为中心的发展理念，落实"我为群众办实事"工作要求，全力推进公厕服务再提升。在公厕内提供免费扫码取纸服务和便民雨伞，进一步完善第三卫生间、残疾人无障碍设施、婴儿护理台、宝宝椅等设施，给特殊群体更浓的人情味。倡导公厕与休憩场所进行合建，有条件的公厕可配置休憩家具、直饮水、无线上网、充电宝等便民设施，逐步形成综合性便民服务平台，以此提升整体服务水平。

第三，将文化融入公厕建设和管养中，体现广府特色。小厕所大民生，小厕所

还应是大文化。公厕不仅能反映出一座城市的文明，还能反映一座城市的文化。公厕力求功能上的多元整合，设计风格要与城市景观相协调。同时，在公厕改造及管养中要体现广府特色和区域特色。可将岭南文化、广府文化融入其中，不同地段的公厕可融入不同区域的元素，既有传统元素，也有现代元素；既有经济、科技的，也有文化、饮食、市井生活的，逐步形成公厕的"一区一品牌""一厕一特色"。不久的将来，希望广州公厕有望变成一个街头"景点"，成为宣传广州的另一个窗口。

参考文献

［1］胥传阳，顾承华．公厕管理概论［M］．上海：同济大学出版社，2005.

［2］倪玉湛．公共厕所双重属性的演变及其重要性浅析［J］．山西建筑，2005（1）：10–11.

［3］祖敏．公共服务视域中的"厕所革命"研究［D］．徐州：中国矿业大学，2020.

［4］姚胜男．我国城市公共厕所建设中PPP模式的探索［D］．长春：吉林大学，2020.

建筑废弃物资源化处置研究

尹来盛[*]

【摘　要】伴随着城市化的发展，城市建筑废弃物处置成为城市发展中亟待解决的问题。本文通过问卷调查、实地走访、深度访谈、专家座谈等方式，对广州市建筑废弃物的数量、种类、分布、处置等问题进行了深入分析，得出了建筑废弃物增长速度块、处置设施不足、资源化率较低、制度建设还存在短板等结论。结合广州市城市发展实际，并与北京、上海、深圳等一线超大城市进行横向比较，预计未来广州建筑废弃物产生数量仍将保持高位，迫切需要采取措施促进建筑废弃物减量化、资源化、无害化处置。综合国内外典型国家和城市的发展经验，最终提出了九个方面的政策建议，具体包括实施全过程管理、提高资源化的强制性、科学制订规划、加强政策扶持、完善标准规范、建立信息平台、加强区域统筹、强化企业引导、发挥国企优势。

【关键词】建筑废弃物；邻避效应；资源化处置

---

　　[*]　尹来盛，广东财经大学人力资源学院副教授，城市与区域治理研究中心主任，主要从事城市经济与区域经济研究。

一、提出问题

建筑垃圾资源化利用是促进循环经济发展、节能减排和实现可持续发展的重要举措。我国政府于 2005 年 3 月颁发了《城市建筑垃圾管理规定》，要求对建筑垃圾进行强制性管理，规定"建筑垃圾处置实行减量化、资源化、无害化和谁产生、谁承担处置责任的原则"。2009 年施行的《中华人民共和国循环经济促进法》中专门设立"再利用和资源化"一章，针对建筑垃圾资源化利用政策进行了原则性规定。2013 年初，国务院发布《绿色建筑行动方案》，将"推进建筑废弃物资源化利用"作为重点任务之一。2015 年 4 月，国家发改委出台《2015 年循环经济推进计划》，明确提出了推动建筑废弃物资源化的计划，决定加快试点省建设步伐，标志着我国建筑垃圾资源化利用进入政府指导下的推进阶段。2016 年 2 月，《关于进一步加强城市规划建设管理工作的若干意见》中首次明确提出"力争用 5 年左右时间，基本建立餐厨废弃物和建筑垃圾回收和再生利用体系"的时间表。2016 年 3 月，《国民经济和社会发展第十三个五年规划纲要》明确提出，加快建设建筑垃圾等资源化利用和无害化处理系统。2020 年，住房和城乡建设部《关于推进建筑垃圾减量化的指导意见》（建质〔2020〕46 号）提出："落实企业主体责任。按照'谁产生、谁负责'的原则，落实建设单位建筑垃圾减量化的首要责任。"《中华人民共和国固体废物污染环境防治法》（2020 年修订）第六十二条指出："建立建筑垃圾全过程管理制度，规范建筑垃圾产生、收集、贮存、运输、利用、处置行为，推进综合利用，加强建筑垃圾处置设施、场所建设，保障处置安全，防止污染环境。"以上法律和政策规定为建筑垃圾的资源化处置指明了方向。

在我国全面推广建筑垃圾资源化，节约资源和保护环境，已成为新时代一项十分紧迫的战略任务。为了加强建筑垃圾管理，保障城市公共安全，保护和改善生态环境，促进经济社会可持续发展，打破资源与环境的双重困境，促进广州生态文明建设及资源节约型、环境友好型社会建设和建筑废弃物等"城市矿产"的开发利用，2011 年广州市制定了《广州市建筑废弃物管理条例》。2013 年 7 月，广州市政府常务会议审议通过了《广州市建筑废弃物循环利用工作方案》和《广州市建筑废弃物循环利用的主要技术路径》，探索广州市建筑废弃物在工程建设领域循环利用的有效途径，提出广州将建立"政府主导、企业投资、特许经营、市场准入"的建筑废弃物循环利用运行机制。为深入推进建设领域资源节约工作，推广使用建筑废弃物再生建材产品，广州市 2014 年出台了《广州市建筑废弃物再生建材产品推广使用办法》。2015 年广州市城市管理委员会等部门联合出台了《广州市建筑废弃物综合利用财政补贴资金管理试行办法》。2019 年，为进一步提高建筑废弃物资源化再生建材产品在各类建筑工程领域的使用率，提升建筑废弃物资源化利用水平，广州市城市管理和综合执法局发布《关于进一步做好建筑废弃物资源化再生建材产品推广使用相关工作的通知》。

二、研究设计

（一）研究思路

党的十九大报告明确提出："建设生态文明是中华民族永续发展的千年大计。"面对资源的约束趋紧，生态系统退化的严峻形势，必须把生态文明摆在突出地位。改革开放以来，我国进入一个大规模建设时期，城市建设日新月异。与此同时，大面积的旧城改造和城市更新使得广州建筑废弃物的产量逐年剧增。建筑废弃物回收利用产业的发展是缓解我国建筑业和环境、资源矛盾的重要举措，是可持续发展的必然要求。建筑废弃物资源化处置工作是目前广州超大型城市治理的重点和难点问题。迫切需要加强建筑废弃物管理的科学性、规范性，提升管理效能。本文深度剖析国家、省、市三级政府在建筑废弃物资源化处置方面的政策文本，通过问卷调查、实地走访、深度访谈等方式，具体阐释广州建筑废弃物资源化处置现状及存在的问题，在梳理借鉴国内外先进城市在建筑废弃物资源化处置经验的基础上，提出若干适合广州建筑废弃物资源化处置的政策建议。

（二）研究方法

采取实证分析方法，在现状调查的基础上，定性分析与定量分析相结合，广泛听取专家、部门、企业等意见，综合形成调研报告。

1. 现状调查

按照工作要求，深入相关政府部门、建筑废弃物产生单位、处置单位、建筑废弃物消纳场，对广州市建筑废弃物处置现状开展调查，着重了解建筑废弃物来源、运输路径、资源化处理方向、资源化处理设施布局现状，夯实调研方案的微观基础。

2. 分析研究

基于现状基础资料，运用科学定量分析方法，进行广州城市建筑废弃物发展预测，同时结合政策条件、资源优势、国内外环境等定性研究，分析建筑废弃物资源化利用的科学规律，并提出切实可行的政策建议。

3. 咨询论证

广泛听取相关部门、企业、专家等的意见，并通过座谈会的形式，组织人员对研究成果进行把关，提高调研项目的科学性、合理性和可操作性。

（三）研究内容

在深入调查广州建筑废弃物的基本情况、相关政策法规、资源化发展现状、资源化的技术与工艺水平、技术装备发展现状、典型企业与案例等情况的基础上，总结以往经验教训，着重分析当前的主要问题、突出短板及其主要原因和关键症结，梳理对建筑废弃物资源化处置的发展规律的认识，贯彻落实新发展理念，按照创建无废城市的目标，围绕减量化、资源化和无害化的要求，着重研究建筑废弃物资源化问题，提出科学合理可行的对策建议。

1. 广州市建筑废弃物资源化处置现状

具体包括建筑废弃物的来源、组成、分类和规模，建筑垃圾资源化的法律环境，建筑垃圾再生技术及其产品，建筑垃圾资源化管理政策，广州建筑垃圾资源化存在的主要问题及短板等。

2. 典型案例分析

通过调查问卷、实地走访、电话访问等调研方式，获取具典型性和代表性建筑工地、资源化企业、消纳场等在建筑废弃物产生、运输、资源化回收、填埋等方面存在的问题及建议。

3. 国内外经验借鉴

重点梳理欧、美、日等地建筑废弃物资源化的管理制度和技术体系，梳理建筑废弃物管理的代表性法规，从统计、预防、再利用、资源化等方面借鉴先进地区在建筑废弃物资源化转型升级的工作经验。结合广州实际，研究广州建筑废弃物资源化的技术标准、技术发展路径。

4. 广州市建筑废弃物资源化发展的政策建议

包括从完善法律法规角度提高资源化的强制性程度，做好发展规划促进资源化的有效实施，从政策优惠和资金支持角度推进资源化产业发展，强化基础性技术研究与创新，完善标准规范，建立评价体系，建立信息平台，构建监管体系等。

三、研究发现

（一）建筑废弃物增长速度快，处置设施不足，资源化率较低

根据市区两级相关部门掌握数据，对广州市 2010—2020 年的建筑废弃物产量进行统计梳理。其中，2010—2015 年为市余泥渣土排放管理部门掌握的全市九区数据，并结合增城、从化两区数据形成的市域总数；2016—2019 年，以全市新增排放许可核准总和为统计口径；2020 年数据及资源化利用量数据为建筑废弃物管理处提供。从统计数据来看，广州市建筑废弃物排放数量从 2010 年的 1 610 万立方米增长到 2020 年 11 562 万立方米，如表 1 所示。其中，广州市土方产生量占建筑废弃物产生量的比例约为 70%，其他建筑废弃物占比约 30%。

表 1　广州市建筑废弃物产生量

年份	产生量（万立方米）	资源化利用量
2010	1 610	
2011	2 349	
2012	2 386	
2013	2 486	
2014	3 326	
2015	4 635	
2016	4 114	
2017	3 803	
2018	6 441	916
2019	8 505	199.6
2020	11 562	2 424
2021 年 1—9 月	12 277	

数据来源：《广州市建筑废弃物处置设施布局规划（2021—2035 年）环境影响报告书》及建筑废弃物管理处。

近十年来，广州市建筑废弃物产量保持较高的增长趋势不断上升（见图 1）。特别是"十三五"期间，正值广州市轨道交通快速发展，多条地铁线路并行施工，

地下综合管廊持续施工，三旧改造全面铺开，天河智慧城、金融城、琶洲互联网集聚区等重点地区建设持续深入。不难发现，建筑废弃物的产生量和城市建设力度有着密切的联系。

（万立方米）

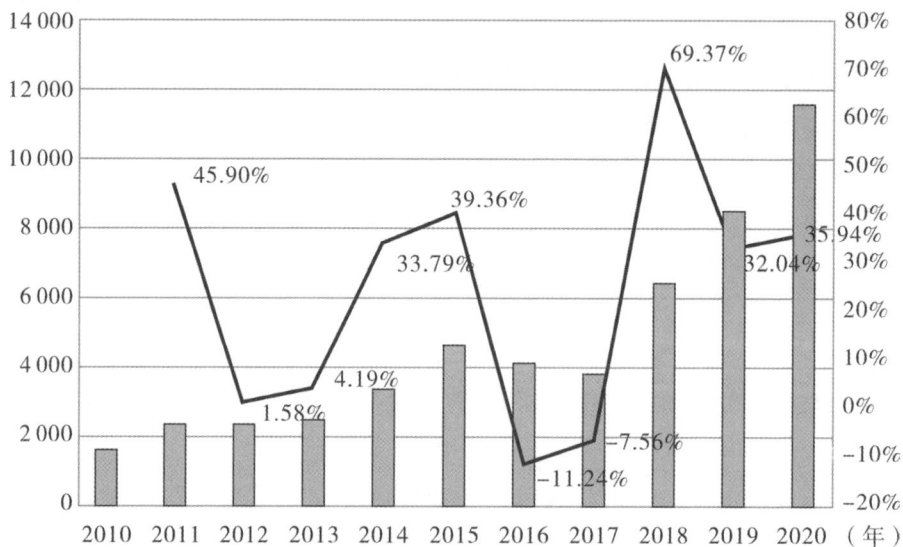

图 1　建筑废弃物产生量及增长率

目前，广州市的建筑废弃物处理方式主要仍为传统的终端处理模式，即较大程度依赖扩大综合利用厂和新建消纳场来满足新增建筑废弃物排放的需求。根据市、区余泥渣土排放管理部门的登记资料，广州市在运营的居民分拣中心 8 座，综合利用厂 42 处，建筑废弃物消纳场 7 座，全市建筑废弃物处理设施分布如表 2 所示。综合利用厂年处理能力 2 947 万立方米，现有消纳场总消纳能力为 3 596 万立方米，其中剩余消纳能力 3 062 万立方米。显示出排放量与处置量之间的缺口巨大。

表 2　建筑废弃物处理设施分布

区	分拣中心（座）	综合利用厂（处）	消纳场（座）
花都区	2	9	2
白云区	1	7	0
南沙区	0	4	1
从化区	0	2	3

（续上表）

区	分拣中心（座）	综合利用厂（处）	消纳场（座）
增城区	4	17	1
天河区	1	1	0
海珠区	0	1	0
番禺区	0	1	0

资料来源：《广州市建筑废弃物处置设施布局规划（2021—2035 年）环境影响报告书》。

（二）预计未来建筑废弃物的产生量仍将保持高位运行

经计算，2018—2021 年广州市建筑废弃物排放量年均增长速度为 36.5%。2020 年，北京市建筑垃圾产生量为 1.47 亿吨，采取弃土利用或资源化处置方式共处置建筑垃圾 1.26 亿吨，进入填埋场 2 148 万吨，资源化处置率达 85% 以上。自 2006 年以来，上海市的建筑垃圾申报量均超过 2 000 万吨，其中 2012—2014 年超过 1 亿吨，2014 年达到 14 392 万吨的顶峰，此后呈下降趋势，至 2019 年排放 9 613 万吨。在每年产生的建筑垃圾总量中，工程渣土类垃圾占总量的 85% 以上。源头排放上的申报数量从侧面反映了上海城市建设进展迅速。2020 年，深圳全市建筑废弃物的产生量日均达到 40 万吨左右，占了全市固体废物产生量的 90%。由此可知，年排放量约为 14 600 万吨。

综合根据广州市未来城市建设速度和住建部《关于在实施城市更新行动中防止大拆大建问题的通知》（建科〔2021〕63 号）文件下的城市拆迁政策调整，并横向参考北京、上海、深圳三市数据，分别按照高、中、低三种情景设置三种增长速度进行预测，预测结果如表 3 和图 2。高速情境下 2022—2035 年建筑废弃物排放量约为 18 747 万～58 606 万立方米，中速情境下建筑废弃物排放量为 17 932 万～33 632 万立方米，低速增长下建筑废弃物排放量为 15 333 万～19 815 万立方米。由此可知，如何实施减量化是建筑废弃物处置的关键一环。

表 3　广州 2021—2035 年建筑废弃物产生量预测

单位：万立方米

年份	高速	排放量	中速	排放量	低速	排放量
2022	15%	18 747	10%	17 932	5%	17 117

（续上表）

年份	高速	排放量	中速	排放量	低速	排放量
2023	15%	21 559	10%	19 725	5%	17 973
2024	15%	24 793	10%	21 698	5%	18 872
2025	15%	28 512	10%	23 868	5%	19 815
2026	10%	31 364	5%	25 061	0%	19 815
2027	10%	34 500	5%	26 314	0%	19 815
2028	10%	37 950	5%	27 630	0%	19 815
2029	10%	41 745	5%	29 011	0%	19 815
2030	10%	45 919	5%	30 462	0%	19 815
2031	5%	48 215	2%	31 071	−5%	18 824
2032	5%	50 626	2%	31 693	−5%	17 883
2033	5%	53 157	2%	32 326	−5%	16 989
2034	5%	55 815	2%	32 973	−5%	16 140
2035	5%	58 606	2%	33 632	−5%	15 333

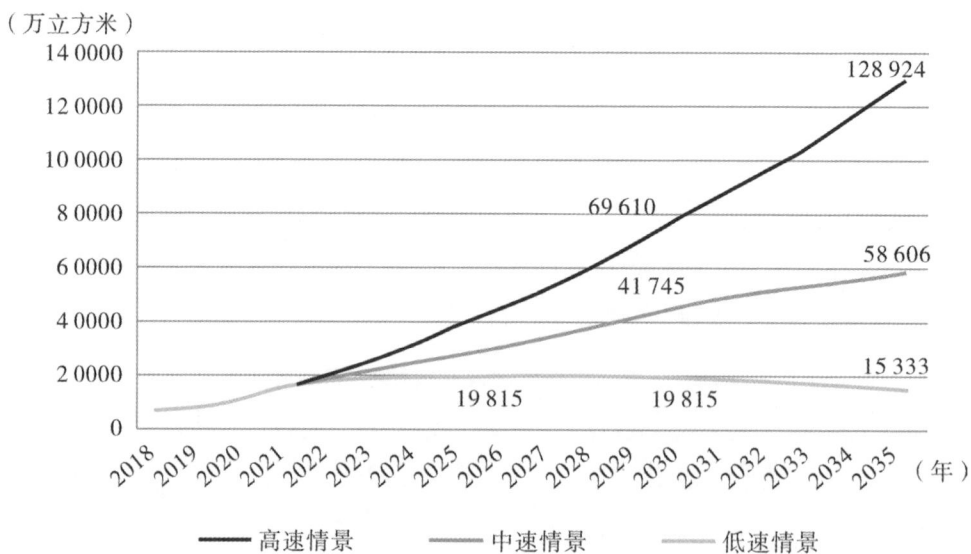

图 2　广州建筑废弃物排放量预测趋势图

（三）企业和工程项目调研结果显示，制度建设还存在短板

在前期的调研过程中，对部分代表性企业进行了书面问卷调研，也实地走访了广州正伦建筑废料处置有限公司（固定式）、广州市城市建筑物综合循环利用沙浦村城市更新项目（移动式），广州太珍石场有限公司闭坑复垦和生态修复项目（消纳场），以及广东财经大学海珠校区体育馆项目和 33 栋宿舍楼项目两个建设工地。根据资料收集及调研情况，目前建筑废弃物资源化主要途径有如下几个：①工程弃土，主要去向是回填、消纳场以及填海工程，占比 70% 以上。②旧建筑拆除，主要是分类回收和破碎再生利用；③房屋装修，主要是分类回收。目前广州市最大的工程弃土消纳场为广州太珍石场有限公司闭坑复垦和生态修复工程，消纳容量为 1 124 万立方米。除回填外，消纳场处置量有限，外运方面主要是中山、珠海等地填海工程。

当前，对于建筑废弃物处理的重视程度、配套产业指引、补贴政策仍未完善、落实，导致业务难以拓展、设备闲置。目前存在问题：①建筑废弃物数量庞大，但是通过正规企业处理的数量不多，建筑废弃物市场出现劣币驱逐良币的情况，正规企业生存环境恶劣；②合法渠道原材料不足，企业难以形成稳定的循环利用模式与收集实践数据，是企业的生存与发展大的不确定因素；③建材再生产品目前市场接受度不高，施工单位仍对再生建材质量存有疑问，不敢大规模使用；④市政建设及各类型的市政项目改造，固废回收及固废再生建材使用没有统一管理，固体废弃物的回收力度不够，随意乱倒现象常有发生；⑤在用地方面，部分租赁期限较短，且近几年新增生产线多投入在短期租地上，如能够获得政府相关部门支持，延长用地使用时间，将进一步扩大生产再生资源的规模。

（四）部分发达国家及国内一线城市提供了可借鉴的经验与做法

国外研究对象源自对香港的一项研究，该研究使用的研究方法包括由多方面经验丰富的专业人士组成的焦点小组会议。在焦点小组会议中，受邀的参与者包括行业从业者、学者和政府官员。行业从业人员包括开发商、承包商和设计师的代表，受邀的政府官员来自环境保护署（EPD）、土木工程拓展署（CEDD）、发展局。与会人员通过头脑风暴会议方式讨论香港拆建废物管理的现状和问题，并确定哪些国家在建筑废弃物管理方面表现良好。集思会一致确定美国、瑞典、荷兰、日本、新加坡、韩国、澳大利亚 7 个可能对香港产生深刻启示的发达国家。基于此，本文

选取了日本、欧盟、美国、新加坡、韩国等国家或组织为代表进行了研究。

其中，日本通过建立"余泥渣土有效利用匹配系统"，对余泥渣土进行管理。德国出台了新的《循环经济法》来落实欧盟第 2008/98 号《废弃物框架指令》规定的义务责任，采取立法行动实现指令所确定的目标，进一步推动德国废弃物管理政策的发展。该法制定了新的五级废弃物处理优先顺序，设定对废弃物处理的优先顺序是防止产生（指源头削减）、再利用、回收、再生利用、处置。美国国家环境保护局提出了建筑废弃物（Construction and Demolition Materials）最小化的四项原则：减少（Reduce）、再利用（Reuse）、回收（Recycle）和再购买（Rebuy）。新加坡建筑废弃物管理及综合利用具有从源头控制建筑废弃物产生、分类利用建筑废弃物、政府出台经济扶持政策三个特点。韩国为了帮助废弃物供应商和废弃物消费者之间的信息交流，建立了一个名为"循环使用的资源交换（Exchange of Resources used by the Circulation）"的在线市场。

国内案例主要选择同为一线城市的北京、上海和深圳。近年来，上海在建筑垃圾资源化利用领域相继出台了一系列政策法规。如《上海市建筑垃圾处理管理规定》（沪府令 57 号）确定建筑垃圾的处理原则是：减量化、资源化和无害化，采取"谁产生，谁承担处理责任"的制度，规定市绿化市容行政管理部门是上海建筑垃圾处理的主管部门，市住房城乡建设行政管理部门负责建筑废弃混凝土回收利用的管理工作，规定分类处置、源头减量、资源循环利用、处置场所和设施、运输和处置环节等要求。这些政策法规，不仅明确了建筑垃圾处理的政府主管部门，也对各类建筑垃圾给出了分类处理的相应规定：工程渣土，进入消纳场所进行消纳；泥浆，进入泥浆预处理设施预处理后，进入消纳场所消纳；装修垃圾和拆除工程中产生的废弃物，经分拣后进入消纳场所和资源化利用设施消纳、利用；建筑废弃混凝土，进入资源化利用设施进行利用。

北京市制定了《北京市建筑垃圾运输处置费用单独列项计价的通知》，规定了建筑垃圾处置费用，倒逼工程建设单位减少建筑垃圾产生量和外运量，推行源头减量机制。通过制定《关于进一步加强建筑废弃物资源化综合利用工作的意见》（京建法〔2018〕7 号），明确各部门职责、鼓励拆除工程在拆除现场实施建筑废弃物资源化综合利用，促进节能减排和循环利用。《北京市建筑垃圾处置管理规定》（政府令〔2020〕293 号），提出北京市行政区域内建筑垃圾的倾倒、堆放、贮存、运输、消纳、利用等处置过程及监督管理的相关规定。北京市正加快构建和完善建筑垃圾从产生到综合利用的全链条管理体系，以实现建筑垃圾的规范化管理。

深圳为避免多头管理变为无人负责，在住建局成立建筑废弃物管理办公室，全权负责管理建筑废弃物，包括拟定并实施相关法律法规、管理和监督建筑废弃物受纳场、管理运输车辆、指导促进资源化工作。深圳市住房和建设局于 2017 年 7 月 29 日发布实施了《深圳市房屋拆除工程管理办法》（深建规〔2017〕6 号），推行房屋拆除、建筑废弃物综合利用及清运一体化模式，要求独立从事房屋拆除工程的承包单位必须具有相应施工资质及建筑废弃物综合利用能力，对不具备建筑废弃物综合利用能力的拆除施工企业，必须联合具备建筑废弃物综合利用能力的企业共同承担房屋拆除工程。

四、政策建议

城市建筑废弃物的产生是城市发展的必然产物，与城市化程度和城市发展速度密切相关。作为国家中心城市之一的广州，面临着与其他超大城市同样的发展中的问题和成长中的烦恼。治理建筑废弃物，促进建筑废弃物资源化处置，需要从源头控制—过程监管—有效处置等多环节协同推进。目前阶段，处于末端的资源化处置尤为关键，但又最为困难。无论是建筑废弃物综合利用厂还是建筑废弃物消纳场，都被许多地方政府称为邻避设施，存在典型的邻避效应。从整个社会的角度来看，建筑废弃物的循环再生是环保产业，建筑废弃物处置具有正外部性，需要政府、企业、社会等多方协同治理。

（一）实施全过程管理，促进建筑垃圾减量化

《中华人民共和国固体废物污染环境防治法（2020 年版）》提出："建立建筑垃圾全过程管理制度，规范建筑垃圾产生、收集、贮存、运输、利用、处置行为，推进综合利用。"需要从源头上对建筑废弃物的产生进行分类和管理，适合回收资源化利用的按照资源化处置，适合填埋的按照填埋的手续办理，切实促进广州市"建筑垃圾分类处理、回收利用和全过程管理"制度和体系建立。严格执行《广州市建筑废弃物车辆运输联单管理办法》中的要求，实现建筑垃圾从原来的不可控管理向"建筑垃圾分类处理、回收利用和全过程可控管理"过渡（如图 3 所示），最终实现减量化、资源化、无害化的目标，不断推进工程建设可持续发展和城乡人居环境改善。

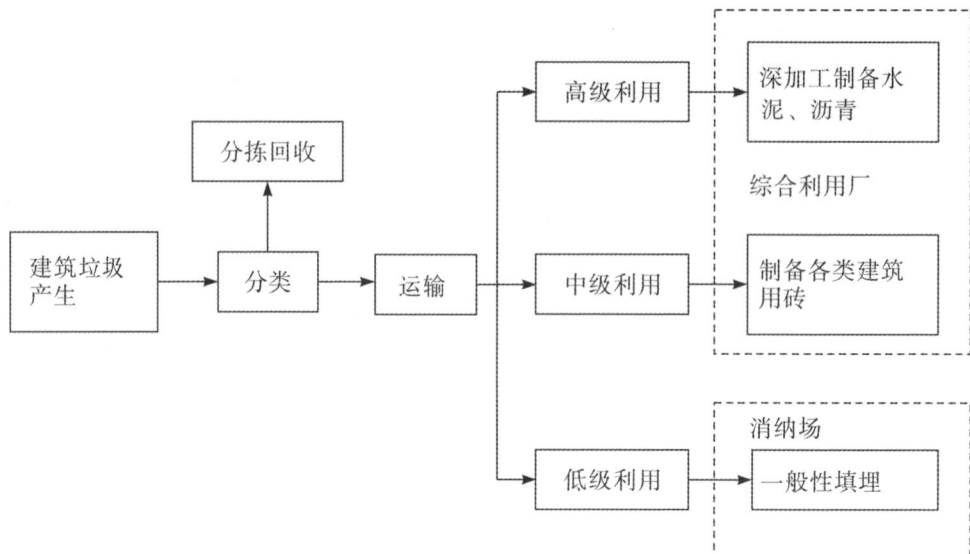

图 3　建筑垃圾资源化处置过程

（二）完善法律法规，提高资源化的强制性

长期以来，我国把建筑废弃物当作垃圾进行管理。《城市建筑垃圾管理规定》等法规对建筑垃圾的综合利用作出了原则性规定，但如何执行却没有涉及。因此，应依据循环经济的基本理论制定相关的法规标准，完善我国城市建筑废弃物资源化的制度保障体系。尽快制定完善建筑垃圾循环利用的法律法规，建立科学规范的建筑垃圾减排指标体系、监测体系，强化建筑垃圾的源头管理，提高条款的可操作性，避免指标空泛，明确地方政府主体责任、主管部门责任、生产者责任、处置企业责任、运输者责任、监管部门责任等。广州市可结合实际，实施分类分级处置政策，从建筑废弃物产生的源头上落实"谁生产谁负责"的原则，建立建筑废弃物处置责任机制，明确建筑废弃物产生者按照规定缴纳建筑废弃物处置保证金，保证建筑废弃物处置资金来源，并落实政府监管等措施。特别是可以借鉴香港等地的提高消纳场收费的政策措施，提高资源化处置的比例。

（三）科学制订规划，促进资源化有效实施

加强对广州建筑废弃物数量、组成、处理方式、利用情况等的调查、统计，建立信息监测系统，科学编制建筑废弃物综合利用规划特别是用地规划，统筹建筑废弃物排放和再生产品使用，确定工作目标、制定实施方案，明确建筑废弃物减量化措施，将建筑废弃物的产生、分类、收运、处理、利用等各环节纳入监管，建立并

完善建筑废弃物综合利用体系。明确建筑废弃物处置作为土地开发的条件之一，确定技术方案、资金来源，进行效益分析，完善保障措施。逐渐降低城市建筑废弃物新增量。逐步提高资源化利用率，实现建筑废弃物资源化再利用与城市建设、环境保护和节约天然资源同时进行。

（四）加强政策扶持，推动资源化产业发展

对于市场机制无法解决外部性问题的环保行业，政府干预往往是必要的，其发展需要政府的产业政策扶持。首先，政府部门应从政策和财政上激励和资助建筑废弃物建材的研发，综合运用政策、土地资源、技术、资金等手段，加强对建筑废弃物资源化再利用的支持力度，研究制定建筑废弃物资源化再利用专项扶持政策，采用以奖代补、贷款贴息、资本金注入和税收优惠等财政补助方式支持企业建设和再生产品的推广应用。其次，由于废弃物处置是微利或无利的经济活动，政府要建立政策支持鼓励体系：免除一切税项，以增强废弃物处理企业的自生能力；对投资经营废弃物处理达到一定规模、运行良好的企业给予一定的经济奖励。最后，再生产品列入强制使用的建筑材料目录、政府绿色采购目录，促进规模化使用。政府投资的建设项目和市政项目优先选用建筑废弃物再生产品。鼓励社会力量和资金参与，发挥市场配置资源的决定性作用，推动市场机制的形成。

（五）完善标准规范，推广再生产品应用

我国在建筑垃圾再生方面的标准规范不完善，缺乏行业或国家技术标准，对建筑垃圾资源化无法提供系统完善的技术支持。因此，要大力推进和完善建筑废弃物资源化再利用标准体系建设工作，包括建筑废弃物资源化管理、建筑废弃物运输、再生产品及其质量监督检测体系和应用标准体系、再生处理工艺与设备及再生产品的应用等各方面的标准和应用技术规程，以规范和推进建筑废弃物再生产品的生产和推广应用，为建筑废弃物再生产品和应用工程的质量提供保证。

（六）建立信息平台，构建供需匹配体系

建立政策、技术、设备等建筑废弃物综合利用信息共享平台，加强基础数据的统计、分析与研究。建立建筑废弃物综合信息管理和监督体系，对建筑废弃物产生、运输、处理、利用全过程进行动态监管，减少对环境的影响，杜绝非法倾倒、丢弃建筑废弃物现象的发生。加强政府服务功能，以服务带动资源化利用，以服务同步加强监管，建立统一市场供需平台，共享建筑废弃物及其再生产品供求信息，尽量

就地、就近调配利用，减少运输量和运输距离；跟踪建筑废弃物再生产品的使用，为各项政策的有效落实提供保障。供需双方通过合理的价格机制，在政府资源配置的统筹下，实现市场化运作，提升建筑废弃物资源化利用的社会化、规范化水平。

（七）加强区域统筹，推进区域平衡处置

针对广州隧道开挖等工程弃土较多，而珠海、中山等地存在填海需求的现实，积极发挥省级政府部门的统筹协调作用，由省政府相关部门牵头，加快建立广东省建筑废弃物区域平衡协作机制及相关平台，按照公平自愿、互利双赢的原则，建立完善信息共享、协作监管、联单管理等长效机制，充分利用市场机制，推进广东省内建筑废弃物处置的跨区域统筹。加强跨区域平衡处置全过程监管，进一步规范水路陆路运输，实现各区域运输车辆标准统一，通过填海等方式实现工程弃土的资源化利用。加强与珠海、中山、佛山、东莞等周边城市对接，探索排放地补贴接收地的生态补偿机制实施路径，协调解决广州建筑废弃物处置项目"选址难、上马难"，同时部分城市填海工程弃土需求量大，已建成的固废处理项目建筑废弃物供应量不足、企业"吃不饱"的现象。

（八）强化企业引导，科学设置处置设备

根据前期调研，课题组考察了广州正伦建筑废料处置有限公司（固定式）和广州市城市建筑物综合循环利用沙浦村城市更新项目（移动式）以及广州太珍石场有限公司闭坑复垦和生态修复项目（消纳场），发现目前再生产品附加值普遍不高。基于目前的经济效益考量，建筑废弃物处置和消纳场具有一定的市场半径，通常为10～30公里范围内。在发展实践中，固定式综合利用厂在用地选址、环评以及建筑废弃物来源稳定性等方面存在诸多困难，企业面临的不确定性高，建议从城市层面高起点、高标准建设若干现代化的建筑废弃物资源化处置企业，并从产业链角度实现建筑物废弃物来源与再生产品去向之间的平衡，从而最大程度实现经济效益。在建筑废弃物产生相对零散地区，建议循环企业优先选择移动式综合利用厂。

（九）发挥国企优势，整合优化社会资源

广州现有建筑废弃物资源化过程中，民营企业占主体，且规模普遍较小，技术水平不高，产品附加值低，税收贡献少。虽然目前资源化处置企业在运营过程中有较丰厚的利润空间，但民营企业在发展过程中面临着资金、用地、政策等方面的问题和风险，普遍存在"打游击战"情况，政策和用地的不稳定性使得企业难以做长

期经营打算，难以上规模和引进先进技术。广州环投、城投等国有企业在资金、技术、用地、政策等方面均有一定优势，且在用地选址和产业链整合等方面均容易实现。同时，建筑废弃物资源化处置作为环保产业，带有较强的社会公益性。建议由若干环保国企牵头，与若干规模较大、技术水平高、产业链长、带动能力强的企业合作，采取特许经营的方式来整合整个产业链，解决企业散乱的情况。

参考文献

［1］王爱勤 . 建筑废弃物及污染物处置与综合利用［M］. 北京：中国建材工业出版社，2021.

［2］陈起俊，张瑞瑞，李超伟，等 . 政策工具视角下我国建筑废弃物政策分析——基于 2003—2018 年的国家政策文本［J］. 生态经济，2020，36（6）：196-203.

［3］Wu Z, Yu A T W, POON C S. Promoting effective construction and demolition waste management towards sustainable development: a case study of Hong Kong［M］. Sustainable development, 2020, 28(6), 1713–1724.

［4］刘景矿，吴妍珣 . 日本建筑废弃物传票制度对我国的借鉴与启示［J］. 建筑技术，2017（4）：392-294.

［5］黄桐，寇世聪，赵玉龙，等 . 日本余泥渣土管理经验与启示［J］. 环境卫生工程，2020（5）：61-67.

［7］张纯博，胡鸣明，杨希宁 . 欧盟建筑废弃物资源化转型升级的经验和启示［J］. 环境保护，2019（15）：52-58.

［8］王秋菲，王盛楠 . 基于欧洲各国及新加坡建筑废弃物循环利用的政策研究［J］. 沈阳建筑大学学报（社会科学版），2015（3）：290-295.

［9］刘光富，徐亚玲 . 上海建筑垃圾资源化利用情况调研报告［J］. 科学发展，2021（7）：87-95.

［10］荣玥芳，姚彤，孙啸松 . 北京市建筑垃圾减量化规划应对策略研究［J］. 现代城市研究，2021（3）：62-68.

［11］深圳市住房和建设局 . 深圳市房屋拆除工程管理办法［Z］. 2017.

［12］李景茹，刘寒，赫改红.建筑废弃物资源化利用行业发展影响研究——基于深圳、青岛、许昌的调研［J］.建筑经济，2018（11）：24–27.

［13］DELOGU O E. NIMBY is a national environmental problem［J］. South Dakota law review, 1990: 198–219.

［14］HAO J L, HILLS M J, TAM V W Y. The effectiveness of Hong Kong's construction waste disposal charging scheme［J］. Waste management & research, 2008: 553–558.

第二部分

第三届城市管理案例创新大赛
优秀学生成果

羊城旧区焕新颜：社会资本—集体行动视角下的社区容貌品质全域提升之路

——以广州市白山社区、科甲社区为例

万子珺　唐姝昱　杨胜梅　邓羽茜　邓雅媚*

【摘　要】近期，在国家改善人居环境的工作部署下，广州市城市管理和综合执法局印发《广州市社区容貌品质全域提升行动计划（2021—2023年）》，促进全市社区容貌品质迈向全域提升、高质量发展，而在此之前，广州市容貌示范社区创建活动已持续开展5年，积累了丰富经验。社区改造既关乎城市建设大局，又涉及基层民众生产生活，因此成为社会关注的焦点。本案例选取于2019年和2020年获得广州市容貌社区创建第一名的白山社区和科甲社区为分析对象，着重围绕其在社区改造过程中出现的各主体意见分歧等矛盾焦点，结合基于社会资本的集体行动理论框架，对其应对策略进行深入剖析，解读社区治理过程中多元主体的关系形态及行动逻辑，并提炼出长效机制引领、先进观念培育、全面资源统筹等可推广的容貌品质社区建设路径。

【关键词】人居环境；容貌示范社区；社会资本；集体行动；社区治理

---

　　*　万子珺、唐姝昱、杨胜梅、邓羽茜、邓雅媚，中山大学政治与公共事务管理学院本科生。本案例材料均来源于参赛团队成员的实际调研和访谈。其中，相关人物姓名均为化名。

一、引言

随着中国经济发展迈向更高水平，关注民生、提高人民福祉的呼声愈发强烈，国家"十四五"规划明确提出城乡人居环境明显改善的目标，体现出以人为本的重要思想。广州作为国家中心城市，经济发展能力、城市发展理念和社会治理水平均位于全国前列。2021年广州市城市管理和综合执法局印发《广州市社区容貌品质全域提升行动计划（2021—2023年）》，既是对《广州市城市管理和综合执法"十四五"规划》中提到的重要任务——"提升市容品质和环卫水平，建设美丽宜居花城"的细化，又是在《广州市创建容貌示范社区工作方案（2020—2022年）》基础上对创建工作的进一步要求，标志着"人居环境改善"的重要目标有了更高追求，"以人为本"的思想得到进一步践行。

广州容貌示范社区创建之路已经走过了5年，每一年都有不少社区报名参与，而最终仅在全市评选出30个"容貌示范社区"。为更好地推进自2021年启动的容貌品质全域提升行动计划，进一步缓解广州作为超大型城市的治理压力，大幅度改善老旧小区环境质量，有必要对容貌示范社区创建工作进行脉络梳理和经验总结。由于个案缺乏说服力，本文将以在2019年和2020年两届评比中获得榜首的社区为例，通过探索二者共性，总结出一套可推广的创建模式，助力广州市人居环境建设迈上新台阶，助推老城市焕发新活力。

二、案例描述：两届"榜首"社区创建之路

（一）白山社区

1. 社区背景：社区容貌心头患，政策支持契机起

白云区同和街道白山社区占地面积1.38平方千米，截至2020年常住人口近14 000人，流动从业人员达10 800人。白山社区是典型的城中村社区，长期以来存在道路不平、商铺台阶过宽、外立面杂乱、线网老化交错、公厕废弃、垃圾投放不规范、绿化缺乏等问题，社区容貌欠佳。

以上种种皆是居委会心中悬而未决的难题，居委会黄主任一直在等待一个全面改造的契机。2019年4月《广州市2019年创建容貌示范社区工作方案》的出台让大家看到了希望。根据方案，当年将完成30个市级容貌示范社区的创建工作，入选社区能够获得100万元奖励。这样一来，政策上的支持有了，资金压力也小了。黄主任欣喜不已，她心想，社区改造终于有着落了。

图 1　白山社区改造前的路面

2. 工作方案：设施环境齐改进，利益协调肩重任

在政策引领和上级指导下，居委会经过初步的社区调研和会议探讨，从两个方面制定了创建方案。一方面，全面推进基础设施改造：将闲置空地改造为体育公园和文化长廊；投入 120 万元全面铺开"厕所革命"；进行"三线"与地下水管网整治。另一方面，优化社区容貌环境：统一更新商铺招牌，缩窄店外台阶；设立中型垃圾站，提倡垃圾分类；定期清理卫生死角，监测"四害"密度。

黄主任认为，这次改造如果能充分调动居民的积极性，定能提高全体居民的生活质量和社区的容貌品质。但是社区改造牵涉多方利益，难以协调，如何贯彻政策方案，还需要下些功夫。

3. 关键事件：居民意见纷纷扰，奈何烦忧知多少

（1）街面改造遭反对。果不其然，创建工作之难在台阶和招牌改造中立刻显现。如，早餐店老板不耐烦地说："店铺本来就小，现在还让我出钱把台阶缩短一半，顾客在外面排队点餐非常不方便，这不是费力不讨好吗？"超市王老板则抱怨改造后："不仅门口太狭窄，而且路面、台阶、墙面、招牌一系列改造下来得花不少时间，耽误我做生意。"为此，黄主任和工作人员多次上门沟通，挨家挨户做思想工作，把政策解释清楚，让商户明白街面改造的不便是一时的，未来收益是可期的。黄主任同时向商户承诺，他们的合理诉求和建议都会被纳入考虑范围，以缓解他们的焦虑情绪。

（2）"三线"整治遇分歧。在"三线"整治前期，将乱如蛛网般的供电、通信、有线电视等线路进行集中整治是一件较为顺利的工程，只要把"三线"进行有序捆扎，做好巧妙的围蔽装饰即可。然而，因为城中村务工人员多、人口流动性大，所以线路时常更换，最后越积越多。随着改造工作的推进，一些线路会不可避免地被清理，很多居民受影响，便纷纷向居委会投诉。A栋某居民向黄主任表示："主任，这一改造就把我家的电给弄没了，多干扰我们生活啊！"黄主任无奈地笑着说："放心放心，我们会讨论出一套让大家满意的方案的。"

（3）环境意识尚滞后。当改造工作陆续进入尾声、离创建目标越来越近时，黄主任的脸上却不见笑容。垃圾站是建起来了，但她发现仍有居民将垃圾投放在改造前的地方，且分类不正确，好似新衣服上有块补丁，如鲠在喉。这归根结底还是居民没有养成分类习惯，再好的硬件设施也不能弥补自觉性的缺失。"看来要真正落实垃圾分类的任务，光建起新的垃圾站是不够的，还得靠大家有意识地践行分类原则才行。"望着混乱的垃圾堆，黄主任陷入了沉思。

4. 解决措施：只要功夫足够深，铁杵亦能磨成针

（1）邻里商户参与。白山社区在改造中始终践行"邻里商户参与制度"，鼓励居民对改造工作提出建议，让居民参与日常管理过程，充分运用自治权。同时按自愿原则鼓励商户出资，缺口资金则由经济联合社和周围热心参与的企业提供，在最大程度上减小改造的经济阻力。经过工作人员的累日奔波，社区附近的天健广场主动投入80万元，带动许多商户自筹资金支持改造，街面改造工作顺利铺开。一名经营烟酒的店主表示："之前我还反对来着，现在效果这么好，怪不好意思的。"

（2）优秀经验借鉴。对于"三线"整治难题，黄主任认为有必要学习优秀社区的经验，于是居委会工作人员兵分两路：一路去海珠区素社街基立新村社区——2018年榜首社区学习经验，一路挨家挨户向本社区居民了解意见。意见和经验收集完毕，黄主任一行像是找到了"武林秘籍"，很是高兴。针对改造期间的用电问题，他们决定按照"先总线后支线、拆一栋更新一栋"的原则，各类线路改造同时开工，在改造每一栋楼的电线时其他楼栋保持通电。至于电线铺设路径，居委会与专业团队进行了合理规划，尽量减少邻里冲突。在这样的安排下，白山社区的线路整治工作总算顺利推进。

（3）分类制度细化。在培养居民垃圾分类意识方面，黄主任与同事们细化和可操作化了垃圾分类定点投放制度：首先明确社区成员责任，即"楼里分好类，栋长集中投，公交沿线收"；其次定好规则，如果被发现因为没有定时定点投放而破

坏了社区环境，则要面临小额罚款及发朋友圈呼吁大家正确投放。当然最重要的还是培养居民的规范处理意识，社区会在微信公众号平台宣传垃圾分类的知识，并表扬规范家庭，还派专人定期在垃圾站进行指引和监督，逐步提升整个社区的垃圾规范处理意识。

5. 改造成果：整洁有序社区美，舒适便捷居民乐

在改造过程中，白山社区落实了区委区政府、业务部门、镇街、社区、居民共同参与的"五级共建机制"，整合多方力量，利用多方资源，切实做到齐抓共建。在上级部门的政策支持、多样的资金来源、社区工作人员有序组织等因素的影响下，整个社区朝着共同目标相互配合，改造成果显著。

一方面，社区宜居水平显著提升。居民环保意识逐渐加强，垃圾分类定点投放，社区脏乱现象明显改善，加之"三线"整治之后社区内大部分区域不见线网，线网暴露区域也整齐有序，不仅排除了安全隐患，而且美化了社区面貌。

另一方面，居民幸福感获得保障。统一的街面建筑风格、宽阔平整的路面，给居民、商户带来良好居住、营商体验的同时提升了社区的吸引力。改造后高颜值的公厕解决了附近居民和消费者的现实难题，丰富多彩的休闲娱乐空间则营造出浓郁的文化氛围。更重要的是，白山社区建立了常态化保持机制，派专人定期检查社区环境状况，使社区面貌长久保持。

图 2　白山社区改造后商户规整

6. 成功经验：天时地利与人和，多方资源齐调动

成功的案例往往具备了天时地利人和等要素，白山社区也不例外。

天时——市级政策引领。《广州市 2019 年创建容貌示范社区工作方案》在白山社区急需改变之时出台，为社区提供了推力，政策上给出了支持和指引，"容貌示范社区"的期待相比现在的面貌也有很大激励作用。

地利——资金制度保障。白山社区经济联合社每年的集体收益积累为此次创建工作提供了坚实的资金基础。同时通过有效动员，天健广场及商户的自发筹资也起到了锦上添花的作用，让社区能够提高改造质量。另外，居委会和指导小组积极贯彻邻里商户参与等制度，聆听居民意见，借鉴先进经验，有效提升了创建质量。

人和——居民共商共建。居委会从一开始就定位于齐抓共建，建管结合，将居民当成创建主人翁，鼓励居民积极参与、畅所欲言。即使居民间存在利益冲突，但大家并不是兵戈相见，而是向居委会反映情况，与居委会共同出谋划策。而居委会也紧跟民意，时刻关注居民反馈，开会研讨，上门宣传，尽心尽力解决一切问题。

正是在有效利用各种资源、充分动员社区力量的基础上，社区的创建工作虽历经曲折，但最终硕果累累，获评 2019 年广州市容貌示范社区创建第一名。

（二）科甲社区

1. 社区背景：百载风雨沧桑在，多重问题迫眉睫

科甲社区位于广州市白云区嘉禾街道中部，原称为科甲村，现为 2002 年 10 月完成城中村转制农转非工作的新兴社区。虽然它是新兴社区，但历史底蕴颇为深厚，其前身始建于明朝万历十四年（1586），距今已有 430 余年的历史。如今，该社区占地面积约 0.7 平方千米，共有户籍人口约 1 500 人，流动人口约 7 600 人。

科甲社区在容貌示范社区改造以前，存在诸多问题。第一，在环境外观上，商铺广告招牌杂乱无章；道路坑洼不平以致雨天积水严重；社区特色私塾年久失修似"危房"。第二，在产业形态上，科甲社区商业街大多为小型皮革和机床加工厂，产业低端，烟尘漫天。第三，在民生设施上，公共厕所破旧荒废；电线、通信线路、网线等架空线路尚未规范；居委大楼存在厕所天花板渗漏、地面不平且渗水等问题；社区民生设施服务效用发挥不足。社区人居环境改善迫在眉睫。

2. 工作方案：建一街一塘一园，护一桥一家塾群

2020 年 3 月，广州市政府发布《广州市创建容貌示范社区工作方案（2020—2022 年）》，正式开启新一年的容貌示范社区创建项目。响应上级政府指示，为

打造一个更富特色和更具魅力的新型社区，更好地满足居民对美好生活的需求，白云区嘉禾街道迅速组建容貌示范社区工作领导小组，对科甲社区开展专项调研计划。

经民意收集、实地调研、专家会议后，街道办领导小组提出"一街一塘一园、一桥一家塾群"改造方针，围绕三个方面进行容貌示范社区的建设工作。第一，改善社区面貌：全面升级改造商业街道路立面及建筑物外立面；在科甲风水塘修建观光碧道；将科甲党建公园的违法搭建拆除，改建篮球场。第二，弘扬传统文化：修复应和书院、兆宏家塾等老旧建筑；计划将荒地打造成一个文化长廊；撰写《科甲流光》，记录当地的历史变迁。第三，提升民生设施：将老式厕所重建为符合周边建筑风格的特色公厕；开展"三线"整治；推行出租屋垃圾分类栋长制。

3. 关键事件：众口难调心焦急，诉求不一引分歧

（1）私塾改造争论。在一系列的容貌示范社区建设计划中，私塾改造是重中之重。改造的第一步，便是要清除私塾周围那些格格不入的建筑物。其中，有一处矗立于道路中央的房屋属于当地居民王大爷自有的宅基地。如何说服居民让出这块地，成为居委会袁主任面临的一大难题。在座谈会上，居民代表纷纷向居委会干部提出自己的意见。"我住在这里好好的，也习惯了，为什么要我搬走腾地方？不能找别的地去建吗？"王大爷言辞激烈，愤愤地表达出自己的反对。"改造不是不行，可这是老祖宗留下来的东西，怎么能交给别人乱来！"对于社区的改造方案，居民谭阿婆显然表示不满意。面对激烈的商讨场面，袁主任顿时感到无比焦虑。

（2）商铺升级顾虑。一波未平，一波又起。因为商业街的小型皮革和机床加工厂厂房是由本社区一些居民出租的，所以要想彻底转移污染严重的低端产业，这些房东就不得不经历一段零租金的"阵痛"时期。一边是迫在眉睫的工期，一边是诉求纷杂的居民，两难的局面令袁主任烦恼不已。最终他决定还是上门走访，面对面地倾听居民意见。当袁主任敲开房东李女士的家门时，她的眼中满是诧异，不过随即便热情地邀请袁主任进门。一番客套后，袁主任便亮明了来意："这个商业街的改造工作，你可要多多支持呀！"一听这话，李女士收起了笑容，表达自己的顾虑："主任啊，这条街改造要多长时间？要修好久的话，这租金一少，我就是怕家里大大小小的开支负担不起哦！"在走访期间，相似的场景反复上演。袁主任在耐心劝解的同时，也记录并思索着居民反映的痛点问题。

（3）工作会议分歧。在容貌社区工作推进汇报会上，大家依次报告了自己的工作进展和心得体会。当谈及居民动员工作时，刚入职的小张认为，面对那些执意

不肯配合改造工作的居民，就应该采取强硬的措施。"和一些顽固的人商量这事太难了！还不如直接定个最后期限让他们尽快搬走。"小王也十分赞同小张的看法，他说："就是啊，那些租户们养的宠物，总是在马路边随地大小便，跟他们说了好多次都不改的！"袁主任则根据自己走访的经历提出了不同的看法："之所以一些居民对社区改造抱有抗拒心理，根本原因在于他们并没有透彻地了解整个改造计划及效益。所以我们有必要从这一块入手，与社区居民进行深入的、平等的对话。"尽管会议上出现了不少争论，但大家最终都认可了袁主任的观点，并表示将在后续工作中贯彻这一理念。

4. 解决措施：宝剑锋从磨砺出，环境美自协同来

在街道办领导和居委会协同推进下，创建容貌示范社区的工作正有条不紊地开展中。科甲社区秉承着"政府统筹、村社主体、注重实效、全民参与"的原则，通过多部门联合走访、容貌示范社区创建加温会、派发宣传单等多种方式，成功化解了分歧，强化了居民们对于社区改造工作的认同感。

（1）分片包干，联合走访。偌大的科甲社区改造工程，仅靠街道办和居委会单一的力量难以细致入微地跟进。于是，居委会采用了分片包干的形式，把社区划分为多个小片区，分派给社区的各个党员，由党员负责其所辖片区的督导工作，并向居民宣传社区改造的详细内容和积极作用，排解居民心中的负面情绪，确保容貌示范社区建设落到实处。同时，街道办各职能部门联合党员定期进行实地走访，主动下沉社区、排查问题，收集居民们反馈的意见和建议，并瞄准痛点、由点及面，结合自身职能为创建容貌示范社区解决困难。

（2）集体会议，积极协商。通过村社座谈会、容貌示范社区创建加温会、容貌示范社区重点工作会议等专题会议，居委会工作人员将居民意见建议反馈给上级，及时调整社区改造计划，有序推进创建工作。其中，原计划全部移除水塘边的大树，改造为漫步长廊，但居民们希望在水塘边休闲时能够有树木遮阴，因而决定保留连片的树群。此外，观光栏周围原本设计为成排的绿化，而居民反映这很可能会遮挡观赏视线，于是街道办结合居民意见，将成排绿化的构想改为种植定点花箱，既能美化环境，又不阻碍视野。大大小小的会议使顶层设计与基层建议相联结，在积极的协商中化解分歧，为打造群众满意的容貌示范社区添砖加瓦。

（3）一户一策，以人为本。虽然大部分居民对社区改造工作予以大力支持，但反对的声音仍然存在，主要集中在宅基地收复、私塾翻新和商铺改造三件事。针

对这些问题，街道办与居委会采取了"一户一策"的方式，精准满足居民需求。在宅基地收复工作中，由经济联社的领导多次上门协调，悉心回应居民关于收复原因、搬迁规划、生活保障等问题，并向居民提供充足合理的收地费用，最终完成了宅基地收复，成功推进私塾广场的建设工程。在私塾翻新工作中，居委会针对持反对意见的老人群体专门做了思想工作，一方面提到社区集体对于环境改造向善的拳拳期盼，另一方面指出传统文化与良好素质的世代传承。念旧的老人从抵触到同意，最后不仅愿意提供场地改造，还向社区捐款以供修缮。在商铺改造工作中，面对居民房东们对于改造期间租金骤减的担忧，居委会从思想劝导和物质补偿两方面与其多次交涉，终获一致同意，使得改造后结果呈现为拥有整齐划一的外墙和招牌的岭南特色环保商业街。

5. 改造成果：旧墟空地焕活力，环境经济双丰收

经过长达一年半的改造，科甲社区最终荣膺 2020 年广州市容貌示范社区第一名。其实比起评选结果，居民更快一步地享受到了社区改造带来的切实利益——成功拆除占据通道位置的残破砖房后，长百余米的人行道从风水塘观光碧道、私塾书院群落一路连通至榕树荫和党群文化广场，这样一来让旧墟空地焕发新活力，二来扩展了休闲空间，居民出行和活动的范围更大。

图3　科甲社区风水塘、私塾广场改造前后对比

不仅如此，现在居住与工作的体验感也更好了，商业街道和建筑外立面整齐划一，"三线"井井有条，违章停车情况得到改善，道路平整宽敞，晚上也有路灯照明。感受最直观的莫过于快递站员工小于，他从小在科甲长大，目睹了这里二十几年来的变迁，谈及时言语里无不满足："那还是这两年变化最大啦，改造社区是好事，以前破旧的地方变得这么漂亮，我们天天上班看着也开心。"类似的心态转变不但发生在小于身上，更有许多外出的年轻人因为家乡面貌的巨大改变而选择回来居住。

除了环境上看得见、摸得着的变化，街道办还借机将科甲社区商业街的业态从低端制作转为商品销售和家饰五金，推动产业升级、房租上涨，现在商铺已基本满租，改善营商环境的同时也实实在在增加了集体经济收益。

6. 成功经验：沟通协作共商计，以人为本惠民众

被问到科甲的成功改造经验时，全程跟进改造项目的街道办工作人员小范谦虚地表示，主要是积极沟通，遇到问题及时向上级反馈，尽快拿到意见再传达。其实这正是关键所在，即贯彻落实"先区指导后街领导，街道相关部门相互协作，村、居大力支持"的工作机制，推动创建工作提质增效。

而这样的工作机制离不开多方力量参与。从市区、街道办到经济联合社，再到居委会、居民，上下齐心，共商共计，群策群力。更是有不少社区居民参与到社区创建工作中，主动捐款捐物，为创建活动提供强大助力，激活了社会治理格局中"共治共建共享"的"新动能"。

同时，改造目的与核心始终是"以人为本"。具体来看，科甲社区将协商共建的形式一以贯之，改造的所有项目由社员大会表决决定，并多次进行民意走访、召开座谈会和工作汇报会，在各环节充分回应居民问题、遵循居民意愿，力求服务于民、创建惠民。这样高度契合群众意愿、回应群众所盼的工作过程，使得科甲顺利实现了改造的最终目的，得到了社区居民的一致好评。

（三）结语

通过描述白山社区和科甲社区在创建容貌示范社区的工作全貌，我们可以看到两个社区独占鳌头的原因——在工作计划、矛盾协调、街区改造等方面有着一致的治理思路（如表1所示）。尽管社区改造所面临的矛盾各异，但它们的建设路径背后有着相似的治理理念，这种理念能够为改造分歧的化解提供方向上的指引。因此，我们将在下文分析两个社区成功背后的逻辑，并基于其建设经验，总结出可复制、可推广的社区改造路径。同时将针对两个社区容貌品质提升过程中的问题提出改进

措施，为城市容貌品质社区的创建提供参考思路。

表 1　容貌示范社区创建路径

	白山社区	科甲社区
改造计划	①基础设施改造：建设体育公园和文化长廊、进行"厕所革命" ②环境改善：修缮外立面、垃圾分类、卫生清理	①改善社区面貌：升级外立面、打造湖广美景、拆除违法搭建 ②弘扬传统文化：修复书院和私塾、建设文化长廊、撰写《科甲流光》 ③提升民生设施：打造特色公厕、开展"三线"整治、修建垃圾分类误时投放点
关键事件	①街面改造遭反对 ②"三线"整治遇分歧 ③环境意识较滞后	①私塾改造争论 ②商铺升级顾虑 ③工作会议分歧
解决措施	①邻里商户参与 ②优秀经验借鉴 ③分类制度细化	①分片包干，联合走访 ②集体会议，积极协商 ③一户一策，以人为本
改造成果	①宜居水平显著提升 ②居民幸福感有保障	
成功经验	①市级政策引领 ②资金制度保障 ③居民共商共建	①积极沟通，向上反馈 ②多方力量参与 ③多元协商共建

三、案例分析

（一）理论分析框架：基于社会资本的集体行动

在现有的治理理论中，社会资本理论和集体行动理论较为常见，并被广泛运用于社区治理领域，但两种理论常常被视为分离的体系，通常被单独地用于治理分析。本文认为两种理论存在内在的逻辑关联，即社会资本是集体行动的基础。

社区是城市社会的最基本单元，也是城市管理的最后一公里。社区贴近居民，其治理过程涉及诸多集体利益，想要实现持续的社会治理，需要多种资本的动员，进而形成多方的集体行动。

本文旨在将社会资本理论和集体行动理论结合，构建社会资本基础上的集体行动分析框架。第一，个体间的信任有助于培养集体行动情境中的合作精神，使集体行动具有实现的动机。第二，网络则将社区中原本未密切接触的个体联结起来，从而形成维持合作的可能性。而具有紧密网络的社区相比松散联系的社区，更能高效解决集体行动中凸显的矛盾和冲突。[1]第三，规范即各种正式或非正式的制度规则，其可以通过规定，建立奖励和惩罚机制，改变激励结构，从而约束集体中的个体行为，直接影响集体行动。

从以上论述来看，社会资本和集体行动本无必然联系，但个体间的信任搭建了社会资本和集体行动之间的桥梁，使集体行动成为可能；进而通过社会网络维系桥梁，使集体行动得以实现；规范则发挥着加固桥梁的作用，使集体行动得以持续。

（二）案例分析：深究矛盾之源与成功之因

从社区治理的视角来看，合理积累和运用社会资本有利于推动社区集体行动的完成，从而带动社区的现代化发展。白山社区和科甲社区之所以能够拔得头筹，是多方面因素共同作用的结果。回顾二者的创建过程，我们可以看到其呈现这样一种路径：首先，由街道办牵头组建领导小组统筹指导；随后社区居委会动员居民，在居民有畏难情绪时与其积极互动，培育双方的信任感；随着容貌示范社区创建工作不断推进，居民、居委会、企业等相关主体团结一致，构建社区网络，强化集体的行动倾向；最后优化制度体系的不完善之处，进而实现社区共同目标。

1. 信任培育：集体力量动员

社会信任作为社会资本的重要元素之一，对集体合作治理关系的建立具有奠基作用。在容貌示范社区创建工作中，社区与居民之间的信任缺位是一些居民产生抵触情绪的重要原因。例如，科甲社区的居民不了解"修旧如旧"的理念，担心由社区对私塾进行改造会破坏传统建筑风格；白山社区的居民抱怨"三线"改造，出现质疑工程合理性的声音。这些均体现出改造前期的宣传工作不够到位，使得居民对于改造原则存在认知盲区，从而导致居民们的质疑甚至抗拒。

在帕特南看来，社会资本各要素间存在促进关系，且要素互动越频繁，对群体的积极影响越显著。[2]在居委会更深入地收集并反馈居民意见之后，双方才获得了充足的互动，信息得以交流，社会信任得以培育。于是"修旧如旧"的改造理念为科甲居民所理解，"三线"改造工作的优化为白山群众所接受。基于此，各主体在改造工作中的利益走向一致，集体的力量逐渐动员起来，形成社区引导、居民配合的局面。

2. 网络构建：集体行动倾向

社会网络的存在使成员之间保持频繁互动，在互动中，原先的集体行动反对者被倡导者说服，感知到集体行动的效能，形成参与集体行动的倾向，从而推动了成员之间更深入的集体行动。不论是科甲社区房东面对商铺翻新时对于租金收入的顾虑，还是白山社区商户对于街面改造所提出的生意困境，其诉求都在于维护自我的短期利益，并未有效感知到改造翻新后带来的长期利益。

在经过面对面座谈会、党员干部登门走访、优化改造方案等多种形式的协调后，沿街商铺改造的长远效能被两个社区的房东和商户所认可。他们不仅积极配合改造翻新工作，还带动商户和其他居民共同出资，并且形成了独特的工作模式：科甲社区摸索出了"先区指导后街领导，街道相关部门相互协作，村、居大力支持"的工作机制；白山社区则在改造过程中逐渐形成了"以街道党工委为核心，社区党建引领为基础，辖区经济社驻地单位、党员干部、居民齐参与"的区域化党建工作治理新模式。可以看出，两个社区改造工作的核心机制都是利用重要部门的合法性和社会信任去发动更多社会主体参与到社区容貌改造工作当中。村社集体在这样的社会网络中互通消息、休戚与共，更易受到共同利益的驱动而强化集体行动的倾向。

3. 制度规范：集体效用提升

在信任和社会参与网络两个要素积累起来之后，集体效用要获得进一步提升，则需依赖社会规范的作用。社会规范作为一种刚性的约束机制，能从客观层面上对集体产生外力驱动，对于集体行动的结构韧性和可持续性具有关键的推动作用。白山社区之所以会存在"有垃圾站之名，无垃圾分类之实"的窘境，科甲社区之所以会面临"宠物排泄"的卫生问题，根本原因在于社区管理制度出现滞后性。当体制机制的更新落后于现实场域的变换，那么随着集体行动的内生驱动弱化，示范社区的美好容貌便难以为继。

林南在定义社会资本时指出，人们必须遵循社会结构中的规则才能获得行动所需的社会资本。[3] 所以唯有弥补社会规范这一缺口，使社区居民所受的外在约束力增强，集体的效用才能实现飞跃，从而获得更丰富的社会效益，使容貌示范社区具有恒久生命力。白山社区正是因为建立起了常态化保持机制，派专人定期检查社区环境状况，才使得整个社区容貌的品质既获得了提升，又具备了持久性。

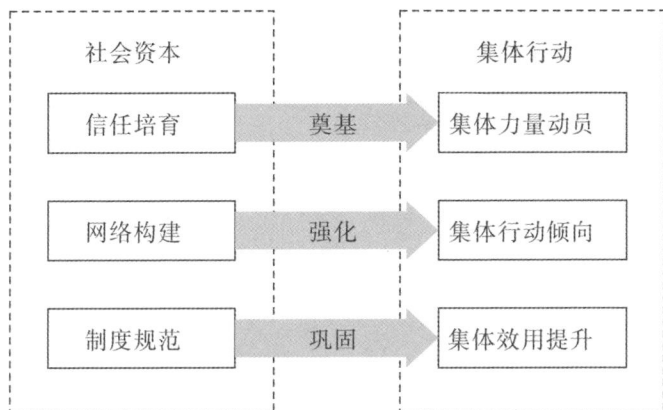

图4 社会资本基础上的集体行动分析框架

（三）建设路径

经过上述阐释，可见白山社区与科甲社区在改造过程中一些看似朴素的集体社会行为的背后有着一致的社会逻辑和激励机制。因此，本文希冀借鉴分别在两年评选中摘得桂冠的容貌示范社区之创办经验，提炼归纳出可复制的建设路径，在一定程度上推广至全市正在实施行动计划的社区，共创广州市社区容貌品质全域提升新格局。

1. 长效机制引领容貌建设

（1）党委政府全面统筹与发挥村社主动性相结合以调动改造力量。社区改造涉及事务复杂、触及多方利益，需要构建起"政府主导、部门主责、街（镇）主体、社区主推、市民主动"的工作机制，最大范围地动员社区力量、协调社区资源参与其中。通过建立有效的体制，一方面可以将正式的合作协调机制与非正式的沟通协调机制相结合，使得改造工作的推进既具有合法性，又具有跳脱于程序之外的灵活性，提高各主体参与改造的积极性。另一方面，社区居民和商户对政府的信任可以转化为其在容貌示范社区建成后可获得利益的保障感，从而提高居民和商户的效能感知，激励其参与到容貌示范社区的建设和维护当中，从而达到集体行动的目的。

（2）上级创建内容与基层社意民意相结合以明确改造目标。在落实容貌示范社区创建工作的过程中，贯彻"创建为民、创建惠民"的原则，不仅要将社区改造得"容貌美观"，同时也要求社区是"民主的、负责的、有活力的、可持续的"，[4]这就需要将上级要求的、政策引导的创建内容与基层社情民意相结合。社区工作人员要采取面对面沟通、投票等方式拓宽公众参与渠道，降低民众参与社区改造的成本，了解民众的需求与痛点，提供针对性解决方案，保证改造内容是人民所需所想，在实现改造效用最大化的同时令改造的"阵痛"降至最低。

2. 培育先进观念提升改造效能

（1）党建引领与传统文化相结合以转变改造理念。党的思想引领是培育先进的社区改造和管理观念的重要依托，所以要将党建放在核心位置，并嵌入社区改造的常态化工作机制当中。而一个社区中传统文化的积淀和底蕴往往是一个社区居民的精神寄托，调动社区中原有的传统文化资源可以激发社区居民当家作主的积极性，以继承和发展的工作态度影响居民对社区容貌改造的看法，从而以全面革新的姿态升级社区容貌。将党建的思想引领和社区优秀传统文化有机结合，有利于深化社区民众的认同感和凝聚力。

（2）环保意识的提升与日常管理维护相结合以维护改造成果。居民对人居环境的重视是社区容貌得以常态化维持和提升的重要前提之一。社区可以通过宣传教育、适当奖惩等方式助力提升居民的环境意识，养成良好的生活习惯，推动容貌示范社区的常态化维护管理。另外，形成责任明确的分片包干、定期监督巡查的机制是维护社区良好容貌品质的关键一环。日常的监督管理有利于居民环境意识的培育，而居民环境意识的提升则是保持社区容貌高品质的本质要求，这二者形成的合力将使社区品质获得持续的坚实保障。

3. 全面资源统筹以提升容貌品质

（1）政府财政投资与多方筹集资金相结合以整合改造力量。将创新投融资方式、发动社会力量广泛参与作为社区资金来源的重要途径。一方面，可以打破政府投入单一资金来源，鼓励社区居民主动贡献经济力量，减轻政府财政投入负担；另一方面，资本金共担加强了社区集体中个体间的网络联系，减少了集体行动阻碍，助力后续工作，形成多赢局面。

（2）社区治理的温度与厚度相结合以提升容貌品质。把全周期管理理念贯穿社区容貌示范改造和管理服务始终，开拓城市容貌品质提升新路径。将社区看作有机共同体，将治理视为系统工程，从整体性和周期性把握每一阶段的工作，采取既具普适性又有针对性的措施。事前多方牵头推进创建工作，事中组织落实行动各项任务，事后从体制机制上将力量下沉到社区，全面加强日常精细化管理，做到社区高品质容貌的稳定和持续。

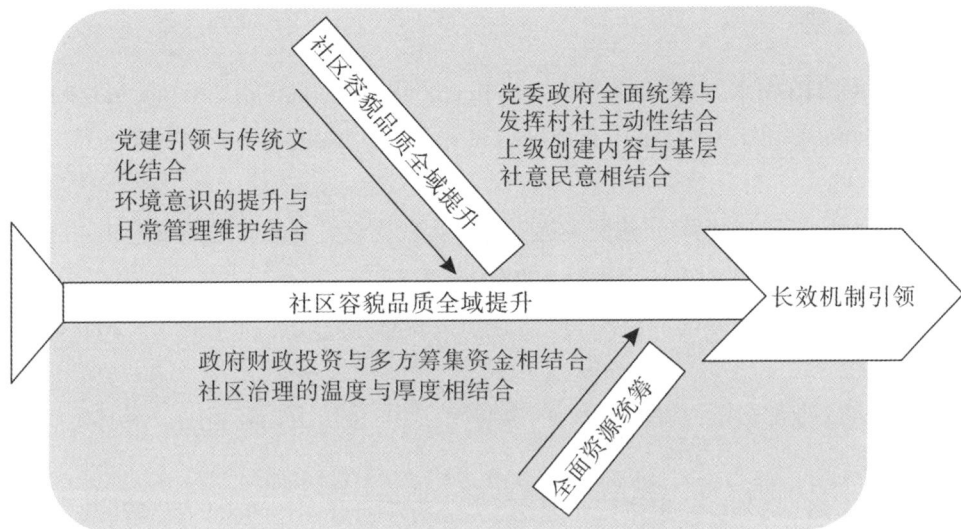

图 5　社区容貌品质全域提升行动建设路径示意图

四、结语

广州市在"十三五"期间开展的容貌示范社区创建工作，有力推动了老旧社区环境的整体提升，为在"十四五"中全面推进社区容貌品质全域提升计划打下了坚实良好的基础。白山社区和科甲社区在改造过程中遇到的反对、分歧现象和沟通协调方式具有较好的代表性，反映了广州市基层社区容貌改造的普遍性困境和治理理念。

基于两个案例，本文首先将社会资本理论和集体行动理论相结合，推导出"社会资本之上的集体行动"这一分析框架，为后续分析提供理论支撑。随后对容貌示范社区的实现路径展开深入探讨，从信任、网络、规范三个递进的阶段阐释创建过程中矛盾产生与化解的内在逻辑。最后，在矛盾产生与解决的理论分析基础上，从机制、观念与资源三方面着手，归纳出可推广的社区容貌品质建设路径。随着新时代的步伐不断向前迈进，社区容貌品质全域提升工作正在持续向纵深发展，其建设路径也有待进一步探索与完善。

参考文献

［1］OSTROM E, AHN T K. The meaning of social capital and its link to collective action. Handbook of social capital: the troika of sociology, political science and economics, 2009，17–35.

［2］罗伯特·帕特南.使民主运转起来：现代意大利的公民传统［M］.王列，赖海榕，译.南昌：江西人民出版社，2001.

［3］陈柳钦.社会资本及其主要理论研究观点综述［J］.东方论坛，2007（3）：89–91，121.

［4］简·雅各布斯.美国大城市的生与死［M］.金衡山，译.南京：译林出版社，2017.

［5］李炜.奥尔森的集体行动理论［J］.青年研究，1999（1）：47–77.

［6］蔡艳丽.布尔迪厄"惯习""资本""场域"概念浅析［J］.中国市场，2019（22）：61–62.

［7］程秀英，孙柏瑛.社会资本视角下社区治理中的制度设计再思考［J］.中国行政管理，2017（4）：53–58.

［8］燕继荣.社区治理与社会资本投资：中国社区治理创新的理论解释［J］.天津社会科学，2010，3（3）：59–64.

［9］方亚琴，夏建中.社区治理中的社会资本培育［J］.中国社会学，2019（7）：64–84，205–206.

［10］陈捷，卢春龙.共通性社会资本与特定性社会资本：社会资本与中国的城市基层治理［J］.社会学研究，2009，24（6）：87–104，244.

［11］高红.小区居民自治的集体行动逻辑及其适应性分析：以青岛市镇泰花园小区为例［J］.行政论坛，2018，25（4）：111–115.

［12］刘厚金.基层党建引领社区治理的作用机制：以集体行动的逻辑为分析框架［J］.社会科学，2020（6）：32–45.

［13］刘卫平.社会协同治理：现实困境与路径选择：基于社会资本理论视角［J］.湘潭大学学报（哲学社会科学版），2013，37（4）：20–24.

［14］钱海梅.社会资本：基于信任的资源配置方式探究：兼论社区治理中社会资本的运作机理［J］.现代管理科学，2011（2）：88–90.

［15］广州日报大洋网.科甲社区晋升容貌示范社区，全新名片出炉，请查收

〔EB/OL〕.（2021-01-14）〔2021-09-18〕.https：//news.dayoo.com/gzrbrmt/202101/14/158963_53754867.htm.

〔16〕广州日报大洋网.百日改造大变身！白云区嘉禾科甲社区焕发新活力〔EB/OL〕.（2020-12-25）〔2021-09-18〕.https：//baijiahao.baidu.com/s?id=1687035489944758015&wfr=spider&for=pc.

〔17〕冯艳丹.白云区嘉禾街科甲社区：荒废危房翻新成粮仓博物馆〔EB/OL〕.（2020-09-07）〔2021-09-18〕.http：//static.nfapp.southcn.com/content/202009/06/c3999520.html?from=groupmessage.

〔18〕广州市白云区人民政府.嘉禾街组织辖内新科联社在科甲容貌社区大榕树下开展"学红色党史，传优良家风"活动〔EB/OL〕.（2021-04-25）〔2021-09-18〕.http：//www.by.gov.cn/ywdt/bmzj/content/post_7238527.html.

〔19〕刘诗敏，云宣，肖惠等.白云丨一街一塘一园，科甲社区变美了〔EB/OL〕.（2020-12-23）〔2021-09-18〕.https：//baijiahao.baidu.com/s?id=1686873671025744980&wfr=spider&for=pc.

〔20〕南方日报.创建容貌示范社区 广州30个老旧社区迎蝶变〔EB/OL〕.（2021-03-16）〔2021-09-18〕.http：//gd.people.com.cn/n2/2021/0316/c123932-34623968.html.

〔21〕澎湃新闻.全市第一！白云这个"市级容貌示范社区"实力上榜！〔EB/OL〕.（2021-03-08）〔2021-09-18〕.https：//www.thepaper.cn/newsDetail_forward_11612171.

〔22〕广州日报大洋网.高颜值！看看白云区这两个容貌示范社区的创建成果〔EB/OL〕.（2020-03-19）〔2021-09-18〕.https：//news.dayoo.com/gzrbrmt/202003/19/158963_53214342.htm.

〔23〕广州日报.广州：持续创建容貌示范社区，"绣"出老旧社区新风貌〔EB/OL〕.（2021-03-11）〔2021-09-18〕.https：//oss.gzdaily.cn/site2/pad/content/2021-03/11/content_1512732.html.

〔24〕广州日报.广州发布创建容貌示范社区三年工作方案〔EB/OL〕.（2020-03-24）〔2021-09-18〕.http：//www.gz.gov.cn/xw/jrgz/content/post_5741830.html.

城市复杂区域电动车消防安全治理研究

——以广州市荔湾区岭南街道为例

李得伦 唐子茸 黄添微 杜立鹏 龙腾宇 孙浩贤 刘 杰[*]

【摘 要】近年来，电动自行车（以下简称"电动车"）消防安全事故现象频发，而事故背后必然隐含着治理的漏洞，亦反映了现有基层消防治理体系的不完善。因此，本文以广州市荔湾区岭南街道为例，基于灾害系统理论，结合整体性治理理论，分别分析城市复杂区域的电动车火灾风险，揭示电动车消防安全治理当中的问题与成因，提出以下几个方面的建议：明确主体管理与职能、构建协同机制、强化系统性规划、信息化手段的完备、增强风险意识等，以提高城市复杂区域下电动车消防安全治理水平。

【关键词】灾害系统；整体性治理；电动车消防安全；城市风险

---

* 李得伦、唐子茸、黄添微，暨南大学公共管理学院／应急管理学院应急管理专业硕士研究生；杜立鹏、龙腾宇、刘杰，暨南大学公共管理学院／应急管理学院公共事业管理专业本科生；孙浩贤，暨南大学公共管理学院／应急管理学院行政管理专业本科生。

一、研究背景与意义

（一）研究背景

2021年4月28日，中共中央、国务院印发《关于加强基层治理体系和治理能力现代化建设的意见》，指出要增强镇（街）应急管理能力、强化乡镇（街道）相应职权，并从不同方面（如构建多方参与的社会动员体系、赋予镇街应急处置权等）完善基层应急管理体系。

当前，在城市的快速发展下，各类传统风险与新兴风险交织并存，急需加快完善基层应急治理体系构建，其中，又以电动车作为火灾载体的基层消防安全治理问题最具迫切性。电动车因具有使用成本较低、速度快、载重大等特点，在我国迅速普及。据统计[1]，电动车数量已突破2.5亿辆，常用于解决"最后一公里"的出行及运输问题，但电动车在充电、行驶、停放期间，时常会发生火灾事故，造成人员伤亡和财产损失，作为消防安全领域的新兴风险，这无疑对现有基层消防安全治理能力提出挑战。据应急管理部数据显示，自2009年以来，截至2021年5月，全国共发生一次性死亡3人以上的电动车火灾事故73起，共计死亡355人[1]。截至2021年7月21日，全国共接报了6 462起由电动车引发的火灾事故，大部分事故由电动车电气故障和自燃所致，而居民住宅和沿街门店等更是电动车火灾的高发场所。在电动车火灾事故呈现多发的趋势下，电动车消防安全管理问题日益受到重视，同时引起社会各界及相关媒体高度关注。如2018年清远市英德市"4·24"火灾，造成18人死亡；2020年8月南京市鼓楼区发生电动车火灾，过火面积约5平方米，共造成3人死亡；2021年9月北京市通州区发生电动车火灾，造成5人死亡。上述事故均反映出亡人火灾多见于"三合一"场所、群租房等空间布局复杂的场域内。虽然电动车火灾事故多见于建筑内部空间，但亦会发生于建筑外部，可见根源在于电动车存在不安全性、不稳定性和功能上的流动性等特点。结合环境的复杂性，事故具有灾害链条更长的特征，在城市中构成了巨大的火灾风险隐患，但目前消防执法与监管力度、治理的措施不能与之相匹配，成为基层消防安全治理中的棘手问题。

（二）研究意义

从现实意义而言，《高层民用建筑消防安全管理规定》自2021年8月1日起施行。该规定第三十七条虽作出了对高层民用建筑的区域进行划分，在特定区域禁止电动车停放及充电的规定，但目前仍未有针对公共区域电动车消防安全的规范性意见。这导致在电动车使用环节的监管执法上，公共区域电动车呈现出"不想管，没人管"的态势。而城市复杂区域、公共区域的电动车消防安全涉及不同基层队伍，令目前消防监督执法的成效不佳。电动车生产、销售及销毁等其他环节，是实现源头治理的有效途径，但目前电动车的质量仍难以得到保障。上述两个问题均涉及不同部门以及不同的管理主体，需通过加强整体性治理，才能切实加强巩固应急管理的两道防线。

从理论意义而言，城市安全问题研究涉及方方面面，虽然公共安全问题已有较多相关研究，但在公共安全问题上针对城市消防安全这类常态危机的研究仍处于起步阶段。加上目前城市消防安全治理或管理的研究仍相对集中于高层建筑、群租房等，较少以城市区域的视角分析电动车为火灾载体的消防安全治理问题。而复杂区域具有难以管理的特点 [2]，对提高消防安全管理成效及降低消防安全风险提出了更高要求。

因此，本文从城市应急管理的角度出发，分析当前城市复杂区域内电动车消防安全治理存在的问题，探讨降低城市复杂区域中电动车火灾风险及危害性的方法，以减低其火灾风险并提高相关区域的电动车消防安全，提高基层消防治理水平，为后续有关城市复杂区域及电动车消防安全治理的相关研究提供一定的参考价值。

二、文献综述

（一）城市区域安全已有相关研究

对于城市公共（或消防）安全问题，已有大量学者进行了相关研究。首先，有学者提出城市火灾风险管理框架体系，并指出城市火灾风险管理水平受城市火灾风险特性、城市火灾综合风险管理职能、城市火灾风险管理措施等不同要素影响。[3]而城市作为复杂巨系统，在空间上的高度聚集及社会分工导致系统性风险更易发生。[4]有研究指出，人口、教育程度等社会性指标亦与火灾风险具一定相关性，[5]而区域安全水平与土地利用的时空格局和产业结构亦关系密切。[6]基于城市不同区域的空间布局具有差异性，所以，体现在公共安全及消防安全问题上也有所不同。因此，有学者分别就城市不同空间区域（老旧街道、高密度建成区、商业综合体等）消防安全问题进行研究，指出老旧街道存在消防安全配套设施不完善、安全出口数量较少、道路狭窄、没有设置相应的防火分区等现象；[7-8]高密度建成区的区域，存在消防力量配置不足、高层建筑多且密集、建筑密集、人口集中等现象，需通过完善消防规划预防当中的消防安全隐患；[9]商业综合体人流密集、内部结构复杂又与城市交通系统有联系，容易造成系统性灾害，需尽早采取措施以切断次生灾害的发生。[10]因此有研究提出，要对本社区承灾载体、应急能力等有充分了解后，针对具体的火灾风险情况制定措施，并制定相关的消防安全制度，定期组织消防安全培训，提高人员的消防应急处置能力。[11]而目前城市公共安全管理存在"管理效能衰减与损耗""末端层级弱化""管理职能离散"等问题。[12]在消防安全上，则主要体现为消防安全监督执法问题。[13]在目前执法效能不佳的情况下，有学者提出，以信息化手段建立消防安全管理监测平台，加强消防信息研判，提高消防监管水平。通过实践应用，实现各项消防业务工作流程化管理和协同运作，全面提升城市公共消防安全管理水平。[14]除加强信息化建设外，以日常管理方法结合区域中灾害的形成原因、类型、影响因素和变化规律等，从而控制和减少隐患，[15]亦能有效推进城市公共安全及消防安全水平。

（二）城市风险整体治理已有相关研究

随着城市公共安全建设的不断发展与推进，无疑能有效防止及降低突发事件发生与影响，但在传统风险与新兴风险交织并存的情况下，新问题亦不断涌现，对传统城市公共安全体系提出了挑战。因此，有学者认为需要从被动应急转变为主动应急，实现应急管理的"关口前移"。[16]根据"风险—突发事件—常态危机"的演化路径，风险是突发事件以及常态危机的源头，[17]亦是原发性要素和促发性要素相互作用的结果，[18]因此，有需要以相应风险管理办法分别对两方面的风险作出风险减缓、风险转移等一系列措施。

由于城市公共安全风险的有效治理涉及方方面面，而在我国基于职能分工的行政体系下，其呈现出碎片化，导致治理能力不足、治理效能不高等情况。因此，已有学者基于整体性治理视角，分别从公共安全风险的不同角度进行了理论性的探索性研究，指出要公共安全风险的有效治理，可以通过相应主动治理手段（如构建协同机制、完善信息化治理、善用奖惩机制等），加强城市风险的治理。[19-21]除主动实施治理手段外，通过完善城市的安全规划，提高城市韧性，亦能降低风险后果。因此，也有学者提出，在明晰城市风险源的情况下，通过完善城市空间布局，并结合软、硬工程的手段，降低灾害对城市的影响，以提高城市安全水平。

最后，就风险的直接作用对象而言，风险意识是风险治理的最后一环，通过以风险沟通等手段实现群众的行为整合，[22]也能有效提高城市风险治理成效。

（三）电动车安全问题已有相关研究

现时，电动车事故呈现多发的趋势，同时具有多样性及复杂性等特点，在学界中亦引起关注。由于目前电动车事故以交通安全事故为主，所以已有学者基于电动车交通安全角度对电动车治理问题进行相关研究，[23-24] 除交通安全事故外，电动车所引发的火灾事故作为人为灾害之一，造成小火亡人的事故风险较高。因此，电动车火灾大多是在实际使用过程中由人的不安全行为（如为电动车过量充电、飞线充电）造成的，而电动车火灾发生具备一定的隐蔽性和突发性，且电动车所用原材料本身具有易燃性的特征，造成火灾的主要原因是充电故障、存放区域线路拥挤等，存在极大的安全风险。[25-27] 有研究指出，城市空间要素与电动车违规充电隐患之间存在密切的关系，不同的城市空间要素从电动车需求和对违规充电行为的监管两个方面影响电动车使用者的充电习惯。[28]

为有效遏止电动车所引发的火灾，有学者认为通过完善监管、制定政策、构建制度、日常巡查等手段实现常态治理；[29] 提出生产标准制定、完善管理、建设停放和充电基础设施等具体措施；[30] 从监管依据、监管主体、监管原则、监管措施四个方面构建完善的监管体系，[31] 综合提高电动车火灾防治水平。

（四）研究述评

通过对以往相关文献进行梳理分析，发现针对电动车消防安全的研究相对较少，主要是集中对不同建筑场所的研究，且普遍是基于火灾调查的角度进行研究，对火灾的生成机理进行阐述，但目前以城市公共安全治理角度进行电动车消防安全治理的研究相对较少。

通过归纳发现，电动车火灾事故主要可归咎于三个方面：一是人的不安全行为，二是物的不安全状态，三是环境的不安全状态。所以，电动车消防安全治理体系构建，除了通过对违规行为的有效执法、增强风险意识，亦需针对电动车源头治理、消防安全环境治理等方面。因此，在目前电动车消防安全治理呈现碎片化的状态下，急需整合相关资源，实现公共安全水平的提高。

（五）理论框架构建

本文以灾害系统理论为依托，以致灾因子、孕灾环境和承灾载体作为区域电动车消防安全治理的三个切入点，涉及政府、市场及个人等不同层面：个人的不安全行为会直接影响电动车火灾事故发生；市场的积极参与能有效加强消防安全治理监督监管；政府的有效防治能降低致灾因子危害性及消除孕灾环境的隐患。因此，本文结合整体性治理理论，强调以多主体参与到治理过程为基础，以现有基层消防安全管理体系为依托，提出具体可行的政策建议，建立综合常态化电动车火灾治理体系，提高电动车监管效率并降低监管成本，借此降低电动车火灾风险系数。同时，本文基于上述理论补充了基层消防安全领域有关电动车消防安全治理的缺失，因此，具有一定的理论意义。

本文理论框架如图 1 所示。

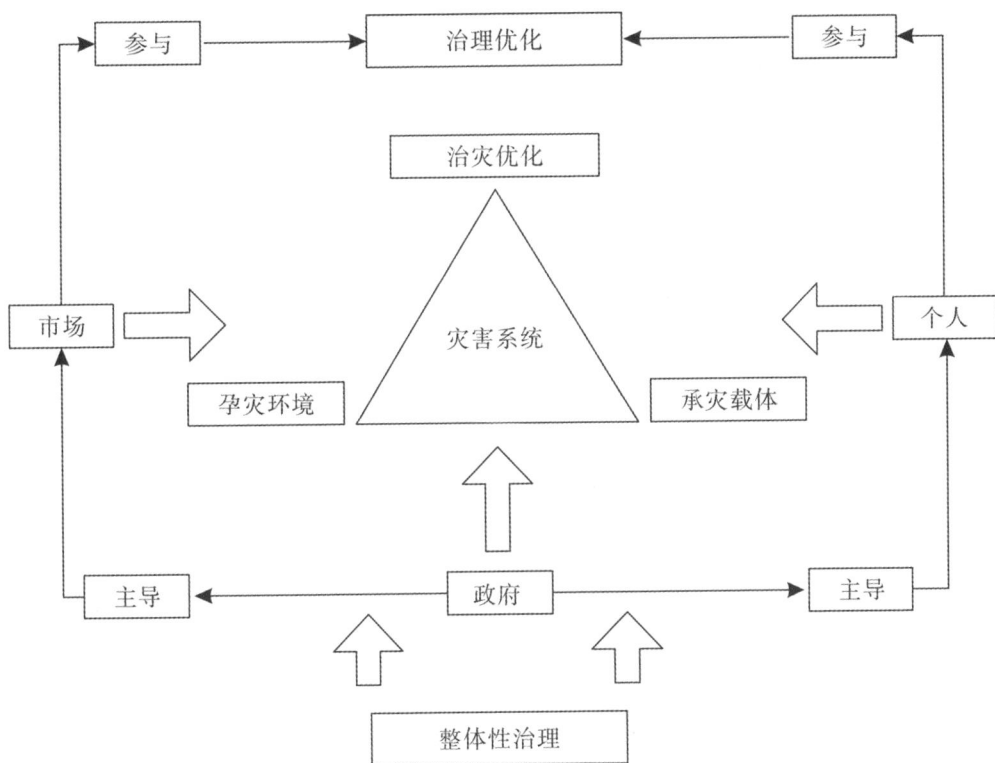

图 1　理论框架

三、电动车火灾及案例街道风险分析

本文采用不同的资料收集方法，收集电动车消防安全有关资料，从电动车的火灾成因机理、区域的脆弱性两个方面，进一步剖析城市复杂区域电动车火灾风险，为揭示当中治理问题作出基础研判。

（一）基于大数据方法的电动车火灾事件树分析

本文采用大数据收集方法，以随机抽样的方式，收集了微信公众号平台上所发布的近年（2015年4月至2021年11月）全国电动车火灾事件163宗。依据事件起因、空间位置、环境因素、事件发生时间等变量进行描述性统计分析，并按照事故发生逻辑形成电动车火灾事件树。

首先，如表1所示，根据现有数据并进行逻辑归纳，发现火灾事件起因中：因不正确充电起火的事件有58宗，占35.58%；电池爆燃及自燃的事件有32宗，占19.63%；违规飞线充电起火的事件有31宗，占19.02%；短路或接触不良起火事件38宗，占23.31%；外来火源起火事件4宗，占2.45%。全国近年发生的电动车火灾事件中，不正确充电起火事件占比最大，其次是短路或接触不良起火事件，亦证明电动车火灾事件主要由人的不安全行为产生。

表 1　电动车火灾类型

火灾事件起因	件数	占比
不正确充电起火	58	35.58%
电池爆燃及自燃	32	19.63%
违规飞线充电	31	19.02%
短路或接触不良	38	23.31%
外来火源	4	2.45%
总计	163	100%

其次，在电动车火灾事件空间位置分类中，将163宗火灾事件划分为9种类型城市空间，结合火灾事件的起因建立矩阵（见表2）。总体来看，位居前三的电动车火灾事件发生的空间位置为生活居室、建筑公共空间、户外空间，分别有44宗、40宗、27宗，占26.99%、24.54%、16.56%。

表 2 电动车火灾类型

起火空间位置及原因	件数	类别占比	总百分比
L1: 生活居室	**44**		**26.99%**
不正确充电起火	25	56.82%	15.34%
电池爆燃及自燃	4	9.09%	2.45%
违规飞线充电	1	2.27%	0.61%
短路或接触不良	14	31.82%	8.59%
外来火源	0	0.00%	0.00%
L2: 建筑公共空间	**40**		**24.54%**
不正确充电起火	13	32.50%	7.98%
电池爆燃及自燃	4	10.00%	2.45%
违规飞线充电	18	45.00%	11.04%
短路或接触不良	4	10.00%	2.45%
外来火源	1	2.50%	0.61%
L3: 户外空间	**27**		**16.56%**
不正确充电起火	4	14.81%	2.45%
电池爆燃及自燃	11	40.74%	6.75%
违规飞线充电	8	29.63%	4.91%
短路或接触不良	2	7.41%	1.23%
外来火源	2	7.41%	1.23%
L4: 电动停放点	**26**		**15.95%**
不正确充电起火	11	42.31%	6.75%
电池爆燃及自燃	5	19.23%	3.07%
违规飞线充电	7	26.92%	4.29%

（续上表）

起火空间位置及原因	件数	类别占比	总百分比
短路或接触不良	3	11.54%	1.84%
外来火源	0	0.00%	0.00%
L5: 经营场所	7		4.29%
不正确充电起火	0	0.00%	0.00%
电池爆燃及自燃	2	28.57%	1.23%
违规飞线充电	1	14.29%	0.61%
短路或接触不良	3	42.86%	1.84%
外来火源	1	14.29%	0.61%
L6: 电梯	3		1.84%
不正确充电起火	0	0.00%	0.00%
电池爆燃及自燃	3	100.00%	1.84%
违规飞线充电	0	0.00%	0.00%
短路或接触不良	0	0.00%	0.00%
外来火源	0	0.00%	0.00%
L7: 三合一场所	3		1.84%
不正确充电起火	0	0.00%	0.00%
电池爆燃及自燃	0	0.00%	0.00%
违规飞线充电	0	0.00%	0.00%
短路或接触不良	3	100.00%	1.84%
外来火源	0	0.00%	0.00%
L8: 自建空间	9		5.52%
不正确充电起火	3	33.33%	1.84%
电池爆燃及自燃	3	33.33%	1.84%

（续上表）

起火空间位置及原因	件数	类别占比	总百分比
违规飞线充电	0	0.00%	0.00%
短路或接触不良	3	33.33%	1.84%
外来火源	0	0.00%	0.00%
L9: 学校	4		2.45%
不正确充电起火	2	50.00%	1.23%
电池爆燃及自燃	0	0.00%	0.00%
违规飞线充电	0	0.00%	0.00%
短路或接触不良	2	50.00%	1.23%
外来火源	0	0.00%	0.00%
总计	163		100.00%

最后，基于上述事件报道的火灾生成机理形成电动车事故的发生逻辑，生成电动车火灾事件树，如图 2 所示：

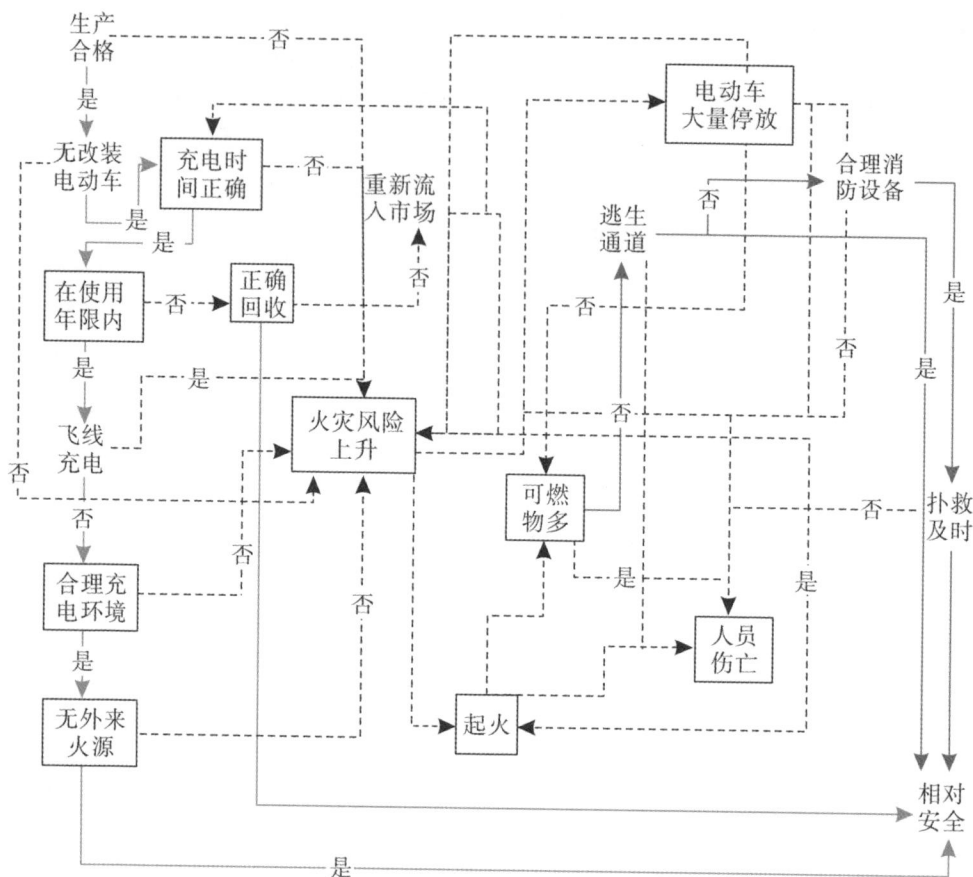

图 2　电动车火灾事件树

（二）基于参与式调研的城市复杂区域火灾风险分析

本文对所选案例①进行深度参与式观察，笔者通过在该街道安监中队进行为期两个月的实习工作，协助中队工作人员开展日常消防安全风险巡查和执法工作，了解目前街道消防安全治理工作。

经调研发现，该范围存在大量老旧建筑、"三小场所"的结合楼宇以及衣料批发市场、衣物及衣料批发商铺，易燃物众多且小型店铺间缺乏防火分隔。与此同时，

---

① 岭南街道位于广州市荔湾区，辖区面积 0.97 平方千米，辖区以人民南路为起点，经沿江西路、六二三路、大同路、和平西路、和平中路、杨巷路，终点为上九路，形成一个向左旋转的 "L" 形区域。

集散地周边人员高度密集且流动性高，存在许多非辖区内登记管辖的机动车与非机动车，这进一步提高了调研区域的消防安全复杂性。岭南街道主要风险特征见表3。

表 3 岭南街道风险特征简述

背景环境	安全隐患
消防设施旧	救援能力差
老旧建筑多	消防通道狭窄
沿街商铺多	缺乏防火分隔
流动人口多	电动车大量存在
批发市场区	可燃物多

虽然岭南街道未发生过大规模火灾，但相对于荔湾区其他街道而言，公共安全风险较高且管理更加困难，适合作为城市复杂区域的典型例子。岭南街道风险分析指标见表4。

表 4 风险分析指标

指标	指标量	影响	指标	指标量	影响
人员密度	低	低	电动车数量	少	低
	中	中		中	中
	高	高		多	高
老旧建筑密度	低	低	消防设施数量	少	高
	中	中		中	中
	高	高		多	低

以下根据POI数据及实地调研实际情况，以岭南街道相关POI数据点（见表5），进行基本的火灾风险分析（见表6）。

表 5 POI 数据点

位置	POI 数据点	数据点位置
L1	文化公园	广州市荔湾区西堤二马路 37 号
L2	十三行批发市场	广州市荔湾区十三行路与豆栏上街交叉口南 50 米

（续表）

位置	POI 数据点	数据点位置
L3	西堤文物区	广州市荔湾区沿江西路
L4	清平路药材批发市场	广州市荔湾区六二三路 336 号
L5	光复南布匹批发市场	广州市荔湾区光复南路
L6	杨巷路服装批发市场	广州市荔湾区杨巷路

通过计算所得，风险矩阵如下：

表 6　岭南街道风险矩阵

严重性	可能性		
	低	中	高
高		L2	L5、L6
中	L1	L4	
低	L3		

总括而言，该街道电动车消防安全风险较高，在电动车不安全充电行为以及电动车自燃风险呈现不确定性的情况下结合环境特征后，火灾的风险较高，极易造成死伤，因此有必要针对该区域实施有效的消防安全治理。

四、电动车消防安全治理现况

（一）现有的责任划分与工作机制

本文基于法律法规数据库，收集了国家层面各类电动车消防安全规范文件、国家标准及广州市电动车安全规范性文件，对要求内容进一步进行归纳，以了解广州市目前针对电动车火灾风险的相关规范。

政策法规文本分别对广州市电动车消防安全的责任进行划分并阐释了工作机制，并对火灾预防、宣传教育、风险沟通及事故处罚上作出了指导性意见，主要包括以下几个方面：

一是基层消防安全工作主导机构。《消防法》第三十二条指出，城市街道办事处应当指导、支持和帮助村民委员会、居民委员会开展群众性的消防工作。在本案例中，主要由街道办事处下设的行政执法办公室负责消防安全工作开展，其以空间视角划分管理主体，在原有工作的基础下负有消防安全管理职责，一般认为街道商业区临街铺面由街道办安监部门进行管理；出租屋等流动人口居住场所由街道办出租屋管理部门实施监督排查，并按照有关授权进行依法管理。

二是物业管理公司负有的主要职责。《高层民用建筑消防安全管理规定》对近来频发的高层建筑电动车火灾事故存在的制度漏洞进行了修补，完善了对纵向立体空间的消防安全管理制度依据，明确禁止电动车停放在楼道内充电、携带电瓶上楼充电、飞线充电等行为，明确由小区物业管理公司负有禁止这类行为的职责。

三是电动车使用人的劝导性建议。《广东省文明行为促进条例》《广州市文明行为促进条例》均基于维护城乡社区公共文明角度，呼吁市民遵守电动车消防安全管理有关规定，按电动车使用标准进行使用，停放至指定区域进行充电，确保将电动车火灾带来的危害降到最低。

四是电动车火灾事故的法律处罚。主要从民事、刑事以及行政执法三个方面进行开展，根据事故成因和事故后果，由相关主体承担相应责任。在民事层面，以《民法典》依据，电动车事故造成其他人损失的，电动车的所有权人、使用人有责任对损失进行赔偿；在刑事层面上，因电动车使用者的过失引起火灾，并致人伤亡的，以失火罪论处；在行政层面上，对于存在火灾事故风险的个人或单位，在日常检查发现后拒不改正的，由消防救援机构责令改正，对非经营性单位和个人处以罚款。

五、存在问题及其成因分析

上述现况反映了目前在电动车消防安全治理上存在大量问题，下文将就电动车治理的机制、体制、法制以及其他相关引起电动车火灾的相关因素进行分析。

（一）未落实管理主体职能

鉴于电动车的流动性，电动车在不同场所时所涉及的管理部门各有不同。针对公共区域电动车治理，涉及安监部门以及城管等不同基层队伍，呈现出职责未厘清、消防安全管理责任未能贯彻落实等现象。另外，在消防安全执法上，也没有明确对于公共区域内电动车消防安全问题的处罚，主要体现为以下问题：

一是电动车违规停放堵塞消防通道。电动车具有流动性的功能，据实地走访①，发现多见电动车违规停放于路边非机动车道、临街商铺门前以及附近的非机动车停放点，而附近并未设有规范的电动车停放点，存在大量电动车乱堆放现象，在构成安全隐患的同时也堵塞消防通道，降低火灾发生时的救援效率。

二是充电设施的加设以及改造无法有效落实。充电设施的加设需要相关空间区域管制单位的协同协作，主体责任未清晰会导致管制区域单位不愿加建，而经济效益低是无法有效加设充电设施的主要原因。

三是无电动车规范停放指引，据目前走访发现，街道沿街并没有规范停放电动车指引，大部分使用者都把电动车停放在较为便捷的地点，他们不知道电动车应该如何正确停放。通过指定地点规范电动车停放，有助于降低电动车自燃风险与孕灾环境共同作用下突发事件的危害性。

上述问题指出现存的充电设施数量相对不足，不能支撑现存电动车数量，反映出主体责任未有效落实，难点在于管理主体积极性有待提高，现有的《高层民用建筑消防安全管理规定》亦未对高层住宅小区的充电设备数量以及设置位置进行明确规范。另外，目前并未有针对公共区域进行充电设备布局的规范，导致上述问题存在。

（二）现有机制缺乏协同性

现在的消防安全治理更多依赖于基层管理部门，由于电动车自身的特殊性，在不同街道场景下，普遍基于各管理主体对于电动车消防安全风险的认识进行常规消防安全管理检查，对于电动车使用频率较高的单位和街道采取提高检查频率等手段，以提高消防安全管理水平，部门间并未协同联合，呈现"各自为政"现象，反映出治理机制存在以下问题：

一是基层部门间的消防风险治理协作机制。基层部门以空间区域进行划分电动车治理部门，一定程度上削弱电动车消防安全治理成效，对于管理范围外的空间区域，电动车消防安全乱象无法有效禁止，跨部门之间无法实现有效的消防安全执法，只能以劝诫形式，口头劝导电动车使用者停止其不安全行为。

---

① 以岭南街道辖区内某居民巷为例。该街巷 3.5 米宽，27 米长，巷道两侧均为居民生活楼道口。调研实时统计，共有不同品牌的共享电动车、私人电动车共计 30 余辆停放在巷道内。此时巷道可通行横向距离不能满足 2 名成年人并排行走。

二是跨职能部门的电动车的源头治理机制。电动车源头治理涉及市场监管、工商管理、消防安全等不同部门的协同协作，减少电动车生产制造以及销售过程中的各种安全问题。同时，亦有相应标准化规范，从源头上提高电动车安全性能，但因改装改造导致电动车自燃等行为屡禁不止，风险仍普遍存在，反映跨部门之间需要加强合作，补上电动车治理机制的漏洞。

三是消防部门与基层政府部门的协同机制。基层政府部门相关工作人员大多缺乏相应消防安全知识背景，无法实施具有专业性的消防安全风险排查以及落实消防安全执法，同时，未完善类似"三人小组"的治理模式，部门协作模式仍旧较为落后。

上述问题反映目前整体联动机制相对缺失，这与既有的行政管理体系不无关系，涉及政府部门与职能部门之间各个协同关系，未明确相关协同机制的执行模式，对电动车火灾风险减缓构成阻碍，因此机制的完善及加强，有助于提高对电动车的消防安全治理的成效。

（三）区域消防安全隐患多

城市复杂区域，主要特点是环境复杂、人口众多等，呈现出难以管理的特征。目前尚没有营造完善的消防安全环境，存在的消防安全隐患多，当事故发生时，不能有效制止火势的蔓延扩散，易造成伤亡与财产损失，其潜在风险主要体现在以下方面：

一是区域内消防安全建设不合理。荔湾区作为广州市老城区之一，存在大量老旧建筑，这些老旧建筑并不符合相关的消防安全规定，店铺之间没有相应的防火分隔、消防安全通道相对狭窄等现象普遍存在。而微型消防站、消防栓等消防安全设施在三个衣料布匹市场分布不平均，主要表现为杨巷路一带消防安全建设较少，江复南路一带消防安全建设较多。

二是区域内易燃物大量堆积。电动车除充电问题会引致火灾外，不合规的改装、超出使用年限等，亦会导致电动车存在自燃风险。通过相应情景构建，电动车在发生自燃而附近存在易燃物时，会引燃易燃物，引起灾情的扩散与蔓延。经调研发现，岭南街道商铺大多为批发以及销售衣物，临街商铺、店面大多逃生出口较少甚至只有一个出口，当中存在大量衣料，易燃物在街面堆积，并与电动车相邻，缺乏相应的防火分隔，极易造成火势的蔓延，潜在危害性相对较大。

三是电动车存量高且过于密集。经实地调查发现，当地居民为提高运送效率，电动车过于密集，电动车堆放现象普遍存在，电动车之间没有足够距离的分隔，临街商铺对于店铺货物管理不规范(货物大量堆积、逃生通道被堵)，进一步加大现场环境的复杂性，加剧事故可能造成的危害，令灾害链进一步延长。

上述问题指出目前岭南街道消防安全隐患众多，主要是缺乏对电动车的防火分隔以及缺少相应的合理规划，构成孕灾环境。同时，街道自身特殊性使得致灾因子大量集中，导致区域火灾风险上升。

（四）基层消防执法驱动力不足

基层消防安全执法是有效打击电动车不安全行为、避免火灾发生的直接手段，而目前基层消防执法效不佳，事故呈现多发趋势，其中与驱动力不足不无关系，主要问题如下：

一是基层执法人员能力相对薄弱。经调研发现，具有执法权的基层执法人员数量普遍不足，而其他基层执法人员缺乏相应行政执法权，电动车消防安全执法有一定延时性，未能及时制止消防不安全行为的产生，构成消防安全隐患。

二是任务繁重阻碍消防安全执法进行。经调研发现，安监中队人员需要涉及小额工程、交通安全督导等，而有关消防安全风险的管治工作，队伍人手相对缺乏且未受过专业规范的指导，令消防安全执法未能够切实有效开展。

三是缺乏相应激励手段推进执法能力进一步加强。现有消防安全监督执法人员主要由安监中队及其下设的专职消防队人员所构成，经调研发现，普遍以政府雇员为主，因为待遇不高且缺乏相应的激励指标，人员流动性大，执法经验和业务知识无法累积，因此日常风险排查只能流于形式，导致执法能力无法进一步提高。

上述问题均指出基层消防执法人员存在压力大、待遇不高等现象，而人员流失程度高，反映上述原因削弱了基层消防安全执法的驱动力，普遍存在形式主义，导致消防安全执法效能不佳。

（五）群众消防安全意识不足

消防安全风险意识作为导致消防安全行为产生的主要因素，而消防安全意识亦与其当中自救互救能力有一定相关关系，因此，消防安全意识极为重要，但目前街道群众的消防安全意识普遍不足，主要体现在如下方面：

一是电动车使用者的风险感知水平不高。电动车使用者同时作为电动车火灾风险防范的第一主体及风险作用的第一主体，使用者的风险感知性尤其重要，与电动车火灾事件直接关联，而风险感知水平提高需要有效的风险沟通，因此，现况反映目前风险沟未能贴合电动车使用者需要。

二是商铺店主风险认知水平不足。主要表现为临街商铺未正确配置灭火器，而《建筑灭火器配置设计规范》对灭火器的设置位置进行了明确规范，提出便于取用及位置明显两项要求。正确设置灭火器，能够在火灾发生时快速而有效控制火情。但经实地调查，发现临街商铺未正确设置灭火器、杂物堵塞灭火器、灭火器未处于显眼位置、未配备灭火器等现象普遍存在，当火灾发生时，难以及时有效控制火势，更容易扩散蔓延。

上述现象反映群众风险意识不足、自救互救能力不强、缺乏保护自身安全的必要知识等，是火灾事故发生以及导致群死群伤的主要原因。群众缺乏对火灾事件发生规律的足够认知，未能理解按照规范设置消防安全设备的重要性以及必要性。这也从侧面印证消防安全执法效能不佳。

六、电动车消防安全治理的政策建议

由前文分析可知，电动车消防安全治理水平是物的安全、责任落实、治理能力、环境安全与风险意识等因素共同作用下的结果，应依据具体情境制定政策建议，针对电动车火灾风险的影响因素，系统提高区域消防安全水平，实现公共安全治理的创新，推进国家治理能力现代化发展。

（一）强化电动车消防安全管理责任与相应职权

电动车消防安全管理责任的厘清，能实现、明确相应责任要求以及具体管理范围，可以显著提高消防安全治理的成效，推动公共安全治理现代化发展。具体包括以下几个方面：

一是针对电动车消防安全问题建设相应政策法规。政策法规作为应急管理以及风险治理的基石，为消防安全治理的各项任务奠定基础。针对在电动车使用过程当中，未有针对公共区域的电动车治理问题进行政策制定。可通过修补现有制度的空缺，使电动车消防安全治理有法可依，从而起到积极推动的意义。

二是建立常态化指挥机构以明晰指挥责任的落实。以区消防大队、安监中队等具有相关消防安全背景的单位作为指挥机构，通过指挥机构的设立，明晰消防安全治理中相关部门的指挥与协调，有效完成电动车消防安全治理当中的各项任务以及人员调动，实现一体化政府，提高电动车火灾风险防治的专业化水平及效能。

三是加强政府雇员的激励政策。采取正激励和负激励相结合的形式，对积极承担电动车消防安全管理职责的人员进行嘉奖，对消极执法的进行批评或者惩罚，从

成本效益的角度提高积极性，加强消防安全治理成效。

四是补全无管理单位区域的治理。没有物业服务企业的居民楼院，由村委、社区居委会统一协调，明确和落实消防管理责任。因为突发事件并没有空间区域划分，因此，补全现有区域缺失具有迫切性。当突发事件在此类区域发生时，能够做到有相应单位及时处理以及预防突发事件的发生，以免事件进一步恶化，对人身财产构成伤害。

（二）构建协同机制实现电动车消防安全风险全过程治理

现今，电动车消防安全风险协同机制存在的问题，主要在地方政府—地方政府、职能部门—地方政府、职能部门—职能部门三种不同关系上，均未明晰如何落实电动车消防安全风险全过程治理。因此，为提高电动车消防安全治理成效，可从以下几个方面构建相关协同机制：

一是构建电动车生产、销售环节监管协同机制。通过实施源头管控，加强对电动车生产环节的监管，从根源上提高电动车安全性能，并通过对销售环节的监控，以减少改装改造电动车的流通以及二手电动车的重用回收，切实降低电动车因损耗、改装而造成的自燃风险。

二是构建基层部门之间的联合执法机制。基于空间的不同，相应的执法部门亦不同，因此加强联合执法有助打破空间区域的限制，在部门完善自身任务的情况下，同时规范加强消防安全执法整治效能，亦能减少无法可依的困境以及消除部门之间的壁垒，实现一体化，全面提高执法效能。

三是构建消防与基层部门的协同合作机制。消防部门可以为基层部门提供相应的消防安全知识，并向民众普及消防安全教育，消防部门和基层执法部门可以采取合作，以"三人小组"模式，实现专业性电动车消防安全风险排查，提高消防安全水平并加强执法效率。

四是构建治理的资源配置与保障机制。电动车消防安全治理涉及方方面面，为保障决策的有效执行，健全的资源保障机制配置是促进治理网络发展的有效支撑，可提高部门积极性并保障各管理主体利益，体现真正意义上的整体性治理。

（三）系统化规划以补充当前区域消防安全环境的不足

消防安全环境需要通过系统化规划实现，而目前在消防安全环境未构建完善的情况下，形成孕灾环境，为电动车火灾事故提供了蔓延扩散的可能，令火灾事件的演化更具复杂性。因此，可通过以下具体手段补充当前区域消防安全环境的不足：

一是合理布局且完善基础设施建设。电动车指定停放点与充电站等基础设施分布位置信息不明确，群众的使用需求及设施的供给不匹配，造成了电动车违停、违规充电等乱象。通过对临街商铺区制订规划，分期分批改造建设，利用街道闲置空间规划建设电动车充电及停放处，从问题根源上解决这一现象。

二是规范街面管理以阻断次生灾害。对于复杂环境下电动车火灾引发的次生灾害，政府管理应当从源头出发，遏制孕灾环境的产生。具体表现为加大日常巡查力度，规范管理条例等。例如，采取对商铺街面上堆积的易燃物进行及时处理、禁止商铺搬运工长时间堵塞街道交通、设置止入区等管理手段，阻断次生灾害链。

三是优化消防安全设施的选址及配置。目前，岭南街道存在消防安全设置不合理等现况，对此，合理建设消防安全设施有助加强突发事件发生时的应对效能。另外，由于街道自身区域规划不合理性，大型消防设备无法进入救援，从而设置针对狭窄环境使用的消防安全设备，才能有效应对这类特殊情况发生的可能性。

四是针对街道特殊性设置相应配套设施，以岭南街道为例，应规范合理的物流转换站作为大规模人员流动的物流场所，提高转运效率，而目前货物大量堆积以及人员聚集，对街道消防安全风险构成极大的挑战。因此，设置相应配套设施，有助于降低由环境因素引发的消防安全风险。

（四）以信息化手段全方位提升区域消防安全治理能力

在目前面对执法效能较低的困境，信息化手段是有效提高消防安全治理效能的工具，能够有效压缩时空的限制，实现消防安全治理的智能化，从而节省大量的人力能源与时间成本。因此，以下从不同方面对运用信息技术全方位提升区域消防安全治理能力进行说明：

一是依托信息传感技术提高灾害预警能力。通过电力监测、烟感、温感等传感设备，依托智能充电桩为载体，24小时监测线路剩余电流、电压、温度等数值变化。当存在异常情况时，预警信息能有效及时上传至系统平台，并发送信息给片区网格员及最近的应急单元，快速响应并采取有效措施阻断灾害发生及蔓延，提高应急处置效能。

二是以行为识别技术加强不安全行为的监测能力。行为识别技术无疑能够有效阻止公共安全行为的发生，而在消防安全行为层面，可以实时掌握电动车违规入户、飞线充电以及未落实防火分隔等行为，依托现有公安监控系统的基础下，加强对不安全行为的监控，从而减少不安全行为所引发的电动车火灾事故。

三是建立街道层面的消防安全信息管理平台。以地理信息系统以及云计算技术为基础，建全网格数据的收录，实现消防安全管理的可视化与动态监督，有效加强信息的互联互通，打破组织间的信息孤岛，为电动车火灾事件的防控实现科学决策的基础支持与辅助。

四是以二维码生成技术加强信息上报能力。可于街道各处以及宣传单张相打印违规信息上报系统二维码信息，由群众自发、及时上报电动车违规行为，相关人员及时将违规信息、空间信息录入系统。此举能够有效分析该街道充电行为规律以及加强定点执法效能，从而减少基层执法成本，并有效缓解基层人员执法压力，提高整治成效。

（五）以多样化方式增强群众消防安全意识及风险认知

目前，政府运用直接限制、禁止或采取执法活动等一系列权威型工具去整治电动车停放、充电问题成效不佳。一方面源于执法成本高昂导致执法效果不佳，另一方面为电动车违规充电行为具有隐蔽性难以监管。建议通过以下不同形式的手段增强群众消防安全风险意识：

一是加强相关法律法规的宣传。政府应当对违规进行电动车停放、充电等行为的法律法规以提示信息和警示的方式张贴在街道中的显眼位置。高昂的违法成本可以对违规行为起到极大的震慑作用，弥补执法力量不足的窘境。

二是以多渠道加强风险沟通。电动车违规充电、违规停放等不安全行为普遍存在，反映人们对电动车火灾危害性认识不足。通过在街道显眼位置循环播放电动车火灾视频、实地引燃电动车等一系列具震撼性的宣传模式，可加强群众对电动车火灾危害的直观认识。另外，地方政府、街道办可与高校合作设立应急管理宣讲队，以一种低成本的方式对群众进行电动车火灾防范常识和疏散逃生知识宣传教育，切实提升群众消防安全应对能力素质。

三是以 AR 技术结合沉浸式演练体验。现时民众对于电动车火灾事故的认识普遍不深，无法体会电动车火灾事故带来的切身危害，通过 AR 技术相应辅助器材，结合实际事件发生过的情景，以逼真画面以及切身的体验，给体验者带来最真实的感受，在演练过程中了解自救逃生知识，提高在火灾事件中的自救互救能力。

四是以依托新媒体进行消防安全科普宣讲宣教。目前短视频、视频平台以及公众号等新媒体普及，群众的知识接受方式也受传播方式的影响产生了变化。因此，消防安全科普模式亦应与时俱进，通过新媒体，以创新、幽默的形式普及消防安全知识。网络传播可进一步扩大消防安全科普宣讲宣教的覆盖面，从而提高全民消防安全风险意识。

七、结语

本文将视角聚焦于城市管理中对于复杂区域的电动车消防安全治理，提出以灾害系统为基础的治理模式，构建电动车火灾风险全流程治理框架，为有效降低电动车火灾事故的影响明确治理方向。

另外，本文采用不同数据收集方法，从不同角度调研电动车消防安全治理的现实情况，分别从承灾载体、致灾因子、孕灾环境三个维度分析电动车消防安全治理问题及成因，并从明确职能与分工、形成消防安全治理机制、构建消防安全环境、加强消防安全信息化建设、提高群众消防安全风险意识等五个方面提出具体建议，系统提高复杂区域下电动车消防安全管理水平。

最后，本文基于城市应急管理角度，对城市复杂区域的电动车消防安全治理问题进行初步的探索性研究，为实现有效防灾减灾提供相应的政策建议。而当中仍存在许多值得探讨的问题，如治理成本与绩效是否匹配、电动车火灾灾害链分析等，在未来将进行深度探索。

参考文献

［1］关于进一步加强电动自行车消防安全管理工作的通知［EB/OL］.（2021-5-18）［2021-9-16］.http：//yjglj.gz.gov.cn/ztzl/xcjy/content/post_7286468.html.

［2］李德文.城市复杂区域公共安全分析及评价研究［D］.西安：西安科技大学，2013.

［3］贺俊杰，吴军，吴美文.城市火灾风险管理框架的研究［J］.消防科学与技术，2009，28（6）：461-464.

［4］成德宁.大城市安全风险的性质、特征及治理思路［J］.国家治理，2021（18）：34-39.

［5］张琰，王哲亮，张欣，等.城乡火灾风险与社会性指标的关联性研究［J］.

消防科学与技术，2021，40（7）：1086-1088.

　　[6]史培军.再论灾害研究的理论与实践[J].自然灾害学报，1996（4）：8-19.

　　[7]孙娣.老旧街区消防安全管理探索——基于首都功能核心区的调查[J].中国应急管理，2020（12）：39-41.

　　[8]武建明.老旧小区消防安全现状及防火对策研究[J].今日消防，2020，5（11）：31-32.

　　[9]曹艳涛，韩刚团.高密度建成区消防评估与规划应对策略：以深圳罗湖区为例[J].规划师，2019，35（12）：17-23.

　　[10]孟令晗，张靖岩，杨玲.商业综合体灾害链风险评估研究[J].中国安全生产科学技术，2020，16（7）：43-47.

　　[11]曹顺学，邓松华，杜向阳.城市社区火灾风险分析和管理[J].消防科学与技术，2011，30（7）：649-650，654.

　　[12]张宇栋，吕淑然.城市公共安全管理存在的问题及其解决途径[J].城市问题，2018（11）：81-87.

　　[13]沈宝昌.新形势下关于消防监督执法规范化建设的研究[J].消防界（电子版），2020，6（17）：88-89.

　　[14]汤华清.基于物联网技术的城市消防安全管理监测平台[J].消防科学与技术，2019，38（7）：1031-1034.

　　[15]路世昌，倪照鹏，刘鑫，黄益良.大型商业综合体消防安全管理探讨[J].消防科学与技术，2019，38（12）：1752-1755.

　　[16]钟开斌.风险管理：从被动反应到主动保障[J].中国行政管理，2007（11）：99-103.

　　[17]余潇枫，潘临灵."非常态危机"识别与防控：基于非传统安全的视角[J].探索与争鸣，2020（4）：149-159.

　　[18]曹惠民.治理现代化视角下的城市公共安全风险治理研究[J].湖北大学学报（哲学社会科学版），2020，47（1）：146-157.

　　[19]文宏.基于整体性治理理论的灾害风险治理体系优化[J].西北师大学报（社会科学版），2015，52（4）：111-115.

　　[20]赵发珍，王超，曲宗希.大数据驱动的城市公共安全治理模式研究：一个整合性分析框架[J].情报杂志，2020，39（6）：79-186，151.

［21］沈昊婧.基于公共风险应对的城市整体性治理［J］.宏观经济管理，2021（10）：41-47，54.

［22］杨联，曹惠民.以系统整合提升公共安全风险治理绩效［J］.理论探索，2021（2）：68-73.

［23］马国忠，明士军，吴海涛.电动自行车安全特性分析［J］.中国安全科学学报，2006（4）：48-52.

［24］黄武，汪德荣.电动车治理问题及对策研究：以南宁市为例［J］.辽宁行政学院学报，2015（9）：57-60.

［25］张万民，韩建平，原小永.电动车火灾成因分析及预防对策［J］.消防科学与技术，2011，30（9）：870-872.

［26］王鹤天.电动自行车火灾调查的难点与要点分析［J］.今日消防，2020，5（9）：115-116.

［27］蒋骅.电动自行车火灾调查的难点与要点探析［J］.今日消防，2021，6（8）：112-114.

［28］廖聪，邬伦，蔡恒，等.城市电动自行车违规充电隐患的空间分布及其影响因素［J］.北京大学学报（自然科学版），2021，57（4）：671-678.

［29］孙峰，魏淑艳.国家治理现代化视域下运动式治理模式转型研究：以深圳"禁摩限电"为例［J］.甘肃行政学院学报，2017（2）：41-52，125.

［30］马恩强，苏文威.电动自行车火灾综合防治探究［J］.消防科学与技术，2016，35（5）：704-707.

［31］聂帅钧.共享电单车的政府监管研究［J］.重庆大学学报（社会科学版），2019，25（1）：162-177.

后 记

　　广州作为超大型城市，城市管理工作存在其复杂性和紧迫性。党的十八大以来，习近平总书记对推进国家治理体系和治理能力现代化提出了一系列新理念、新思想、新战略、新要求，2020年10月，习近平总书记在深圳经济特区建立40周年庆祝大会上的讲话时提出"创新思路"时强调："树立全周期管理意识，加快推动城市治理体系和治理能力现代化，努力走出一条符合超大型城市特点和规律的治理新路子。"从中央到地方，对城市治理问题越来越重视，要求越来越高，力度越来越大，对城市治理相关问题的研究也更加系统深入。

　　广州城市管理研究联盟自2013年7月成立以来，已经走过近十年岁月。从最初的广州市内5所高校扩展至现在16家单位，研究团队和力量不断充实，研究成果不断深化创新。尤其是近三年来，研究联盟秉承"优势互补、全面充分、长期持久、实际应用、多元共治、良性互动"的原则，在创新城市管理理论研究上不断突破，对城市管理实务研究、成果转化上起到了许多积极的作用。本书择优选录了2021年度城市管理研究成果，旨在交流理论研究成果，促进城市管理实务工作提质增效，促进城市管理研究创新发展，理论与实践成果相互转化，不断提高城市管理精细化水平，满足广大人民群众对美好生活的向往和追求。

张光鸿

（广州市城市管理和综合执法局综合调研处处长）